U0925951

跨国劳动法

全球化条件下的劳工保护

陈一峰　著

北京大学出版社
PEKING UNIVERSITY PRESS

图书在版编目(CIP)数据

跨国劳动法：全球化条件下的劳工保护/陈一峰著. —北京：北京大学出版社，北京大学出版社，2023.4

(北大法学文库)

ISBN 978-7-301-33960-2

Ⅰ. ①跨… Ⅱ. ①陈… Ⅲ. ①劳动法—研究 Ⅳ. ①D912.504

中国国家版本馆 CIP 数据核字(2023)第 069166 号

书　　名 跨国劳动法：全球化条件下的劳工保护
KUAGUO LAODONGFA：QUANQIUHUA TIAOJIAN XIA DE LAOGONG BAOHU

著作责任者 陈一峰　著

责任编辑 孙嘉阳

标准书号 ISBN 978-7-301-33960-2

出版发行 北京大学出版社

地　　址 北京市海淀区成府路 205 号　100871

网　　址 http://www.pup.cn

电子信箱 law@pup.pku.edu.cn

新浪微博 @北京大学出版社　@北大出版社法律图书

电　　话 邮购部 010-62752015　发行部 010-62750672
编辑部 010-62752027

印 刷 者 三河市博文印刷有限公司

经 销 者 新华书店

965 毫米×1300 毫米　16 开本　13.25 印张　210 千字
2023 年 4 月第 1 版　2023 年 4 月第 1 次印刷

定　　价 49.00 元

未经许可，不得以任何方式复制或抄袭本书之部分或全部内容。

版权所有，侵权必究

举报电话：010-62752024　电子信箱：fd@pup.pku.edu.cn

图书如有印装质量问题，请与出版部联系，电话：010-62756370

序

在当今全球化大趋势下，劳工保护问题呼唤着劳动法域外效力的研究进一步延伸和拓展，也期待着一种积极面对劳工保护和社会正义问题的姿态。立足中国立场，秉持问题意识，深入研究和讨论跨国劳动法的运行机制，将为中国深度参与国际劳工治理和国际劳工立法议程产生积极作用，助力在中国式现代化的发展道路上讲好劳工故事，对于加强中国在劳工保护领域的国际话语权、深刻阐明中国劳动立法的保护模式也具有重要现实意义。

《跨国劳动法》是一峰在国际劳动法领域的最新研究成果，也是国内首部对跨国劳动法进行理论阐述的学术作品。本书关注劳工保护在跨国空间的规范、制度、机构和程序，在国内首倡跨国劳动法的概念并加以系统论证，开辟了重要的研究领域，填补了学界研究的空白。跨国劳动法领域是一个新兴领域，与国内劳动法和国际劳动法都有所交叉，也都有所区别，值得深入研究。随着我国深入参与全球治理，劳动法学界在致力于完善国内劳动法治的同时，更有必要对国际劳动法治的发展做出中国贡献。本书正是紧扣具体国际劳动法治的运行现状，回应国内国际学术界的前沿动态，立足中国理论视野和制度实践而形成的，强调要加强跨国劳动法的公共性，为跨国劳动法注入政治议程。这不仅脚踏实地地贯彻了党中央关于建设自主知识体系的要求，也对构建我国劳动法学术体系、话语体系、理论体系，提高我国在国际劳工保护方面的话语权和软实力具有深刻的积极意义。

一峰是北京大学社会法团队的重要核心力量，多年来尽心尽力参与北大社会法学科建设，与团队成员一起倾力打造“北大社会法前沿论坛”

等品牌,组织“国际劳动法专题”等国际交流活动,为学生讲授“国际劳工组织基本劳工权利与中国劳动法的发展”专题讲座等,并且在劳动法领域精研深耕,将精华集萃成这本《跨国劳动法》。这本书是一峰对北大社会法学科建设的贡献,也见证了一峰作为年轻学者,开展国际学术对话、探索劳动法治中国方案的有益学术尝试。对一峰而言,虽然博士后期间才“半路出家”开始研习劳动法,但我却深切感受到他开阔的学术视野、扎实的学术功底,以及对劳动法研究的追求与热爱。他能够把劳动法与历史学、政治学、社会学、国际法学、国际组织与全球治理结合在一起,通过卓越的跨学科研究能力融贯学科疆界,形成内涵丰富多元、视野别具一格、学术审美独到的劳动法作品。多年来的厚积薄发,孕育着思想与智慧的种子;广泛深入的国内外学术交流,积淀热忱与理想的温度;而对劳动法研究执着不息的热爱,让这种学术快乐与学术自由更瑰丽地绽放,迸发出更深刻的理论力量。

做劳动法研究,是需要情怀的。从事劳动法研究是一峰与广大劳动者发生学术和情感关联的方式,也希望一峰能以这本书的出版作为崭新的起点,日进日新,书写新篇,肩负学术使命,满怀研究初心,努力创造跨国劳动法领域的新气象。

叶静漪

于北京大学陈明楼

2023 年 4 月 26 日

目录

CONTENTS

Table of Content

第一章　跨国劳动法的兴起：概念与方法

一、引言：全球化条件下的劳工保护

进入21世纪以来，全球化继续向纵深发展，日益成为思考和应对诸多政治、经济、社会问题的大背景。全球化不仅加深了世界各国在经济和政治上的相互依赖程度，同时也加深了环境、贸易、劳工、人权等各个不同社会领域之间的关联程度。全球化还在一定程度上模糊甚至消解了国际和国内的绝对区分，传统上属于国内管辖的事项越来越多地受到国际组织、国际法和国际关系的影响。如劳工保护这样传统上被视为由主权国家管辖的事项，受到全球化的影响也越来越严重。可以说，如今全球化已经成为思考劳工保护所必须加以考虑的大背景和限定性条件，主权国家的权力运作深刻地受到全球化的限定和改造。

劳工保护在全球化时代是一个突出的社会和政治问题。在全球化时代，跨国公司获得了在全球布局生产链的能力，而其中低廉的劳动力成本则往往是跨国公司投资生产决策的重要考量因素。全球化重塑了资本和劳工之间的力量对比：强化了资本的权力，弱化了劳工的权力。随着通信、交通等技术的进步，以及贸易自由化和国际投资便利化的深入发展，资本、商品、技术、生产和消费都实现了高度全球化，劳工日益被视为全球化中保守和消极的力量。劳工的政治权力和影响力在不断下降。

现有的劳动法制度在如何应对全球化方面面临着一系列严峻的挑战。第一，从劳动法的调整对象来看，在全球化条件下，越来越多的劳务外包,带来劳动关系非标准化。[①] 而传统的劳动法主要适用于标准劳动关系,劳动关系的非标准化使得现有劳动法在适用上面临着诸多困难。第二,现有劳动法不敷所用。全球化带来了移民工人、海外派驻工人、外劳接收和管理等劳工跨界移动问题,而传统的国内劳动法和国际劳动法显然还没有跟上全球化的步调,对跨国劳工的保护不够充分。第三,越来越多的劳工保护问题发生在劳动法体系之外。劳工问题和贸易、投资、环境、人权等问题深刻地交织在一起,劳工权益的保护和实现日益深刻地受到国际贸易体制、国际投资保护制度运行的影响。第四,越来越多的劳工保护发生在主权国家管辖外的机构和场所。譬如国际金融机构的业务活动经常涉及劳工政策的制定;国际人权机构会大量处理劳工权利保护的问题;区域性国际组织如欧盟在劳工领域制定了大量的条例和指令。劳工保护日益成为一个具有很强渗透力的话语,不仅影响相关国际机构的日常运作,同时也正在重塑劳工保护的法律秩序和法律空间。如何在全球化条件下促进和实现劳工保护,已经成为劳动法学的新课题。

面对这些新的发展,西方学界从 20 世纪 90 年代初开始关注经济全球化对劳工规制的影响,一方面关注生产的全球化格局带来的劳动关系形态的变化,另一方面探索"跨国劳动管理"(transnational labour regulation)的可能性及其路径。[②] 2000 年以后,在不同的名称之下,例如"国际劳工维度"(international labour dimension)[③]、"劳工关系规制方面的跨国主义"(transnationalism in the regulation of labor relations)[④]、"全球劳动法"(global labour law)[⑤]、跨国劳动法(transnational labour

① See Katherine Van Wezel Stone, "A New Labor Law for a New World of Work: The Case for a Comparative-Transnational Approach", 28 *Comparative Labor Law & Policy Journal* 565 (2007).

② See Katherine Van Wezel Stone, "Labor and the Global Economy: Four Approaches to Transnational Labour Regulation", 16 *Michigan Journal of International Law* 987 (1995).

③ David M. Trubek et. al, "Transnationalism in the Regulation of Labor Relations: International Regimes and Transnational Advocacy Networks", 25 *Law & Social Inquiry* 1187 (2000).

④ Brian Burkett, "The International Labour Dimension: An Introduction", in John D. R. Craig & S. Michael Lynk (eds.), *Globalization and the Future of Labour Law*, Cambridge: Cambridge University Press, 2006, pp. 15-50.

⑤ Harry Arthurs, "Reinventing Labor Law for the Global Economy: The Benjamin Aaron Lecture", 22 *Berkeley Journal of Employment and Labor Law* 271 (2001).

law)等[①],越来越多的学者开始关注"国界之外的劳动法"(labour law beyond borders)[②],关注劳工保护的溢出问题,关注主权之外的劳工保护问题。最近几年,越来越多的相关研究开始采用"跨国劳动法"这个概念,跨国劳动法成为一面话语旗帜。

从西方学界现有的研究来看,跨国劳动法已经成为一个新的研究热点。跨国劳动法汇聚了学界当下对主权之外劳工保护机制的思考和探索,相关研究发展迅速,正在以一种积极的姿态回应全球化条件下的劳工保护和社会正义问题。跨国劳动法的相关研究在西方学界刚刚起步,其方法论和研究对象等方面尽管存有很大的不确定性,但是已经迅速成长为一个引人瞩目的新兴研究领域,值得密切关注。

国内学界对于全球化条件下劳工的国际保护问题也有一些初步的研究,但是主要是国际经济法方面的研究,例如对于国际贸易体制下劳工保护的探讨[③]、对跨国劳动监管的制度建构等。[④] 劳动法学界的研究集中在国际劳工标准本身及其在中国的适用,在这些方面,相关研究已经颇为深入细致。[⑤] 有些学者的研究已经在一定程度上触及了跨国劳动法的内容,例如对劳动法域外适用的反思等。[⑥] 总的来说,国内学界对跨国劳动法还是相对陌生的,对前述问题的研究仍然是个别而孤立的,不成体系,

---

① See Antonio Ojeda-Avilés, *Transnational Labour Law*, Alphen aan den Rijn: Wolters Kluwer, 2015; also Adelle Blackett & Anne Trebilcock (eds.), *Research Handbook on Transnational Labour Law*, Cheltenham: Edward Elgar, 2015.

② Patrick Macklem, "Labour Law Beyond Borders", 5 *Journal of International Economic Law* 605 (2002).

③ 参见杨松才:《国际贸易中的劳工权利保障研究》,法律出版社 2013 年版;李雪平:《多边贸易自由化与国际劳工权益保护——法律与政策分析》,武汉大学出版社 2007 年版;刘文华主编:《WTO 与中国劳动法律制度的冲突与规避》,中国城市出版社 2001 年版;梁洪杰:《论国际贸易中的劳工标准》,对外经济贸易大学 2009 年博士学位论文;戴德生:《国际贸易体制中的劳工标准问题研究》,华东政法大学 2007 年博士学位论文;胡政武:《贸易自由化与劳工权益的国际法律协调制度研究》,西南政法大学 2007 年博士学位论文。

④ 郑丽珍:《跨国劳动监管制度的重构》,社会科学文献出版社 2014 年版。

⑤ 参见林燕玲主编:《国际劳工标准》,中国劳动社会保障出版社 2007 年版;佘云霞:《国际劳工标准》,社会科学文献出版社 2006 年版;刘旭:《国际劳工标准概述》,中国劳动社会保障出版社 2003 年版;石美遐:《全球化背景下的国际劳工标准与劳动法研究》,中国劳动社会保障出版社 2005 年版;杜晓郁:《全球化背景下的国际劳工标准分析》,中国社会科学出版社 2007 年版;林燕玲:《国际劳工标准与中国劳动法比较研究》,中国工人出版社 2015 年版;杨帅、宣海林:《国际劳工标准及其在中国的适用》,法律出版社 2013 年版。

⑥ 孙国平:《论劳动法的域外效力》,载《清华法学》2014 年第 4 期。

相关问题值得进一步探讨。

对于全球化条件下的劳工保护,有必要确立一个系统的理论和分析框架,整合现有的理论和实践,同时又更好地引领和推进学术研究。本书参考国际学界对于“跨国劳动法”的研究,结合现有的国际实践,试图对跨国劳动法的若干基本问题进行初步的探索,希望加强和改善国内学界对这个问题的理解。同时考虑到在理论方面国际学界目前对于跨国劳动法的研究仍然缺乏体系性,本章着重对跨国劳动法的理论和方法论进行系统化的阐述。本章在第二和第三部分对国内劳动法和国际劳动法在全球化条件下面临的困境进行简要的梳理,由此引出跨国劳动法诞生的背景。在第四至六部分,本章对跨国劳动法的概念、特点、主要内容等问题做了具体分析。

二、国内劳动法的困境

随着全球化的深入,现有的国内劳动法面临诸多挑战,已经不能充分、有效地回应全球化背景下劳工保护问题的复杂性。[①] 主权国家对于其境内外国投资公司的劳工政策管制能力有限,很多涉及劳工保护的公司经营方案和策略是在跨国公司总部决定的,而当地的工会和劳工运动往往很难发挥有效作用。以摩托罗拉 2012 年全球裁员为例,总部决定全球裁员 4000 人,2/3 在美国以外的地区进行,中国地区裁员超过 1000 人。南京摩托罗拉公司执行其美国总部的决定进行裁员,既未依法提前 30 日向工会和全体职工说明情况、听取意见,也未向当地人力资源和社会保障部门报告和登记。尽管当地员工采取了抗议等行动,但是对于企业大规模裁员的决定,基本没有产生实质性的影响。

又如,主权国家面对劳工的跨境流动,管理能力有限,保护乏力。随着全球化的深入,劳动力的跨境流动已经成为常态。我国工人劳动权益在海外受到侵犯而酿成惨案的事例也屡见不鲜。2008 年 4 月 1 日,外交部发言人姜瑜在例行记者会上确认,在赤道几内亚(Equatorial Guinea)

---

① See Harry Arthurs, “Reinventing Labor Law for the Global Economy: The Benjamin Aaron Lecture”, 22 *Berkeley Journal of Employment and Labor Law* 271 (2001), pp. 281-285.

承建工程项目的大连某公司的近百名劳务人员，在当地进行罢工，引发冲突，造成中方人员 2 死 4 伤。[①]

在应对全球化的过程中，国内劳动法面临的第一个问题是劳动法原则上不具有域外效力。劳动法是具有高度属地性质的部门法，国内劳动法的适用一般遵循属地原则。一般来说，一个国家的劳动法仅仅适用于本国领土管辖范围内所建立的劳动关系。这也是绝大多数国家劳动立法所采取的法律原则，德国、法国、意大利、西班牙等国莫不如此。我国劳动立法采取的是同样的立场。我国《劳动法》第 2 条规定:“在中华人民共和国境内的企业、个体经济组织和与之形成劳动关系的劳动者，适用本法。”我国《劳动合同法》也仅仅适用于中国境内的用人单位。

劳动法域外适用的情形很少，从实践来看，主要有以下两种情况。第一种情形，是在涉外劳动合同的适用上，根据当事人约定或者东道国法院的冲突法规则，适用外国的劳动合同法。在这种情况下，不少国家的立法都要求本国关于劳工保护的强制性规范不应当被规避。第二种情形，是一个国家在其劳动立法上或者司法实践中单方面对某些特定劳动法规范予以域外适用。对待国内法的域外适用，各国都比较谨慎，在劳动法领域尤其如此，这种域外适用往往只针对某些少数特定的情况。目前只有美国和英国有非常少量的有关域外适用的立法和司法实践，例如美国的 1967 年《反对就业年龄歧视法》，在经过 1984 年修订以后，可以适用于美国公民在海外被美国公司或者其分支机构雇佣的情形。[②] 英国国会上议院在 2006 年的一个决定中，确认英国的 1996 年《雇佣权利法》可以在很有限的情况下适用于被英国雇主派往海外的工人。[③] 可见，除了极个别

---

① 2008 年 4 月 1 日外交部发言人姜瑜举行例行记者会，http://news. sohu. com/20080401/n256046167. shtml(最后访问日期 2022 年 9 月 1 日)。

② Carson Sprott, “Competitive and Fair: The Case for Exporting Stronger Extraterritorial Labor and Employment Protection”, 33 *Hastings International and Comparative Law Review* 487 (2010). 除此以外，美国的劳动法也是严格的属地主义，反对域外适用的。也有学者认为美国实践中对劳动法容忍了一定程度的域外适用，See Katherine Van Wezel Stone, “Labor and the Global Economy: Four Approaches to Transnational Labour Regulation”, 16 *Michigan Journal of International Law* 987 (1995), pp. 1011-1019。对美国劳动法域外效力的详细考察，参见 James Michael Zimmerman, *Extraterritorial Employment Standards of the United States: The Regulation of the Overseas Workplace*, New York: Quorum Books, 1992。

③ See William L. Keller & Timothy J. Darby (eds.), *International Labor and Employment Laws*, 3rd Edition, Volume 1A, Arlington, VA: BNA Books, pp. 8-12-8-14.

例外情况,世界各国的劳动法都是在领土管辖范围内适用的。

需要说明的是,美国在其普惠制政策和对外贸易法中,单方面要求普惠制受益国和贸易国遵守美国认定的“国际公认之劳工标准”。这样的法律具有一定的域外政治效果,但这并不构成美国劳动法的域外实施。这样极具侵犯性的对外政策往往构成对他国内政的不法干涉,有很强的霸权色彩。①

更根本的问题是国内劳动法背后的主权想象和限定。劳动法背后隐含的运行架构是主权国家。主权国家支配着传统劳动法学思维,主权无须出场却无时无处不在。传统劳动法学者对于劳动法的理解是社会性的,劳动法的主要职能是调整劳动关系,纠正劳动者和雇主之间在权力上的不平等地位,从而保护劳动者。劳动法的基本假设是在一个主权国家的疆域之内,国家通过积极干预来调整劳动者和雇主之间的权利义务关系。在传统的劳动法思维中,主权既是一个稳定的法律框架,也是可能性的法律边界。传统上劳动法主要是一个国内性质的法律部门。②

在全球化条件下,劳工保护规则的生成、适用和实施很多时候是在主权国家之外的法律空间发生的,有的还是在传统劳动法领域之外发生的。例如,近年来越来越多的自由贸易体制开始涉及劳工权利的实施,其中一个例子是2015年生效的韩国与欧盟自由贸易协定(FTA),协定双方承诺尊重国际劳工权利标准,包括批准和有效执行国际劳工组织(ILO)基本公约以及为结社自由和集体谈判权提供国内法律保障。③ 国际组织在其业务活动中也越来越多地涉及劳工保护,例如国际金融公司要求借款方遵守特定的劳工标准。大量的劳工保护事项发生在主权国家之外,相关规则的制定和实施往往也不通过主权国家,更无须主权国家的同意。主权国家对于劳工保护不再享有垄断性的特权,甚至在一定情况下,还可能被要求落实跨国劳工标准。

---

① See James Atleson et. al., *International Labor Law: Cases and Materials on Workers' Rights in the Global Economy*, St. Paul: Tomson West, 2008, pp. 438-474.

② Patrick Macklem, "Labour Law beyond Borders", 5 *Journal of International Economic Law* 605 (2002), p. 605.

③ 参见中国商务部:《欧盟与韩国就劳工权利问题进入争端解决下一阶段程序》, http://chinawto. mofcom. gov. cn/article/dh/janghua/201912/20191202926492. shtml(最后访问日期:2022年9月1日)。

三、国际劳动法的局限性

回应全球化条件下劳工保护的第二个可能的路径是国际劳动法。国际劳动法的发展缘起于 1919 年成立的国际劳工组织。国际劳动法是指以国际劳工组织制定的国际劳工公约、宣言和建议书为主体的有关劳工保护的原则、规则和标准。迄今为止,国际劳工组织发展出来的国际劳动法涉及劳工保护的方方面面,体系完整,内容庞杂。自 1919 年成立以来,迄今国际劳工组织已制定了 196 项国际劳工公约(含 6 项议定书),通过了 206 项建议书。[①] 国际劳工公约不能自动对成员国生效,成员国也并无法律上的义务必须要批准或者加入。[②]

在内容上,国际劳动法的内容既确认了免于强迫劳动、结社自由、不受歧视、集体谈判等基本劳工权利,也规定了最低工资和工时保护、职业安全和卫生等劳动工作条件,并且对国家的就业政策、培训、劳动监察、社会保障等方面也做了相关规定。此外,对于特殊群体,例如妇女、未成年人、移民工人、海员等,国际劳动法也提供了大量的专门性劳工保护规定。国际劳动法对于世界各国尤其是发展中国家的劳动立法和实践都产生了重大的影响。

但是,国际劳工组织和国际劳动法也都面临困境。传统国际劳动法的制定和实施面临诸多问题。[③] 第一,国际劳工立法数量锐减。从 20 世纪 90 年代末开始,国际劳工组织的劳动立法速度相比之前已经大大下降,甚至从 1998 年到现在,国际劳工组织仅仅制定了 9 项公约和 2 项议定书。第二,国际劳动法的实现,有赖于主权国家的自愿接受和实施,国

---

① 参见国际劳工组织主页,http://www.ilo.org/dyn/normlex/en/f?p=1000:1:0::NO:::(最后访问日期 2022 年 9 月 1 日)。

② 参见《国际劳工组织章程》第 19 条第 5—6 款,王铁崖等编:《联合国基本文件集》,中国政法大学出版社 1991 年版,第 417—437 页。

③ See generally Jan Klabbers, "Marginalized International Organizations: Three Hypotheses Concerning the ILO", in Ulla Liukkunen & Chen Yifeng (eds.), *China and ILO Fundamental Principles and Rights at Work*, Alphen aan den Rijn: Kluwer Law International, 2014, pp. 181-196.

际劳工组织强制实施国际劳工标准的能力有限。[①]第三,国际劳工组织所制定的国际劳工标准主要基于西方工业化国家的国内劳动法经验[②],对于发展中国家关注不够。国际劳工标准对劳工保护问题和劳动法治建设缺乏针对性。

20世纪90年代开始,劳工保护日益成为全球化中突出的社会问题,国际劳工组织于1998年通过了《关于工作中基本原则和权利宣言》,确认了四项核心劳工权利,包括结社自由和集体谈判权利、消除一切形式的强迫劳动、废除童工以及消除就业与职业歧视。这可以看作是在全球化程度不断加深的背景下,国际劳工组织希望通过该宣言捍卫其在保护劳工方面的核心地位,重申其对国际劳工事项垄断管辖的权威。

国际劳工组织在劳工保护方面面临竞争压力,处在不断被边缘化的危险中,冷战结束后其政治影响力也有所下降。[③] 越来越多的国际组织在其工作中涉及劳工保护问题,但是国际劳工组织制定的劳工保护公约对于这些机构并无法律上的约束力。[④] 国际劳工组织对劳工的国际保护有其章程基础,但并无专属管辖。[⑤] 越来越多的机构绕开国际劳工组织,推行自己的劳工标准和实施程序。

总的来说,国际劳动法在应对全球化条件下的劳工保护方面也并不算成功。在根本上,不论是国内劳动法,还是国际劳动法,在意识形态上还是国家中心主义的劳工保护模式。国际劳动法不仅没有改变制定和实

---

① Patrick Macklem,"Labour Law Beyond Borders", 5 *Journal of International Economic Law* 605 (2002), p. 618.

② 国际劳工组织起源是一个以欧洲为中心、由欧洲国家主导的国际机构,并在此基础上试图对劳工问题建构全球性的普遍管辖,参见 Chen Yifeng, "International Labour Organisation and Labour Governance in China 1919—1949", in Ulla Liukkunen & Chen Yifeng (eds.), *China and ILO Fundamental Principles and Rights at Work*, Alphen aan den Rijn: Kluwer Law International, 2014, pp. 19-54。

③ See Francis Maupain, *The Future of the International Labour Organization in the Global Economy*, Oxford: Hart Publishing, 2013; also Guy Standing, "The ILO: An Agency for Globalization?", 39 *Development and Change* 355 (2008).

④ 在欧盟法律体系内,欧盟的条例和指令才是最主要的劳动法渊源,国际劳工公约居于次要性的地位。参见 Jill Murray, *Transnational Labour Regulation: The ILO and EC Compared*, The Hague: Kluwer Law International, 2001。

⑤ 国际劳工组织1998年在《关于工作中基本原则和权利宣言》中重申:"国际劳工组织是根据章程授权制定和处理国际劳工标准的国际组织和主管机构,并在促进作为其章程原则之体现的工作中基本权利方面享有普遍的支持和认同。"

施劳动法的主权国家架构,相反,很大程度上国际劳动法强化了主权国家在劳工保护方面的中心地位和正当性。

四、跨国劳动法概念的提出

面对全球化条件,国内劳动法和国际劳动法在劳工保护方面都面临着鞭长莫及、力不从心的困境。全球化带来的真正挑战是非国家化,是要突破主权这个一元的棱镜来重新审视劳工保护的问题。国家已经无力将劳工保护垄断在主权疆界之内。从 20 世纪 90 年代初,学界开始关注全球化导致的劳工保护的溢出问题及其跨国管理的需要。早在 1995 年,美国劳动法学者凯瑟琳·斯通(Katherine Stone)教授探讨了经济全球化对劳工规制提出的挑战,并比较和分析了有关"跨国劳动管理"(transnational labour regulation)的四种路径。①

2000 年以后,"国界之外的劳动法"(labour law beyond borders)问题日益受到关注,跨国劳动法逐渐成长为一个新的研究领域。英国知名劳动法学者鲍勃·赫普尔(Bob Hepple)教授的《劳动法和全球贸易》(2005)一书虽然沿用了"跨国劳动管理"的概念,但是从劳工保护的角度重新审视了国际组织的实践、相关贸易和投资制度等,具有开创性。② 美国纽约大学法学院国际法教授菲利普·奥尔斯顿(Philip Alston)主编的论文集《作为人权的劳动权利》(2005)③、加拿大西安大略大学法学院的约翰·克雷格(John Craig)和米歇尔·林科(Michael Lynk)主编的论文集《全球化与劳动法的未来》(2006)④、瑞士苏黎世大学克里斯汀·布赖

---

① David M. Trubek et al., "Transnationalism in the Regulation of Labor Relations: International Regimes and Transnational Advocacy Networks", 25 *Law and Social Inquiry* 1187 (2000). 2007 年斯通教授再次撰文,强调为了有效地保护劳动权利,"必须采取比较的方法、跨国的视角以及本土的行动",参见 Katherine Stone, "A New Labor Law for a New World of Work: The Case for a Comparative-Transnational Approach", 28 *Comparative Labor Law & Policy Journal* 566 (2007)。

② Bob Hepple, *Labour Laws and Global Trade*, Oxford: Hart Publishing, 2005.

③ Philip Alston (ed.), *Labour Rights as Human Rights*, Oxford: Oxford University Press, 2005.

④ John D. R. Craig & S. Michael Lynk (eds.), *Globalization and the Future of Labour Law*, Cambridge: Cambridge University Press, 2006.

宁—考夫曼(Christine Breining-Kaufmann)教授的《全球化与劳工权利:核心劳工权利与国际经济法之冲突》(2007)的出版[①],丰富和拓展了跨国劳动法的研究视野。[②]

近几年出版的两本以跨国劳动法为主题的书把跨国劳动法的研究推向了一个新的学术前沿。2014 年西班牙塞维利亚大学安东尼奥·奥赫达·阿维勒(Antonio Ojeda Avilés)教授以《跨国劳动法》为名出版了一部专著,着重探讨了调整跨国劳动关系方面的冲突法规范和实体劳动法。[③] 2015 年加拿大蒙特利尔大学阿黛尔·布莱克特(Adelle Blackett)教授和国际劳工组织前法律顾问安娜·特莱比尔库克女士(Anne Trebilcock)主编了一本《跨国劳动法研究手册》[④],该书立意新颖,视野开阔,内容丰富,共收录 38 篇论文,分别从跨国劳动法的法律性、跨国性以及实体劳动法问题三个层面进行了较为深入的探讨。

跨国劳动法的生成和滋长,恰恰是在主权国家管辖之外,或在传统的劳动法领域之外,抑或在传统的劳工保护机构和体制之外。跨国劳动法并非简单地将国内劳动法或者国际劳动法的适用范围扩展到跨国空间,而是一个全新的、自成体系的理论再造,是在跨国空间之中建设的自成一体的劳工保护实体规则、程序规则和机构制度[⑤],而这个跨国空间本身又是通过管辖、价值、规范、机构等建构而成的。换言之,跨国劳动法的要义在于,它并非对主权的延伸,而是对主权的重构;并非对国内劳动法或者国际劳动法的再述,而是对劳工保护实体规范的再定义和执行机制的重

---

① Christine Breining-Kaufmann, *Globalisation and Labour Rights: The Conflict between Core Labour Rights and International Economic Law*, Oxford: Hart Publishing, 2007.

② 对前述基本著作,美国威斯康星大学法学院戴维·特鲁贝克(David Trubek)教授以"跨国劳动法的兴起"(transnational labour law)为题,在《美国国际法杂志》发表了书评。David M. Trubek, "The Emergence of Transnational Labor Law", 100 *The American Journal of International Law* 725 (2006)。

③ See Antonio Ojeda-Avilés, *Transnational Labour Law*, Alphen aan den Rijn: Wolters Kluwer, 2015.

④ See Adelle Blackett & Anne Trebilcock (eds.), *Research Handbook on Transnational Labour Law*, Cheltenham: Edward Elgar, 2015.

⑤ 伯克特(Burkett)律师也认为国际劳工层面包含三个方面:规范和标准(norms and standards)、程序(processes)和机构(institutions),参见 Brian Burkett, "The International Labour Dimension: An Introduction", in John D. R. Craig & S. Michael Lynk (eds.), *Globalization and the Future of Labour Law*, Cambridge: Cambridge University Press, 2006, pp. 40-44。

新构建。随着跨国劳动法的发展,劳动法的国内渊源正在逐步被削弱。[①]

何谓跨国劳动法,对此国际学界尚无明确的定义。甚至在以跨国劳动法为名的两本著作里面,对此也是语焉不详。阿维勒教授更多地探讨了跨国法的概念和特征,没有定义何谓跨国劳动法。[②] 甚至布莱克特教授和特莱比尔库克女士在其主编的论文集的开篇《跨国劳动法的概念》一文中也回避了对跨国劳动法下定义。[③] 可见国外学界采取了一种实用主义的态度,更多的是将跨国劳动法看成一个研究领域。在跨国劳动法概念化和理论化程度方面,还有不少的工作要做。

本书将跨国劳动法定义为在跨国空间中或者国际层面上有关劳工保护的规范、制度、机构和程序的总体。这一定义具有一定的宽泛性,具体可以从以下三个维度来加以理解。

第一,在本体论意义上,注重从规范的角度来考察跨国劳动法,关注跨国劳动法的法律渊源和实体规范。跨国劳动法包含了传统的国际劳动法和国内劳动法中一部分的内容,也包括了国际人权法、国际贸易法、国际组织法和国际私法等领域相关的国际法规范。跨国劳动法研究国际人权法、国际贸易法等相关领域,着重在于发掘相关领域中劳工保护的原则、规则和制度。因此,跨国劳动法的面目乍看起来不是纯粹劳动法的,而是一个杂糅了国际法和国内法,混合劳动法和其他部门法的规范体系。

第二,在方法论上,把跨国劳动法视为一个不同主体、规范和制度进行对话的语言、过程和空间。[④] 跨国劳动法是一个非中央化的体系,承认法律多元主义,充分认识到在不同的机构和制度下劳工保护的内容、方式和程度各不相同,同时又相互联系、相互影响。因此,跨国劳动法也是一个各个主体共同构建、参与、互动的法律政治空间,在此空间中主权国家

---

① Silvana Sciarra, "Collective Exit Strategies: New Ideas in Transnational Labour Law", in Guy Davidov & Brian Langille(eds.), *The Idea of Labour Law*, Oxford: Oxford University Press, 2011, p. 406.

② See Antonio Ojeda-Avilés, *Transnational Labour Law*, Alphen aan den Rijn: Wolters Kluwer, 2015, pp. 3-7.

③ See Adelle Blackett & Anne Trebilcock (eds.), *Research Handbook on Transnational Labour Law*, Cheltenham: Edward Elgar, 2015, pp. 3-31.

④ See Brian Burkett, "The International Labour Dimension: An Introduction", in John D. R. Craig & S. Michael Lynk (eds.), *Globalization and the Future of Labour Law*, Cambridge: Cambridge University Press, 2006, p. 15.

（包括法院、立法机构、劳动执法机构等）、国际组织（包括国际劳工组织、国际金融机构、国际贸易争端解决机制等）、跨国行为者（包括跨国公司、国际工会联盟等）、当地企业、工会、个人和非政府组织都能以不同的方式参与。① 跨国劳动法强调公开透明，广泛参与。

第三，在价值取向上，跨国劳动法最根本的价值追求是劳工保护，关注全球化进程中的社会正义和社会分配的问题。② 因此，跨国劳动法的研究旨趣在于拓展全球化进程中的社会保护的方法、程序、制度和领域，寻求在非主权性的领域促进劳工保护的可能性及其条件。跨国劳动法的研究视角和研究方法具有开放性和包容性，主张多学科、跨学科的整合，但是跨国劳动法的出发点和立足点始终是加强和完善对劳工的国际保护。

选用"跨国劳动法"（transnational labour law）这个名称也需要做一些说明。这样一个领域没有采用"国际劳动法"（international labour law）的措辞，是因为长期以来"国际劳动法"都是跟国际劳工组织及其劳动立法联系在一起，已经形成一个专门的研究领域。③ 因此，对于当前这个新的研究领域，再采用"国际劳动法"的名称容易产生混淆。跨国劳动法和传统国际劳动法有不少重要的区分，国际劳动法主要是以国际劳工组织及其劳动立法为主，而跨国劳动法的关注点绝不仅限于此，包括了对国际贸易投资体制、国际金融机构、区域性国际组织、相关国内法的考察；跨国劳动法不仅包括硬法，也包括软法④；跨国劳动法的实施不只有主权

① 对参与跨国劳动法的行为者的分析，参见 David M. Trubek et al., "Transnationalism in the Regulation of Labor Relations: International Regimes and Transnational Advocacy Networks", 25 *Law and Social Inquiry* 1187 (2000), p. 1187。

② See Adelle Blackett & Anne Trebilcock (eds.), *Research Handbook on Transnational Labour Law*, Cheltenham: Edward Elgar, 2015, pp. 3-31.

③ 参见 N. Valticos & G. von Potobsky, *International Labour Law*, 2nd Revised Edition, Deventer: Kluwer Law and Taxation Publishers, 1995; Jean-Michel Servis, *International Labour Law*, 3rd Revised Edition, Alphen aan den Rijn: Wolters Kluwer, 2011。也有少数学者对国际劳动法采取广义的理解，不仅包括国际劳工标准，还部分地包括本书所说的跨国劳动法的内容，参见 James Atleson et al., *International Labor Law: Cases and Materials on Workers' Rights in the Global Economy*, St. Paul: Tomson West, 2008; Arturo Bronstein, *International and Comparative Labour Law: Current Challenges*, Geneva: Palgrave Macmillan, 2009。

④ See Bob Hepple, *Labour Laws and Global Trade*, Oxford: Hart Publishing, 2005, p. 4.

国家和国际劳工组织，跨国企业和工会也在其中起到重要作用。[1] 当然，两者也存在一定的联系，国际劳工组织本身也参与跨国劳动法，并且对跨国劳动法的实践也有很大影响。

有学者用“全球劳动法”(global labour law)这个措辞。[2] 但是“全球劳动法”容易让人产生相关法律是高于主权国家，在主权国家之上的，对所有国家普遍适用的误解。“跨国劳动法”能够恰如其分地表明，这个领域内的法律是分散的、非中央的，是正在形成和发展中的，在不同领域或者区域的发展都还是不均衡的。

五、跨国劳动法的若干特点

跨国劳动法试图突破传统劳动法的国家中心主义、法律一元主义和唯劳动法主义。跨国劳动法具有以下鲜明的特点。

第一，跨国劳动法正视全球化背景下的后民族国家结构，突破了传统劳动法上的“国家中心主义”的管制模式。[3] 传统的劳动法制度，将制定、实施、实现劳动法的权力和责任全部赋予了主权国家，国家作为一种积极的力量来介入和重塑劳工和雇主之间的法律关系，折射出的是一种根植于劳动法体系的国家中心主义。既然劳动法是国家积极介入劳动关系而产生的法律，那么主权之外也就无劳动法。随着全球化的深入发展，大量的劳工保护问题发生在主权国家直接管辖的场域之外。不少跨国劳动法规范的创设、适用和实施都不经过主权国家。[4] 而跨国劳动法则试图回应全球化背景下民族国家影响力不断下降的现实，注重发掘民族国家之外促进劳工治理的机构、制度、场域、程序和路径，重视国际机构、跨国公

---

① See David M. Trubek, "The Emergence of Transnational Labor Law", 100 *The American Journal of International Law* 725 (2006).

② See Harry Arthurs, "Reinventing Labor Law for the Global Economy: The Benjamin Aaron Lecture", 22 *Berkeley Journal of Employment and Labor Law* 271 (2001), p. 271.

③ Anne Trebilcock, "Why the Shift from International to Transnational Law Is Important for Labour Standards", in Henner Gött (ed.), *Labour Standards in International Economic Law*, Cham: Springer, 2018, pp. 57-65.

④ See Antonio Ojeda-Aviles, *Transnational Labour Law*, Alphen aan den Rijn: Wolters Kluwer, 2015, p. 19.

司、国际工会联盟等不同机构在实现劳动法方面的自主性和可能性。[①]

第二,跨国劳动法接纳法律多元主义。[②] 传统劳动法主要关注主权国家内部制定的法律,或主权国家之间通过签订条约制定的国际劳动法,至多承认国际劳动法和国内劳动法的二元主义。[③] 换言之,法律是主权者的命令[④],主权之外无法律。相反,跨国劳动法则主张接受法律多元主义,承认主权空间之外还有有效的法律秩序。跨国劳动法是一个多元的、多层次的、混杂的法律秩序和空间。跨国劳动法不仅包括国家通过国内立法和国际条约制定的硬法,也包括软法,甚至在一定程度上包括了具有私人性质的规范。[⑤] 跨国劳动法注重发掘软法规范在接受、内化、实现和促进劳工权利保护方面的积极作用。从范围上看,跨国劳动法的软法规范是相当广泛的,包括国际组织的非约束性文件,跨国行为者制定的规范性文件,甚至包含了行业协会制定的指导方针等等。[⑥]

第三,跨国劳动法关注劳动法和其他法律部门的制度交叉、机构互动、规则渗透,反对传统劳动法的唯劳动法主义。传统劳动法认为劳工保护主要是通过建立和完善劳动法律体系,通过强化劳动者的权利来保护劳动者。这是一种劳工保护的劳动法内部视角,是唯劳动法主义的态度。跨国劳动法则注重发掘劳工保护的外部视角,重视劳动关系存在之社会经济法律环境,强调劳动法与公司法、国际人权法、国际贸易法、国际投资

---

① See Janelle M. Diller, "The Role of the State in the Exercise of Transnational Public and Private Authority over Labour Standards", 17 *International Organizations Law Review* 41 (2020).

② David M. Trubek et al., "Transnationalism in the Regulation of Labor Relations: International Regimes and Transnational Advocacy Networks", 25 *Law and Social Inquiry* 1187 (2000), p. 1193.

③ 很多国家规定国际劳工公约只有通过国内法才能在国内实施。关于劳工条约在国内实施的讨论,参见 Virginia Leary, *International Labour Conventions and National Law: The Effectiveness of the Automatic Incorporation of Treaties in National Legal System*, The Hague: Martinus Nijhoff Publishers, 1982。

④ 参见〔英〕约翰·奥斯丁:《法理学的范围》,刘星译,中国法制出版社 2002 年版,第 156 页。

⑤ See Bob Hepple, *Labour Laws and Global Trade*, Oxford: Hart Publishing, 2005, p. 727.

⑥ 跨国公司可以以不同方式参与跨国劳动法制定和实施,参见 Ulla Liukkunen, "Transnational Labour Law and Fundamental Labour Rights: Making Chinese Workers Matter", in Ulla Liukkunen & Chen Yifeng (eds.), *China and ILO Fundamental Principles and Rights at Work*, Alphen aan den Rijn: Wolters Kluwer, 2014, p. 163。

法等法律部门的互动，强调国际贸易、投资、知识产权体制对劳工权利的深刻现实影响。[①] 上述法律领域正在全球化条件下深刻地影响着劳工权利实现的可能性条件。在全球化条件下，劳工问题具有很强的扩散性和关联性，与诸多其他国际体制密切地交织在一起。很多劳工保护问题发生在传统的劳动法之外，往往跟国际经济交往、国际金融机构的业务活动、国际人权机构的实践等联系在一起，因此需要在劳动法之外探求劳工保护的问题。跨国劳动法试图以砥砺革新的姿态和使命感回应全球化的深刻挑战，努力在一个更为全面和综合的框架下加强劳工的国际保护。在此意义上，跨国劳动法极大地拓展了劳动法学的研究领域，同时也在知识储备和语言能力等方面对劳动法学者提出了更高的要求。

第四，跨国劳动法不仅重视实体性的劳动法规范，同样还注重劳动法规范实施的主体、场域和程序，强调从规则到进程的视角转换。国际劳动法和传统国内劳动法关注的焦点是规则，指在法院或者行政机关处理劳动争议时明确劳资双方的权利和义务。因此，传统的劳动法是立法中心主义的、规则导向的、静态的视角，强调劳动法的规范性。而跨国劳动法则将劳动法视为一个不同法律主体不断予以确认、实施和实现的过程，是一个以法律实现为核心的、动态的、开放性的进程。因此，跨国劳动法对劳动法规范实现的主体、场域和程序予以充分的重视。与劳动法实施有关的主体，例如世界银行、国际货币基金组织、区域性的国际组织、跨国企业、跨国工会、跨国非政府组织等，均有必要在一定程度上纳入研究范围。

第五，跨国劳动法避免把劳工保护的实现看成是一个自上而下的单向的过程[②]，进而主张将跨国条件下的劳工保护看作由多个不同主体参与的相互对话、彼此承认、甚至含有相互对抗、竞争等丰富状态的互动过程。传统劳动法的实施模式是一种从国际到国内、从国家到社会、自上而下、单向度的规范传递链条。国家被认为是一个积极的规范创制主体，其他行为者包括企业、工会和劳动者个人等都是规范传递链条上的消极要

---

① See Bob Hepple, *Labour Laws and Global Trade*, Oxford: Hart Publishing, 2005, p. 727; also Harry Arthurs, "Reinventing Labor Law for the Global Economy: The Benjamin Aaron Lecture", 22 *Berkeley Journal of Employment and Labor Law* 271 (2001), p. 292.

② John Craig & S. Michael Lynk, "Introduction", in John D. R. Craig & S. Michael Lynk (eds.), *Globalization and the Future of Labour Law*, Cambridge: Cambridge University Press, 2006, p. 4.

素。而跨国劳动法则认为,在劳动法的实现过程中,国家、国际劳工组织、国际贸易机制、区域性国际组织、跨国公司等都是劳工权利保护的积极要素,是具有自主性的主体;劳工保护并不是一个严格等级化的、自上而下的规范性传递过程,各不同机构之间就劳工保护存在着互动和对话,相互适应和调整。[①] 跨国劳动法的实现既有自上而下的方面,也有自下而上的层面,同时也还有平行的国际制度之间的对话和互动。

六、跨国劳动法的研究内容

作为一个新兴的研究领域,跨国劳动法尚在形成和发展过程中,其研究对象和范围也在不断地拓展和修改。从现有的研究成果来看,至少有以下几个方面的内容,可以而且应当被纳入跨国劳动法的研究视野。

第一,劳工跨国流动的规范与保护。随着交通的便捷和国际经济交往的密切,劳动力的跨国流动日益成为国际社会的常态现象,而跨国劳工由于语言、文化等原因,往往是一个社会中较为脆弱的群体,侵害外国劳工权利的现象在各国都时有发生。移民工人的权利保护,长期以来都受到国际社会的重视,1990 年联合国大会通过了《保护所有移徙工人及其家庭成员权利国际公约》,专门针对移徙工人及其家庭成员的政治、经济、社会和文化权利等做了规定。此外,海外劳务派遣和短期海外派驻已经成为跨国劳动法研究的一个热点问题。[②]

我国也面临着如何加强海外劳工保护的问题。根据商务部统计,2021 年年末,我国在国外各类劳务人员 59.2 万人。2021 年我国对外劳务合作派出各类劳务人员 32.3 万人,其中承包工程项下派出 13.3 万人,劳务合作项下派出 19 万人。[③] 特别是随着我国“一带一路”倡议的深入

---

① 有学者称之为“管辖权间互动”(inter-jurisdictional dynamics),参见 Bob Hepple, *Labour Laws and Global Trade*, Oxford: Hart Publishing, 2005, p. 275。

② 例如 Stephane Lalanne, “Posting of Workers, EU Enlargement and the Globalization of Trade in Services”, 150 *International Labour Review* 211 (2011); Chen Yifeng and Ulla Liukkunen, “Enclave Governance and Transnational Labour Law—a Case Study of Chinese Workers on Strike in Africa” 88 *Nordic Journal of International Law* 558 (2019).

③ 参见中国商务部统计数据,http://hzs.mofcom.gov.cn/article/date/202201/20220103238999.shtml(最后访问时间 2022 年 9 月 1 日)。

推进，越来越多的中国企业“走出去”，2021 年，我国企业在“一带一路”沿线的 60 个国家新签对外承包工程项目合同 6257 份，新签合同额 8647.6 亿元人民币，占同期我国对外承包工程新签合同额的 51.9％。[①] 如何加强对我国劳工在境外劳动权利保障，企业如何遵守和适应东道国的劳动法律体系，都是新的研究课题。

第二，一国对外经济合作中的劳工保护问题，这主要是一些西方大国的实践。长期以来，美国一直力主将国际贸易与劳工保护联系起来。美国 1974 年《贸易法》第 301 节授权美国贸易代表办公室对系统性违反劳工权利的贸易国采取单边的贸易救济和报复措施。[②]

普惠制也是推行劳工标准的一个重要手段。普惠制是工业发达国家根据联合国贸易发展会议的倡议，从 20 世纪 70 年代开始，在非对等和非歧视的基础上，对发展中国家出口的产品提供单边的、普遍的优惠关税待遇。但是发达国家经常将其普惠制的实施以受益国的劳工保护标准为条件。美国的普惠制适用 1974 年《贸易法》，该法于 1975 年通过，后几经修订。该法明确将未采取有效措施以保护“国际公认的劳工权利”(internationally recognized worker rights)的国家[③]和未能兑现消除“最恶劣形式的童工”(worst forms of child labor)之承诺的国家，排除在接受普惠制的范围之外。[④] 美国通过本国贸易法单方面地强迫他国接受和实施特定劳工标准，甚至包括某些连美国自身都没有接受的标准，这种做法在美国国内也遭到了学者的批评。[⑤]

相比美国的强迫模式，欧盟采用的是鼓励模式。欧盟从 1971 年开始对特定发展中国家的产品进口实施普惠制，目前适用的规定是欧盟于

---

① 参见中国对外承包工程商会统计数据，https://www.chinca.org/cica/info/22021116425311 (最后访问时间 2022 年 9 月 1 日)。

② 近年来，有学者将美国对外关系中有关劳工标准的法律，总结归纳为“美国国际劳工关系法”，表明了这个领域的重要性，参见 Steve Charnovitz, “The U.S. International Labor Relations Act”, 26 *ABA Journal of Labor & Employment Law* 311 (2010—2011)。

③ 根据美国贸易法，国际公认的劳工权利包括：(A) 结社权、(B) 工会权和集体谈判权、(C) 禁止使用任何形式的强迫劳动、(D) 规定雇佣儿童工人的最低年龄并禁止最恶劣形式的童工、(E) 最低工资、工作时间、职业安全与健康方面可接受的工作条件。

④ United States, “Trade Act of 1974” (1974), Sec. 502.

⑤ Philip Alston (ed.), *Labour Rights as Human Rights*, Oxford: Oxford University Press, 2005, pp. 1-35.

2012年颁布的第978号条例。该条例全面修订了其普惠制,于2014年1月1日开始生效。[①] 在一般的普惠制之外,欧盟专门设立了"为实现可持续发展和善治的一种特殊激励安排",要求参与此种优惠制的国家参加并落实人权、劳工、环境、社会治理等27项国际公约。在劳工保护方面,受益国需要参加并落实国际劳工组织在1998年《关于工作中基本原则和权利宣言》所认定的全部8项核心国际劳工公约。[②] 以劳工保护标准作为普惠制的授予条件,在实际效果上是否确实促进了受益国劳工的权利实现,有待细致考察。

此外,一国对外经济援助中也经常涉及劳工保护问题。例如,个别西方国家以特定的劳工保护作为给予经济援助的条件。我国在对外援助的一些大型项目中,也涉及对本国派遣劳工和外国当地劳工的保护问题,个别项目的实施受到了当地居民和工人的批评。这些问题都构成跨国劳动法的研究内容。

第三,国际贸易和投资体制下的劳工保护问题。这是个老问题,早在世界贸易组织的谈判期间,就存在不少分歧和争论。美国等发达国家试图将劳工标准纳入世界贸易组织法律体系,但是遭到了发展中国家的抵制,最终没有成功。[③] 这个话题在沉寂了数年以后,在美欧的推动下,近几年又有了新的发展,值得高度关注。

2011年8月9日,美国在《中美洲自由贸易协定》框架下,指控危地马拉未能有效落实其结社自由和集体谈判等劳动法中的权利,要求成立争端解决小组。这是历史上第一次有国家利用自由贸易协定机制来提起劳工保护争议。危地马拉迫于压力,于2013年4月25日与美国签署了一份包含18个方面内容的实施劳动法的计划,以此换取美国贸易代表办

① European Union, "Regulation (EU) No. 978/2012 of the European Parliament and of the Council of 25 October 2012", *Official Journal of the European Union*, L 303 (31 October 2012), pp. 1-82.

② See European Union, "Regulation (EU) No. 978/2012 of the European Parliament and of the Council of 25 October 2012", *Official Journal of the European Union*, L 303 (31 October 2012), Article 9 and Annex VIII.

③ 也有学者探讨了在世界贸易组织制度下,来单方面实施核心劳工权利的可能性和法律要件。参见 Patrick Macklem, "Labour Law beyond Borders", 5 *Journal of International Economic Law* 605 (2002), pp. 621-631。

公室暂时中止争端解决程序。危地马拉采取了大量的立法和行政措施来改善其对劳动法的遵守。但是美国并不满意,于 2014 年 9 月 18 日继续启动自由贸易协定框架下的争端解决程序,2017 年 6 月 26 日争端解决小组发布最终报告,认定危地马拉的确未能有效执行国内劳动法,但其做法没有"对贸易产生影响"。①

从 2010 年开始,欧洲也在贸易协定中提倡"可持续发展",不断强化劳工保护和环境标准。② 从 2011 年开始,欧盟与韩国(2011 年)、中美洲国家(2012 年)、安第斯国家共同体(2012 年)、新加坡(2014 年)缔结的自由贸易协定中均有"贸易与可持续发展"一章。以《韩国—欧盟自由贸易协定》为例,该协定要求双方全面实施国际劳工组织确认之四项核心劳工标准,并重申双方应致力于有效执行韩国和欧盟成员国分别批准的国际劳工组织公约。同时,在劳工保护实施机制上,协定要求成员国设立可持续发展(环境和劳工)国内咨询小组,就有关环境与劳工方面的可持续发展实施提供咨询意见(第 13.12 条)。③ 美国与欧盟目前正在谈判《跨大西洋贸易与投资伙伴关系协定》(Transatlantic Trade and Investment Partnership),从目前欧盟披露的文件来看,欧盟正在力主将多项劳工权

---

① See Office of the U. S. Trade Representative & the U. S. Department of Labor, "Standing Up for Workers: Promoting Labor Rights through Trade" (February 2015), https://ustr. gov/sites/default/files/USTR% 20DOL% 20Trade% 20-% 20Labor% 20Report% 20-% 20Final. pdf, pp. 8-11 (last visited on 1 September 2022); Arbitral Panel, "Final Report of the Panel: In the Matter of Guatemala-Issues Relating to the Obligations Under Article 16. 2. 1(a) of the CAFTA-DR" (14 June 2017), https://www. trade. gov/sites/default/files/2020-09/Guatemala%20-%20Obligations%20Under%20Article%2016-2-1%28a%29%20of%20the%20CAFTA-DR%20%20June%2014%202017_1_0. pdf (last visited on 1 September 2022).

② European Commission, "Trade, Growth, and World Affairs: Trade Policy as a Core Component of the EU's 2020 Strategy", COM (2010) 612, https://eur-lex. europa. eu/LexUriServ/LexUriServ. do? uri=COM:2010:0612:FIN:EN:PDF (last visited on 1 September 2022); European Commission, "Trade, Growth, and Development: Tailoring Trade and Investment Policy for those Countries Most in Need", COM(2012)22, http://www. acp. int/sites/acpsec. waw. be/files/tradoc_148992. EN_. pdf (last visited on 1 September 2022).

③ See European Union, "Free Trade Agreement: Between the European Union and Its Member States, of the One Part, and the Republic of Korea, of the Other Part" (14 May 2011), https://eur-lex. europa. eu/legal-content/EN/TXT/PDF/? uri=CELEX:22011A0514(01) (last visited on 1 September 2022).

利纳入其中,并且将劳动争议纳入争端解决机制。[①]

在贸易和投资机制中强化劳工权利的保护,这是新动向。其实施机制和程序如何,哪些劳工权利得到了强化,以及在多大程度上将贸易、投资和劳工保护予以联系是合理的、正当的,是否会构成所谓国际经济合作的"自由国家联盟"而形成一种意识形态歧视,都值得密切关注。

第四,国际金融机构业务活动中的劳工保护问题。[②] 世界银行等国际金融机构在维护世界金融稳定、协助发展中国家实现发展和良治、促进全球治理等方面都是举足轻重的参与方。[③] 长期以来,世界银行在其贷款条件中往往要求成员国放松劳工管制、增加劳动力市场的灵活性以促进经济增长,因而饱受批评。2002 年,世界银行开始调整其劳工政策,公开宣布支持核心劳工标准。[④] 2006 年 5 月,世界银行集团下属的国际金融公司(IFC)率先采纳了"环境和社会可持续性政策"和"环境和社会可持续性绩效标准",要求借款方在其借款所涉项目范围内,必须达到国际金融公司所要求的劳工保护标准。自 2012 年 1 月 1 日起,国际金融公司

---

① See European Union, "EU Position Paper: Trade and Sustainable Development Chapter/ Labour and Environment: EU Paper Outlining Key Issues and Elements for Provisions in the TTIP", tabled for discussion with the US in the negotiating round of 19-23 May 2014 and made public on 7 January 2015, http://trade. ec. europa. eu/doclib/docs/2015/january/tradoc_153024. pdf (last visited on 1 September 2022); European Union, "EU Textual Proposal: Trade and Sustainable Development", tabled for discussion with the US in the negotiating round of 19-23 October 2015 and made public on 6 November 2015, http://trade. ec. europa. eu/doclib/docs/2015/november/tradoc_153923. pdf (last visited on 1 September 2022).

② 国内学者对国际金融机构中的劳工保护也有所研究,参见郑丽珍:《跨国劳动监管制度的重构》,社会科学文献出版社 2014 年版。

③ 国际货币基金组织的相关法律和实践,参见 Franz Christian Ebert, "International Financial Institutions' Approaches to Labour Law: The Case of the International Monetary Fund", in Adelle Blackett & Anne Trebilcock (eds.), *Research Handbook on Transnational Labour Law*, Cheltenham: Edward Elgar, 2015, pp. 124-137。

④ World Bank, "Transcript of Town Hall Meeting with NGOs", Washington, January 2002, cited from Peter Bakvis & Molly McCoy, "Core Labour Standards and International Organizations: What Inroads Has Labour Made?", 2008, https://library. fes. de/pdf-files/iez/05431. pdf (last visited on 1 September 2022).

又对相关政策做了更新。[①] 2012 年 10 月,世界银行开始就其"环境和社会保障政策"与有关各方开展磋商。在总结各方意见的基础上,世界银行于 2014 年 7 月提出了其"环境和社会保障政策"的初稿,并最终于 2016 年 8 月 4 日通过了其《环境和社会框架》政策文件,提出了十项标准。其中第二项就是劳工与工作条件,对借款国以及供应商的劳工标准,提出了具体的保护要求。[②] 将有关劳工保护标准用于世界银行所有的项目投资贷款,属于重大政策调整。可以预见,这将对世界各国的劳工保护产生深远的影响,值得密切关注。

此外,劳工标准也引起了区域性的开发性金融机构的广泛关注。例如,亚洲开发银行在 2001 年 9 月通过社会保障战略(social protection strategy),允诺在其工作中促进核心劳工标准的实现。[③] 2002 年 5 月,亚洲开发银行还与国际劳工组织签署了备忘录,旨在加强双方在劳动领域方面的合作。[④] 2016 年亚洲基础设施投资银行通过了《环境和社会框架》,并将劳动和工作条件纳入环境与社会保障标准(ESS)。[⑤] 此外,美洲

---

① International Finance Corporation, "Policy on Environmental and Social Sustainability" (1 January 2012), http://www.ifc.org/wps/wcm/connect/topics_ext_content/ifc_external_corporate_site/ifc+sustainability/our+approach/risk+management/environmental+and+social+sustainability+policy (last visited on 1 September 2022); "Performance Standards on Environmental and Social Sustainability" (1 January 2012), http://www.ifc.org/wps/wcm/connect/topics_ext_content/ifc_external_corporate_site/ifc+sustainability/our+approach/risk+management/performance+standards/environmental+and+social+performance+standards+and+guidance+notes (last visited on 1 September 2022).

② World Bank, "Environmental and Social Framework: Setting Environmental and Social Standards for Investment Project Financing" (4 August 2016), http://consultations.worldbank.org/Data/hub/files/consultation-template/review-and-update-world-bank-safeguard-policies/en/materials/the_esf_clean_final_for_public_disclosure_post_board_august_4.pdf (last visited on 1 September 2022).

③ See Asian Development Bank, "Core Labor Standards Handbook" (October 2006), http://www.adb.org/sites/default/files/institutional-document/33480/files/cls-handbook.pdf (last visited on 1 September 2022).

④ 关于备忘录全文,参见 Asian Development Bank & International Labour Organization, "Memorandum of Understanding between the Asian Development Bank and the International Labour Organization" (9 May 2002), http://www.adb.org/sites/default/files/institutional-document/33511/files/mou-ilo.pdf (last visited on 1 September 2022)。

⑤ See Asian Infrastructure Investment Bank, "Environmental and Social Framework" (February 2016), https://www.aiib.org/en/policies-strategies/_download/environment-framework/20160226043633542.pdf, pp. 27-45 (last visited on 1 September 2022).

开发银行、欧洲复兴开发银行以及非洲开发银行,都对其业务活动中的劳工保护给予了不同程度的关注。[①]

第五,国际人权保护体系下的劳工权利保护问题。很多劳工权利都构成基本人权,并无争议。国际人权公约对工作权和劳工权利做了明确的规定和确认。例如,1966 年《经济、社会及文化权利国际公约》在第 6—9 条对工作权、良好工作条件、男女同工同酬、参加工会的权利、获得社会保险的权利都做了全面的规定。还有一些人权公约对特殊人群的劳工权利予以了专门保护。[②] 联合国人权机构,特别是人权理事会和经济社会文化权利委员会,也在工作中大量涉及劳工权利保护,值得重视。[③]

第六,区域性一体化机制中的劳工保护。目前,区域一体化进展中涉及劳工保护问题的,主要是欧盟。1957 年西欧国家签订《罗马条约》,建立了欧洲经济共同体,其中就提及了社会政策。20 世纪 80 年代中期欧洲经济共同体提出建立统一市场,实现货物、资本、服务和劳动力的自由流动。与此同时,欧洲一体化进程中的劳工问题受到极大关注,开始从劳工的自由移动到强调劳工的社会保护。从 1989 年欧洲经济共同体的《工人基本社会权利宪章》,到 2000 年的《欧盟基本权利宪章》,加强劳工保护始终是欧盟社会政策的核心部分。[④] 欧盟通过条例和指令对很多具体的劳工问题作出了内部立法,来同化和协调欧盟各成员国的劳工保护标准

---

① See Peter Bakvis & Molly McCoy, "Core Labour Standards and International Organizations: What Inroads Has Labour Made?", 2001, https://library.fes.de/pdf-files/iez/05431.pdf (last visited on 1 September 2022); Franz Christian Ebert & Anne Posthuma, *Labour Standards and Development Finance Institutions: A Review of Current Policies and Activities*, *ILO International Institute for Labour Studies Discussion Paper Series*, ILO/IILS, 2010, https://www.researchgate.net/profile/Anne-Posthuma-2/publication/50205103_Labour_Standards_and_Development_Finance_Institutions_A_Review_of_Current_Policies_and_Activities/links/00b7d53bc66d2f3ca8000000/Labour-Standards-and-Development-Finance-Institutions-A-Review-of-Current-Policies-and-Activities.pdf (last visited on 1 September 2022).

② 1979 年《消除对妇女一切形式歧视公约》第 11 条、1989 年《儿童权利公约》第 32 条、2006 年《残疾人权利公约》第 27 条,专门对妇女、儿童和残疾人的工作权保护做了规定。1990 年《保护所有移徙工人及其家庭成员权利国际公约》则是专门针对移徙工人及其家庭成员的政治、经济、社会和文化权利做了规定。

③ See George P. Politaki, *Protecting Labour Rights as Human Rights: Present and Future of International Supervision*, International Labour Organization, 2007.

④ See Roger Blanpain, *European Labour Law*, 14th Edition, Alphen aan den Rijn: Wolters Kluwer, 2014, pp. 237-321; Brian Bercusson, *European Labour Law*, 2nd Edition, Cambridge: Cambridge University Press, 2009, pp. 99-255.

和措施[①],并针对欧盟内部人员流动中的劳工保护问题制定了专门规定。[②]

第七,劳工标准的跨国私人实施。跨国企业是全球化进程的载体、参与者、受益方和积极推动者。鉴于国际和国内劳工管制的局限性,跨国公司在制定和实施劳工标准中的能力和可能性受到越来越多的学者的重视。[③] 首先,不少跨国公司主动设定和实施劳工标准。劳工标准越来越成为许多跨国公司内部行为准则的一部分,通过企业内部管理架构获得实施。"知名跨国公司有能力将公司行为准则适用于公司的所有雇佣关系而不论其位于何处,从而阐明和实施劳工标准,因而具有生成一种新的国际劳工管理模式的潜力。"[④]同时,在全球生产链中,不少处于上游的跨国公司往往对下游供应商的生产过程具有重大的影响能力,某些情况下可以要求供应商遵守和实施特定的劳工标准。以美国苹果公司为例,苹果公司被指责对中国零部件供应商和组装工厂的劳工违法情况漠不关心,因此,在 2009 年,苹果公司对其供应商启动了内部审查机制,并与美国的非政府组织公平劳工协会(Fair Labor Association)一起对中国的数百家一级和二级供应商进行了实地调查。[⑤]

随着"一带一路"建设的不断深入,劳工保护问题正在成为"一带一路"中的新议题,重要性、紧迫性、必要性都在不断提升。[⑥] "一带一路"涉及多方面的劳工问题,包括国际劳务合作、中国企业外派员工待遇与保护、中国企业在"一带一路"国家的当地工人管理与待遇等问题。根据商

---

① See Katherine Van Wezel Stone, "Labor and the Global Economy: Four Approaches to Transnational Labour Regulation", 16 *Michigan Journal of International Law* 987 (1995), p. 987.

② See European Union, "Directive 2014/67/EU of the European Parliament and of the Council"(15 May 2014).

③ See for example, Harry Arthurs, "Reinventing Labor Law for the Global Economy: The Benjamin Aaron Lecture", 22 *Berkeley Journal of Employment and Labor Law* 271 (2001), p. 271.

④ Patrick Macklem,"Labour Law beyond Borders", 5 *Journal of International Economic Law* 605 (2002), p. 632.

⑤ Richard M. Locke, *The Promise and Limits of Private Power: Promoting Labour Standards in a Global Economy*, New York: Cambridge University Press, 2013, pp. 6-8.

⑥ See Mimi Zou, "China and the Belt and Road Initiative: Transnational Labor Law under State Capitalism 4.0", 113 *AJIL Unbound* 418 (2019).

务部《中国对外投资合作发展报告(2020)》[①],2019 年我国对外承包工程、劳务合作雇用项目所在国人员共计 77.9 万人,其中 37.4 万在亚洲,34.6 万在非洲,3.6 万在拉丁美洲。中国企业的海外劳工保护问题已经成为热点问题。[②]

此外,全球工会联盟则积极推进国际框架协议(International Framework Agreements),鼓励跨国企业与全球工会签署协议,将有关劳工标准适用于跨国公司的总部以及所有海外子公司和分支机构。另外,联合国、国际劳工组织、经济合作发展组织(OECD)等都在建立不同层面的制度和机制,激励、推动和深化跨国公司的劳工保护责任。[③] 例如,联合国在 2000 年提出了联合国全球契约(United Nations Global Compact),提出了企业在人权、劳工、环境和反腐败方面应当遵守的十项原则。[④]

上述七个方面都属于跨国劳动法的研究范畴。有的研究领域刚刚起步,有的领域成果相对丰富,值得学界共同关注,并从跨国劳动法的角度深入研究。随着全球化的深入发展,相信在将来还会有更多领域和问题被纳入跨国劳动法的讨论。关于跨国劳动法的研究对象和范围,上述七个方面也仅是个人浅见,有待学界今后继续探讨、凝聚共识。

七、加强劳动法学科的国际面向

跨国劳动法,作为一种社会现象,值得关注;作为一个研究领域,值得开拓;作为一个研究方法,值得思考。跨国劳动法本身的概念、理论和分

---

① 中国商务部:《中国对外投资合作发展报告 2020》,第 16 页,http://images.mofcom.gov.cn/fec/202102/20210202162924888.pdf(最后访问日期 2022 年 9 月 1 日)。

② See Si Chen, "The Emerging Role of Chinese Transnational Corporations as Non-State Actors in Transnational Labour Law: A Case Study of Huayou Cobalt in the Global Cobalt Supply Chain", 50 *Journal of Asian Sociology* 143 (2021); Yifeng Chen and Ulla Liukkunen, "Enclave Governance and Transnational Labour Law—A Case Study of Chinese Workers on Strike in Africa", 88 *Nordic Journal of International Law* 558 (2019).

③ See Roger Blanpain (ed.), *Multinational Enterprises and the Social Challenges of the XXIst Century: The ILO Declaration on Fundamental Principles at Work, Public and Private Corporate Codes of Conduct*, The Hague: Kluwer Law International, 2000.

④ See https://www.unglobalcompact.org/ (last visited on 1 September 2022).

析工具还处于初步阶段，尚未发展出完整的理论体系。不论在理论架构还是实务适用上，都存有很大开放性。可以预见，随着国际实践的增加，跨国劳动法在未来相当长的一段时间里都将是国际学界的一个研究热点，值得中国学界积极关注和参与。

跨国劳动法开辟了新的研究领域、路径和视角，而不是对传统方法的否定或者替代。跨国劳动法力图独立于国际劳动法和国内劳动法，自成一体。[①] 但同时，跨国劳动法的提出，不是为了替代传统的国际劳动法和国内劳动法，事实上也不可能替代。很多传统的国际劳动法和国内劳动法没有解决的问题，跨国劳动法同样也不能加以彻底解决。跨国劳动法是在实践中不断探索、发展和调整的，对于很多问题的解决既不是一蹴而就的，也不是千篇一律的。

跨国劳动法的研究，一方面拓展了劳动法学科的研究领域、强化了劳动法学科的国际话语权，另外一方面也对劳动法学科现有的知识结构提出了新的挑战。现有的劳动法学以国内劳动法和比较劳动法为主要知识谱系。跨国劳动法的研究，要求劳动法学者学习和借鉴国际公法、国际组织法、国际经济法、国际关系等学科的知识，劳动法学者、国际法学者和国际关系学者今后有必要大力开展跨学科的合作。

劳动法治建设对于中国成长为具有全球性影响力的大国具有重要意义。中国的劳动法研究不能仅仅是内向型的，还需要是面向国际的。在劳动法学者的推动下，中国的劳动法制建设在过去三十多年间已经取得了重大进步。研究跨国劳动法将推动中国的劳动法研究更快地走向国际化，要求学界更加重视劳工保护的国际机制和跨国要素。通过国内劳动法和跨国劳动体制的互动和对话，既改善中国国内的劳动法治，又提升中国在国际上的软实力，既有道德力量，又有规范意义。在中国成长为负责任的世界性大国的过程中，跨国劳动法的研究将具有战略意义，中国的劳动法学者也大有可为。

---

① See Silvana Sciarra, "Collective Exit Strategies: New Ideas in Transnational Labour Law", in Guy Davidov & Brian Langille (eds.), *The Idea of Labour Law*, Oxford: Oxford University Press, 2011, p. 407.

第二章　国际劳工组织与核心劳工权利

基本劳动权利的概念首次获得国际承认，是在国际劳工组织 1998 年《关于工作中基本原则和权利宣言》中（以下简称《宣言》）。《宣言》确认，基本劳工权利具体包括了以下四项权利：结社自由和有效承认集体谈判权利、消除一切形式的强迫劳动、有效废除童工以及消除就业与职业歧视。相应地，规定上述四项权利的八项国际劳工公约，被国际劳工组织确认为基本劳工公约。[①] 1998 年《宣言》的制定，被认为是基本劳工权利发展的里程碑事件。实践中，基本劳工权利有时又被称为核心劳工标准，或者核心劳工权利。

距国际劳工组织提出基本劳工权利已届二十余年。在过去的二十余年间，基本劳工权利的认受度不断提高，国际影响日益扩大，并逐步渗透国际经济议程。在国际劳工组织的推动之下，其成员国（特别是发展中国家）批准基本劳工公约的数量大大增加。在国际劳工组织内部，基本劳工权利的基础地位进一步得到肯定，并在 2008 年被确立为国际劳工组织"体面劳动议程"的四大支柱之一。[②] 同时，随着经济全球化的发展，基本劳工权利对国际议程的渗透性越来越加强，越来越多的国际金融机构明

---

① 八项基本劳工公约包括 1948 年《结社自由和保护组织权利公约》（第 87 号公约）、1949 年《组织权利和集体谈判权利原则的实施公约》（第 98 号公约）、1930 年《强迫劳动公约》（第 29 号公约）、1957 年《废除强迫劳动公约》（第 105 号公约）、1951 年《男女工人同工同酬公约》（第 100 号公约）、1958 年《就业和职业歧视公约》（第 111 号公约）、1973 年《最低就业年龄公约》（第 138 号公约）和 1999 年《关于禁止和立即行动消除最有害的童工形式公约》（第 182 号公约）。

② 国际劳工组织的"体面劳动议程"是在 2008 年国际劳工大会第 79 次会议上正式被采纳的。"体面劳动议程"具体包括促进就业、加强劳动保护和社会保障、发展社会对话、尊重基本劳工权利四个方面。具体内容参见国际劳工组织："关于争取公平全球化的社会正义宣言"（2008 年 6 月 10 日），http://www.ilo.org/wcmsp5/groups/public/—asia/—ro-bangkok/—ilo-beijing/documents/publication/wcms_220284.pdf（最后访问日期 2022 年 9 月 1 日）。

确将尊重基本劳工权利纳入其业务文件，不少自由贸易安排也开始纳入劳工条款。[①] 可以说，在全球政治经济领域，一场基本劳工权利运动正在逐渐兴起。

在进步主义叙事的面貌之下，被有意无意忽略或者掩盖的，是围绕基本劳工权利生成、解释和适用的种种争议。基本劳工权利的性质、标准和法律效果为何？在国际法上，各国对基本劳工权利承担何种义务？一国可否以他国侵犯基本劳工权利为由采取贸易制裁措施？凡此种种问题，西方国家和发展中国家有着不同的利益诉求，立场歧异。国际学界经常将基本劳工权利援引为国际劳工保护的最低标准，这体现的主要还是西方国家的主张。而国内学界着重于基本劳工权利和国内劳动立法的比较研究[②]，对基本劳工权利本身的研究关注较少。

本章围绕国际劳工组织 1998 年《宣言》的制定历史和有关争论，就基本劳工权利的法律性质、主要内容、内在矛盾和前景展望等问题进行了全面梳理。本章指出，基本劳工权利获得国际认可，并非受到了国际人权保护的影响，也不是源于国内劳工权利的国际化运动，更大程度上是国际贸易与劳工保护政治博弈的结果，是一场南北政治经济学的产物。基本劳工权利虽然是由国际劳工组织在 1998 年《宣言》所予以确认的，其根源却是美国等西方国家试图在国际贸易体制中纳入最低劳工保护标准。

认真对待基本劳工权利，有必要认真对待基本劳工权利内在的悖论和紧张关系，准确认识基本劳工权利的规范效力及其限度，并且忠实地还原围绕基本劳工权利所发生的南北问题和政治经济学问题。尊重而不是掩饰基本劳工权利概念本身所具有的多元、丰富的维度，才能深刻理解劳工保护话语在当今全球化条件下的可能性及其限度。对于中国而言，这不仅有助于在国内准确地适用核心劳工标准，同时也有利于在外交政策和国际经贸政策中发展和建构出中国自身的劳工保护话语体系。

---

① 参见陈一峰：《跨国劳动法的兴起：概念、方法与展望》，载《中外法学》2016 年第 5 期。

② 我国劳动法学界也开始日益重视基本劳工权利的研究。特别是对于基本劳工权利与国内劳动立法的比较研究，学界已经作了不少有益的探讨。参见林燕玲：《国际劳工标准与中国劳动法比较研究》，中国工人出版社 2015 年；杨帅、宣海林：《国际劳工标准及其在中国的适用》，法律出版社 2013 年版。

一、基本劳工权利的机构归属之争:从贸易体制回归国际劳工组织

基本劳工权利在国际社会的发展,从历史脉络来看,脱胎于国际贸易体制中的劳工条款和社会条款,即劳工与贸易之争。最早在1978年美国首次在关贸总协定(GATT)的"十八国协商集团"内提出公平劳工标准(fair labour standards)问题,探讨国际贸易和劳工保护之间的关系,关注强迫劳动、童工和暴露于有害物质的工人等问题。[①] 在乌拉圭回合谈判期间,美国迫于国内劳工团体的压力,多次提议将劳工问题纳入关贸总协定,认为否定劳工权利将导致贸易扭曲,影响其他国家工人的福利。[②] 美国的提议虽然得到少数发达国家的附和,但是遭到了广大发展中国家的反对和质疑,认为劳工问题超出了关贸总协定(GATT)的职权范围,在国际贸易问题中纳入劳工问题,容易被滥用为贸易保护主义措施。[③] 在发展中国家的抵制之下,劳工标准最终没有被世界贸易组织采纳,但是西方发达国家对劳工标准问题的立场日趋强硬。自20世纪90年代起,劳工保护已成为国际政治与经济的重要议题之一。

正是在劳工与贸易的论战之中,基本劳工权利的概念逐渐成形。美国在1978年提出"公平劳工标准"(fair labour standards)的问题之后[④],次年又引入了"最低国际劳工标准"(Minimum International Labour Standards)的概念。[⑤] 在20世纪80年代乌拉圭回合谈判期间,美国开始采纳其国内贸易法上的"国际公认的劳工权利"(internationally

---

① See GATT, "Note on the Seventh Meeting of the Consultative Group of Eighteen: 8-9 June 1978", CG. 18/7 (20 July 1978), p. 7.

② 例如,参见GATT, "Worker Rights", PREP. COM(86)W/43 (25 June 1986); GATT, Preparatory Committee, "Record of Discussions: Discussions of 23-26 June", PREP. COM (86) SR/8 (13 August 1986), p. 13。

③ 例如,韩国、印度、马来西亚、巴西、古巴、新加坡和秘鲁等国在筹备委员会持此意见,GATT, Preparatory Committee, "Record of Discussions: Discussions of 23-26 June", PREP. COM (86) SR/8 (13 August 1986), pp. 15-19。

④ GATT, "Note on the Seventh Meeting of the Consultative Group of Eighteen: 8-9 June 1978", CG. 18/7 (20 July 1978), p. 7.

⑤ See GATT, "Minimum International Labour Standards", CG. 18/W/34 (11 October 1979).

recognized worker rights)的概念。[①] 美国主张国际公认的劳工权利包括结社权、集体谈判权、禁止强迫劳动、禁止童工和最低工作条件。[②] 在内容上,这与美国贸易法的规定基本一致。[③] 从各国的反应来看,不论是公平劳工标准,还是最低劳工标准,在当时都没有得到普遍接受。但是在学界有关劳工与贸易问题的讨论中,最低劳工标准的概念逐渐获得了一些西方学者的采纳。但是对其具体内容,学界并无一致的意见。

另外一个重要的争议问题是国际社会对劳工保护的机构管辖归属问题。劳工问题是否应当以劳工条款的形式纳入国际贸易体制,还是应当由国际劳工组织来予以管辖,这是个国际组织业务管辖归属的问题。随着 1994 年乌拉圭回合谈判的收尾,鉴于国际贸易体制没有纳入劳工条款,国际劳工组织在国际劳工保护方面的工作获得高度重视。联合国社会发展首脑峰会于 1995 年 3 月 6—12 日在丹麦哥本哈根召开,会议肯定了国际劳工组织在就业和社会发展领域发挥着特殊的作用,同时提出要保障工人的基本权利和利益,促进对国际劳工公约的遵守。[④] 1996 年 12 月,世界贸易组织在新加坡举行首次部长理事会,通过了《新加坡宣言》,明确宣告国际劳工组织是处理核心劳工标准的有权机构。[⑤] 在 20 世纪 90 年代中期,国际社会形成共识,国际劳工保护的归属应当从贸易体制

---

① 美国 1974 年《贸易法》确立了美国单方面要求贸易伙伴实施劳工标准的制度,该法授权美国贸易代表办公室对系统性违反劳工权利的贸易国采取单边的贸易救济和报复措施,同时明确将未采取有效措施以保护“国际公认的劳工权利”(internationally recognized worker rights)的国家排除在普惠制的范围之外。近年来,有学者将美国对外关系中有关劳工标准的法律,总结归纳为“美国国际劳工关系法”,表明了这个领域的重要性。参见 Steve Charnovitz, “The U. S. International Labor Relations Act”, 26 *ABA Journal of Labor & Employment Law* 311 (2010—2011)。

② GATT, “Relationship of Internationally-recognized Labour Rights to International Trade: Communication from the United States”, L/6196 (3 July 1987); GATT, “Relationship of Internationally-recognized Labour Rights to International Trade: Request for the Establishment of a Working Party, Communication from the United States”, L/6243 (28 October 1987).

③ 有学者对美国贸易法中的劳工条款做了批评,参见 Philip Alston, “Labor Rights Provisions in US Trade Law: ‘Aggressive Unilateralism’?”, 15 *Human Rights Quarterly* 1 (1993)。

④ United Nations, “Report of the World Summit for Social Development (Copenhagen, 6-12 March 1995)”, UN Doc. A/CONF. 166/9.

⑤ WTO, “Singapore Ministerial Declaration” (December 13 1996), https://www.wto.org/english/thewto_e/minist_e/min96_e/wtodec_e.htm (last visited on 1 September 2022).

回归国际劳工组织。

与此同时,对于国际劳工组织来说,在后冷战时代的一个核心问题是如何强化自身在国际关系中的相关性和影响力。一旦劳工标准被纳入国际贸易体制,国际劳工组织将不仅面临机构竞争和标准竞争的问题,还面临进一步被边缘化的风险。时任国际劳工局局长米歇尔·汉森(Michel Hansenne)积极谋求由国际劳工组织制定一项关于基本劳工权利的宣言或者宪章。①

对于制定基本劳工权利宣言的设想,在国际劳工组织内部受到了美国、加拿大、西欧国家和北欧国家为代表的工业化市场经济国家(Industrialized Market Economy Countries, IMEC)的积极推动。对此,工业化市场经济国家的立场鲜明。第一,国际劳工组织应当以正式文件明确确认若干劳工权利为基本劳工权利,这些权利包括结社自由、集体谈判、非歧视、禁止强迫劳动和禁止童工。② 强调基本权利,在于确认这些权利是普遍的,而非相对的;是绝对的,而非有条件的;并且,促进这些基本权利是所有成员国普遍的义务,不论其经济社会或文化条件。③ 第二,宣言应当确认这些原则和权利直接来自国际劳工组织的宪章本身,所有国家都有责任来遵守和落实这些基本劳工权利。④ 第三,宣言应当建立一个"可信、有效和有用"的后续机制促使国家遵守和落实这些原则。⑤ 第四,发达国家希望在国际劳工组织确认基本劳工权利之后,由世界贸易组织将基本劳工权利纳入贸易机制加以实施。⑥

而亚太国家、东南亚国家以及其他众多发展中国家,对国际劳工组织制定该宣言抱有很大疑虑。但是经过多次非正式磋商和理事会讨论之

---

① ILO, "The ILO, Standard Setting and Globalization", Report of the Director-General to the 85th Session of the International Labour Conference, Geneva, 1997, p. 26.

② 美国代表在理事会的发言,参见 ILO, "Minutes of the Governing Body", 271st Session (March 1998), GB. 271/PV(Rev.), p. IV/4-5。

③ 加拿大政府代表的意见,Report of the Committee on the Declaration of Principles, p. 20/13。

④ 瑞士政府代表的意见,Report of the Committee on the Declaration of Principles, p. 20/15。

⑤ 美国代表在理事会的发言,参见 ILO, "Minutes of the Governing Body", 271st Session (March 1998), GB. 271/PV(Rev.), p. IV/4-5。

⑥ 参见美国政府代表在"原则宣言委员会"上的发言,Report of the Committee on the Declaration of Principles, p. 20/104。

后，这些国家对于制定宣言本身采取了妥协的立场。这主要是出于以下几方面的考虑。第一，如果国际劳工组织不制定有关基本劳工权利的宣言，那么其他国际机构特别是世界贸易组织有可能制定劳工条款。这不仅将削弱国际劳工组织的地位和影响力，还将使劳工和贸易问题直接联系起来，导致经贸问题复杂化。[①] 第二，发展中国家希望通过这个宣言来强调国际劳工组织是唯一有权处理劳工保护问题的国际组织[②]，其他机构特别是世界贸易组织无权染指劳工保护问题。第三，发展中国家希望通过在国际劳工组织采取的行动来缓解其在世界贸易组织框架下谈判所面临的压力。第四，国际劳工组织的监督机制相比世界贸易组织的强制争端解决程序而言，要温和得多。因此，发展中国家在宣言讨论过程中，反复强调宣言应当是促进性质的（promotional nature），而非申诉性质的（complaint-based），重点应当是技术援助和咨询服务，而不是惩罚性的。[③] 第五，该宣言本身并不创设新的法律义务，这也在一定程度上满足了发展中国家的关切。[④] 第六，劳工标准不应当用于贸易保护主义的目的，并且不应当引入单边或者多边的贸易制裁措施。[⑤]

1998 年 6 月，第 86 届国际劳工大会召开，议程之一就是制定一项有关基本劳工权利的原则宣言。为此，大会专门成立了“原则宣言委员会”，就原则宣言及其后续行动的具体内容开展磋商和讨论。委员会主席和报告员由加拿大政府代表默赫（Moher）担任，委员会副主席分别由美国雇

① 参加匈牙利在“原则宣言委员会”上的发言，Report of the Committee on the Declaration of Principles，p. 20/8。

② 参见日本代表亚太国家集团在理事会上的发言，ILO，“Minutes of the Governing Body”，271st Session (March 1998)，GB. 271/PV(Rev.)，pp. II/5-6；日本（代表亚太国家集团）、印度、墨西哥、沙特阿拉伯（代表海湾合作理事会国家）、委内瑞拉、古巴政府代表在“原则宣言委员会”上的发言，ILO，Report of the Committee on the Declaration of Principles，pp. 20/5-6，10-11，15，17-18。

③ 参见日本代表亚太国家集团在理事会上的发言，ILO，“Minutes of the Governing Body，271st Session (March 1998)”，GB. 271/PV(Rev.)，p. II/6；日本（代表亚太国家集团）、埃塞俄比亚在“原则宣言委员会”上的发言，Report of the Committee on the Declaration of Principles，pp. 20/5-7。

④ 参见乌干达、墨西哥、沙特阿拉伯（代表海湾合作理事会国家）、肯尼亚政府代表的意见，Report of the Committee on the Declaration of Principles，pp. 20/8，11，15，18。

⑤ 参见黎巴嫩、苏丹、埃及、中国、智利、沙特阿拉伯（代表海湾合作理事会国家）、尼日利亚、肯尼亚政府代表的意见，Report of the Committee on the Declaration of Principles，pp. 20/7-18。

主代表波特(Potter)和英国工人代表布瑞特(Brett)担任。[①] 委员会的工作引发了各方极大的兴趣,共有 96 个政府代表、34 个雇主代表和 56 个雇员代表参与了该委员会的讨论。委员会先后召开了 21 次会议。[②] 在宣言的标题、义务内容、贸易与劳工保护、后续行动的执行机制以及其他具体措辞等方面,委员会展开了激烈的讨论。由于争论激烈,最终不能达成一致,委员会不得不以投票的方式通过了草案。[③] 不少发展中国家认为,宣言草案文本没有充分反映发展中国家的意见。[④]

随后,宣言草案文本被提交给第 86 届国际劳工大会审议。最后大会以 273 票赞成,0 票反对,43 票弃权通过了《关于工作中基本原则和权利宣言》。[⑤] 中国的两位政府代表和一位工会代表均投了赞成票。而来自新加坡、印度尼西亚、越南、墨西哥、埃及、黎巴嫩等 22 个国家的政府代表、雇主代表或者工会代表投了弃权票。[⑥]

通过《宣言》的制定,国际劳工组织完成了一次在后冷战时代极为深刻的机构调整,开启了国际劳工组织在全球化条件下管辖劳工事务的新篇章。国际劳工组织重申了其在国际劳工标准制定和实施方面的主导作用,很大程度上是对国际贸易机制试图纳入劳工条款的回应。在内容上,国际劳工组织以基本劳工权利为抓手,试图强化国际劳工组织在全球治

---

① 从委员会领导层构成来看,委员会官员都是由美欧发达国家的代表组成。日本随即代表亚洲和太平洋国家集团对委员会官员的构成表达了关切,认为委员会领导层的构成没有反映地域分配原则,也没有顾及不同发展阶段国家的代表性,希望委员会在讨论工作中能够采取必要措施确保充分考虑亚太国家的顾虑,并充分反映亚太国家的观点。See ILO, "Record of Proceedings of the International Labour Conference", Report of the Committee on the Declaration of Principles, Eighty-sixth Session (1998), Vol. 1, p. 20/2.

② 关于委员会的讨论,参见 Kari Tapiola, *The Teeth of the ILO—The Impact of the 1998 ILO Declaration on Fundamentals Principles and Rights at Work*, Geneva: ILO, 2018, pp. 32-36。

③ Report of the Committee on the Declaration of Principles, p. 20/108.

④ 例如,参见印度政府顾问辛格(Singh)、巴基斯坦和埃及人力资源和移民部长伊拉玛菲(ELAMAWY)在劳工大会上的发言,ILO, "Record of Proceedings of the International Labour Conference", Eighty-sixth Session (1998), Vol. 1, pp. 22/16, 19-22。中国政府代表在原则宣言委员会的讨论中指出,宣言草稿文本没有充分反映亚太国家和发展中国家的意见,参见 Report of the Committee on the Declaration of Principles, p. 20/11。

⑤ ILO, "Record of Proceedings of the International Labour Conference", Eighty-sixth Session (1998), Vol. 1, p. 22/29.

⑥ 相关投票记录,参见 ILO, "Record of Proceedings of the International Labour Conference", Eighty-sixth Session (1998), Vol. 1, pp. 22/47-50。

理中的话语权、影响力和竞争力。[①] 国际劳工组织不再只是一个成员国讨论和制定国际劳工公约的会议场所，而是转变为实施基本劳工权利的执行机构。[②] 在立法方式上，国际劳工组织不再拘泥于国际劳工公约和建议书，开始积极使用宣言等形式的软法文件来确认和强化国际劳工标准。

1998 年《宣言》的通过，是对国际劳工标准的重大发展，具有里程碑式的意义。宣言是经过多方反复磋商、争论和妥协的产物，最大程度地凝聚了国际社会关于国际劳工保护的共识，同时也标志着国际劳工保护从国际贸易体制向国际劳工组织的回归。《宣言》的核心内容包括以下四个方面。第一，宣言确认国际劳工组织是制定和处理国际劳工标准的主管机构。第二，《宣言》明确宣告了四项劳工权利为基本劳工权利，包括结社自由和集体谈判、禁止强迫劳动、禁止使用童工以及消除就业与职业歧视。第三，各国负有尊重、促进和实现基本劳工权利的义务，此种义务源于其成员国资格，而不依赖于对具体国际劳工公约的批准或接受。第四，《宣言》强调劳工标准不应当被用于贸易保护主义的目的，《宣言》的内容也不得被用于此种目的。上述内容，是各方妥协和平衡的结果。第一点和第四点更多地反映了发展中国家的立场和利益；第二点和第三点，更多地体现了发达国家的诉求。但正由于是妥协的产物，《宣言》的内容往往有很大的解释空间，深究起来甚至是含糊不清的，因此，有必要结合那些没有体现在宣言文本中的争议来加以解读。

二、《宣言》下“义务”的性质与内容

1998 年《宣言》明确宣告，成员国作为国际劳工组织成员承担了尊重、促进和实现基本劳工权利的义务。“即使尚未批准有关公约，仅从作

① See Erika de Wet, “Governance through Promotion and Persuasion: The 1998 ILO Declaration on Fundamental Principles and Rights at Work”, in Armin von Bogdandy et al. (eds.), *The Exercise of Public Authority by International Institutions*, Berlin: Springer-Verlag, 2010, pp. 377-403.

② 也有学者提出不同意见，认为 1998 年《宣言》弱化了国际劳工组织的强制实施国际劳工标准的能力，使得国际劳工组织从一个标准制定机构转变为发展机构。参见 Guy Standing, “The ILO: An Agency for Globalization?”, 39 *Development and Change* 355 (2008)。

为国际劳工组织成员国这一事实出发,所有成员国都有义务(obligation)真诚地并根据《章程》要求,尊重、促进和实现"基本劳工权利。成员国的此种义务直接来源于成员国资格,与一个国家是否批准特定的国际劳工公约无关。这种义务是何种性质的义务?法律基础是什么?在现有国际劳工法律体系下,《宣言》确认的基本劳工权利,具体体现在八项国际劳工公约当中。如果一个国家尚未批准有关条约,那么作为国际劳工组织成员国应当承担何种义务?

《宣言》文本采用了义务(obligation)的措辞。在起草过程中,不少代表持反对意见,认为这样的措辞仅适用于有法律约束力的文件。不少国家担心《宣言》会绕开国际劳工公约的自愿批准程序,使国家对于尚未批准的基本劳工公约也需要承担条约义务。① 对此,中国政府在国际劳工大会的发言中也强调,把劳工标准强加于成员国只能加剧争端,中国反对任何可能会把国际劳工组织变成国际法庭的做法。②

对此,首先有必要明确《宣言》本身在法律上是非拘束性的。从国际劳工组织的实践来看,宣言主要用于就组织的某些重要法律原则、政策目标、行动纲领等予以正式确认和宣告。例如,1944 年 5 月国际劳工大会通过了《关于国际劳工组织的目标和宗旨的宣言》(以下简称《费城宣言》),重申并发展了国际劳工组织的基本原则和目标,而且勾勒了组织在战后的工作愿景。但是,宣言本身只是建议性、政策性和倡议性的,并不能直接为成员国创设国际法上的权利或者义务。在 1998 年《宣言》的起草过程中,各国都反复强调《宣言》本身并不向成员国施加新的法律义务。

作为一个相关问题,即《宣言》虽然本身并无法律约束力,但是否构成了对《国际劳工组织章程》相关条款的权威解释?从起草历史以及现有国家实践来看,国际劳工组织和成员国均未认为《宣言》是对《国际劳工组织章程》的权威解释。国际劳工局在《宣言》草稿的说明文件中强调:"严格说来,《宣言》并不构成对成员国有法律约束力的对《章程》的解

① See Report of the Committee on the Declaration of Principles, pp. 20/21-64.

② 中国原劳动部部长李伯勇在第 85 届国际劳工大会上的发言,ILO,"Record of Proceedings of the International Labour Conference", Eighty-fifth Session (1997), p. 22。

释，因为根据《章程》第 37 条第 1 款，只有国际法院才有权做出此类解释。”[①]国际劳工局的意见明确表明，《宣言》不构成对《国际劳工组织章程》的权威解释。[②]

为了平息众多成员国对《宣言》抱有的疑虑，国际劳工组织法律顾问专门提供了一份意见书，对《宣言》的性质及其与国际劳工公约的关系做了解释。首先，《宣言》本身是一份“没有约束力的政治声明”，不论是《宣言》还是其《后续行动》，都不会为成员国创设新的、额外的法律义务。[③]其次，对于成员国尚未批准的公约，并不会因为《宣言》而使成员国受到其尚未批准的公约的约束。换言之，《宣言》本身并非要取消或者取代公约的批准机制。最后，对于成员国是否批准一项基本劳工公约，仍然属于各国自由裁量的范围，《宣言》并不对成员国是否批准公约施加任何限制或者义务。[④]

《宣言》宣告，成员国对于基本劳工权利负有的义务是内附于国际劳工组织成员资格的，那么此种义务的法律基础和具体内容都只能来自《国际劳工组织章程》中的具体规定。[⑤] 从《章程》内容来看，《章程》里确认的一般义务是成员国从各自具体情况出发，为了实现国际劳工组织在《章程》序言中确立的目标，而进行真诚努力的义务[⑥]，这种努力包括批准劳工公约和建议书、采取国内立法措施实施劳工标准、进行国际合作等等。因此，《宣言》中的义务不外乎是这样一个要求国家努力去实现的义务，或者说，是一个“政策义务”。《宣言》要求各国努力实现基本劳工公约中的

---

① ILO, “Consideration of a Possible Declaration of Principles of the International Labour Organization Concerning Fundamental Rights and its Appropriate Follow-up Mechanism”, Eighty-sixth Session (1998).

② 当然，需要指出的是，国际劳工局给出的理由并不成立。《章程》第 37 条“章程和公约的解释”第 1 款的规定，是成员国就《章程》的解释发生争端应当提交国际法院解决。从条约法和国际组织法的一般原理来说，该条款本身并不排除国际劳工组织的各个机构及成员国通过法律实践对《章程》加以解释的可能性。

③ Report of the Committee on the Declaration of Principles, pp. 20/92-93.

④ Ibid., p. 20/93.

⑤ 此种义务的性质和实现方式，在亚太国家的坚持下，“根据《章程》要求”这样的措辞被加入了该条款。

⑥ 类似的意见参见国际劳工局汉森局长 1994 年向国际劳工大会提交的报告，他认为这是采取行动的义务，而并非达到特定结果的义务。参见 ILO, “Defending Values, Promoting Change: Social Justice in a Global Economy”, Report of the Director-General, Geneva, 1994, pp. 59-60。

目标,其判断标准是一个国家在追求这些目标的实现方面是否存在系统性的失败。[①] 这个义务具有一定的柔性,但不纯粹是"政治和道德的"[②],同时也是法律的。

对于尚未批准的基本劳工公约,成员国承担的是《章程》第 19 条第 5 款规定的报告义务,宣言本身没有增加额外的义务。[③] 依据该条规定,对于国际劳工大会通过之劳工公约,如果一个国家不予批准,那么该国有义务定期向国际劳工局局长报告,说明该国与公约事项有关的法律和实践、已经采取或者打算采取来落实公约内容的立法或者行政措施、存在的妨碍批准的实际困难。这也是《后续行动》的法律基础。

基本劳工权利虽然得到了《宣言》的确认,其具体实施仍然需要通过成员国接受具体的国际劳工公约,那么宣言援引《章程》下成员国义务的意义在哪里呢? 通过《章程》来援引成员国义务这一路径最早是由劳工局汉森局长在其 1994 年的报告中提出来的。他在报告中倡议,发掘蕴含在劳工组织成员国资格中的义务,建立一套特别程序,督促成员国落实其加强社会保护的国际义务。[④] 在 1997 年的局长报告中,汉森局长进一步强调了此种路径有其特殊价值,有助于实现基本劳工权利的普遍采纳。[⑤] 因此,1998 年《宣言》的意义不在于对成员国重申了促进基本劳工权利的软性义务,而是在于宣告了一组基本劳工权利的存在,并且将基本劳工权利与《章程》相联系,赋予其普遍性。基本劳工权利的存在和运行是独立的、自成一体的,并不依赖于成员国对有关劳工条约的批准或者接受。

---

① 参见美国雇主代表波特(Potter)在国际劳工大会上的发言,ILO, "Record of Proceedings of the International Labour Conference", Eighty-sixth Session (1998), Vol. 1, p. 22/14。

② 印度政府顾问辛格(Singh)在劳工大会上的发言,ILO, "Record of Proceedings of the International Labour Conference", Eighty-sixth Session (1998), Vol. 1, p. 22/16。

③ 参见国际劳工组织法律顾问的意见,ILO, "Record of Proceedings of the International Labour Conference", Eighty-sixth Session (1998), Vol. 1, p. 20/93。

④ ILO, "Defending Values, Promoting Change: Social Justice in a Global Economy", Report of the Director-General, Geneva, 1994, pp. 59-60.

⑤ ILO, "The ILO, Standard Setting and Globalization", Report of the Director-General to the 85th Session of the International Labour Conference, Geneva, 1997, p. 15.

《宣言》几乎是以一种“自然法”的语言宣告了基本劳工权利。[①]

通过援引组织《章程》和成员国资格，《宣言》成功地实现了其立法上的普遍主义。这种普遍主义有两个层面。第一，基本劳工权利对所有国际劳工组织成员国都有效，即便在实施义务方面是软性的[②]，但是基本劳工权利的实体内容得到了明确的、即刻的确认和普遍的接受。[③] 这有效避免了传统的国际劳工条约模式的意愿主义、实证主义和碎片化的问题。第二，《宣言》所要发声的对象，不仅仅是成员国，而是国际社会整体。《宣言》是在经济全球化的背景下，国际劳工组织向国际贸易体制、国际金融机构、整个联合国系统、区域性国际组织等宣告了核心劳工权利的存在，重申了国际劳工组织在管理国际劳工事务方面的管辖权和核心地位。

三、基本劳工权利的标准和内容

1998 年《宣言》中确认了四项基本劳工权利：结社自由和有效承认集体谈判权利、消除一切形式的强迫劳动、有效废除童工、消除就业与职业歧视。为什么是这四项权利而不是其他权利被认定为基本劳工权利？标准是什么？这个清单是开放的还是封闭的？这个清单本身是否存在不足或者疏漏？

在理论上，识别基本劳工权利至少可以有以下三种方法。第一种方法是宪章主义的办法。既然《宣言》旨在确认各国已经接受之基本劳工权利，那么应该直接从《国际劳工组织章程》和有关劳工公约中寻找既存的基本劳工权利。除了结社自由和同工同酬，《章程》序言中提及的工时限

---

① 1998 年国际劳工局在提交给国际劳工大会的文件中强调，宣言本身并不确立(establish)这些权利为基本权利。相反，这些权利已经是基本权利了，宣言只是加以承认而已，目的在于促进这些基本权利的普遍实施。参见 ILO, “Consideration of a Possible Declaration of Principles of the International Labour Organization concerning Fundamental Rights and its Appropriate Follow-up Mechanism”, Eighty-sixth Session (1998)。

② 有学者认为，核心劳工标准有助于凝聚国际社会不同参与者对劳工保护方面的共识。参见 Anke Hassel, “The Evolution of a Global Labor Governance Regime”, 21 *Governance: An International Journal of Policy, Administration, and Institutions* 231 (2008)。

③ See Francis Maupain, “Revitalization Not Retreat: The Real Potential of the 1998 ILO Declaration for the Universal Protection of Workers' Rights”, 16 *European Journal of International Law* 439 (2005).

制、工人的伤病保护、充分工资水平等,1944 年《费城宣言》中确认的社会保障、工人的健康和生命保护、充分的住宅和文化娱乐设施等,都可以考虑是否属于基本劳工权利的范畴。第二种方法是实在法的方法。从考察各国的劳工实践出发,包括考察各国批准的国际劳工公约的情况,寻找各国在劳工保护方面的最大公约数和共同采纳的标准。根据各国可以共同遵守和落实的劳工标准,确定基本劳工权利。这种方式是一种自下而上的实证的方法。通过这种方法得到确认的基本劳工权利,可以推断,应当大都具有习惯国际法的性质,对各国有普遍约束力。第三种方法是自然法的方法。从一个理想模型的标准工人出发,考虑他/她所需要享有的各项劳工权利和保护。从这个角度出发所认定的基本劳工权利,应然法色彩更强,同时在权利范围的认定方面也可以更为全面。

从目前的资料来看,不论在理事会前期讨论、原则宣言委员会讨论抑或是国际劳工大会的会议讨论中,都没有就基本劳工权利的范围和认定标准展开过详细讨论。国际劳工组织显然没有采取上述的任何一种方法。国际劳工局在 1997 年提交给理事会的一份文件中,对于基本劳工权利标准做过一个粗略的说明。劳工局在文件中认为,区分基本劳工权利和其他劳工权利的标准在于基本劳工权利的实施是不论经济社会发展水平都应当实施的,而其他权利的实施则可以考虑一国具体的"气候、习惯和风俗的不同,经济机会和工业传统的不同"。[①] 并且,在某种意义上,基本权利是实现其他权利的前提条件。[②] 劳工局的这种定义是自我重复的,它不外乎是说,基本权利之所以是基本权利,就是因为它是基本的。这样一种先验主义的方法和专断主义的态度,在逻辑上已经封闭了基本劳工权利讨论的空间。

国际劳工组织选定的四项基本劳工权利,遭到了人权学者的很多批评,认为现有基本劳工权利的清单具有很强的选择性和任意性,缺乏一个

---

① 《国际劳工组织章程》第 41 条。

② ILO, "Follow-up on the Discussion of the Report of the Director-General to the 85th Session (1997) of the International Labour Conference: (a) Inclusion on the Agenda of the 86th Session (1998) of the International Labour Conference of an Item concerning a Declaration on Workers' Fundamental Rights", GB. 270/3/1 (November 1997).

内在统一、令人信服的哲学、经济或者法律的标准。[①] 不少学者对核心劳工权利未能包含劳动卫生和安全权利在内提出了质疑。[②] 在国际劳工大会上，也有国家明确提出，有关工资保护、社会保险、就业政策和职业安全的劳工公约也直接与工人的社会保护相关，如果《宣言》对于这些权利不予考虑，将减损对这些权利的保护。[③] 也有学者事后试图提供一些标准来解释国际劳工组织的选择[④]，但是这些解释在逻辑上并不令人信服，更多是在事后为国际劳工组织的选择提供正当性依据，而并没有真实还原国际劳工组织选择相关劳工标准的历史事实。

在《宣言》起草过程中，发展中国家对于基本劳工权利的具体内容基本采取了沉默或者回避的姿态。一个主要的理由是这些国家在根本上并不赞成"基本劳工权利"这个概念，担心这个概念被滥用。因此，发展中国家采取的是"最少标准"的策略。在国际劳工局和西方国家的力推之下，发展中国家很难把已经被提上桌面的这四项基本劳工权利删减；虽然不满意这四项权利，但是发展中国家又不希望在这四项权利之外再添加更多的基本劳工权利。这也是为什么在原则宣言委员会和劳工大会上，发展中国家都避免对基本劳工权利的实体问题展开讨论。

值得注意的是，《宣言》中基本劳工权利的内容深刻地受到了美国贸易法中"国际承认的劳工权利"的影响。对内容做一个简单的比照，就可以有很直观的感受。美国的 1974 年《贸易法》中"国际公认的劳工权利"包括：(A) 结社权，(B) 工会权和集体谈判权，(C) 禁止使用任何形式的强迫劳动，(D) 规定雇佣儿童工人的最低年龄并禁止最恶劣形式的童工，(E) 最低工资、工作时间、职业安全与健康方面可接受的工作条件。[⑤] 除

---

① Philip Alston, "'Core Labour Standards' and the Transformation of the International Labour Rights Regime", 15 *European Journal of International Law* 457 (2004), p. 483.

② Lance Compa, "Core Labour Rights: Promise and Peril", 9 *International Union Rights* 20 (2002).

③ 参见古巴政府代表的发言，ILO, "Record of Proceedings of the International Labour Conference", Eighty-fifth Session (1997), p. 89。

④ 例如认为这些权利集中于程序性劳工保护，Brian A. Langille, "Core Labour Rights—The True Story (Reply to Alston)", 16 *European Journal of International Law* 409 (2005), p. 431。

⑤ 有关批评意见，参见 Philip Alston, "Labor Rights Provision in US Trade Law: Aggressive Unilateralism", 15 *Human Rights Quarterly* 1 (1993)。

了最后一项,美国《贸易法》中"国际公认的劳工权利"的前四项与《宣言》中承认的基本劳工权利是完全一致的。问题是,美国所谓的"国际公认的劳工权利"更多是从美国自身的法律实践和利益出发,要求其他国家遵守的一套标准而已。美国在1997年国际劳工大会中讨论的时候,明确支持国际劳工组织最后采纳的这四项权利,认为这些权利构成基本劳工权利是存在普遍共识的。①

总的来说,《宣言》确认的四项基本劳工权利全部属于工人的人身权利和政治权利,与西方自由主义传统一脉相承,明显地忽视了对工人经济权利的关注。② 基本劳工权利强调人身与政治权利而忽视经济权利,是试图将劳工塑造为一个政治人而非经济人。③ 这在新的全球化条件下,以保护权利之名,为新自由主义塑造全球政治经济秩序打开了大门。《宣言》中的基本劳工权利借鉴和接纳了美国对外贸易法中的"国际公认之劳工标准",为美国采取单边主义措施提供了正当性话语,强化了其通过贸易对发展中国家的劳工保护问题施压的能力。

四、劳工保护与贸易机制

劳工和贸易问题的争论,同样也体现在《宣言》起草过程中。事实上,原则宣言委员会花了一半的时间主要在争论劳工和贸易问题。④ 发展中国家同意制定《宣言》的根本原因,是希望由此确认国际劳工组织对劳工

---

① 美国政府代表在1997年第85届国际劳工大会上的发言。ILO, "Record of Proceedings of the International Labour Conference", Eighty-fifth Session (1997), p. 127。

② See Philip Alston, "'Core Labour Standards' and the Transformation of the International Labour Rights Regime", 15 *European Journal of International Law* 457 (2004), p. 484; Ulla Liukkunen & Yifeng Chen, "Fundamental Labour Rights in China—A New Approach to Implementation", in Ulla Liukkunen & Chen Yifeng (eds.), *Implementation of Fundamental Labour Rights in China: Legal Architecture and Cultural Logic*, Cham: Springer, 2016, pp. 1-17.

③ 这与美国长期以来在国际人权领域抵制经济社会文化权利是一致的。很大程度上,这些被认定为基本劳工权利是因为这些权利容易获得美国的接受。Philip Alston, "'Core Labour Standards' and the Transformation of the International Labour Rights Regime", 15 *European Journal of International Law* 457 (2004), p. 483。

④ 参见美国雇主代表波特(Potter)在劳工大会上的发言,ILO, "Record of Proceedings of the International Labour Conference", Eighty-sixth Session (1998), Vol. 1, p. 22/14。

标准问题享有独占的、排他的管辖，排除其他机构特别是世界贸易组织对劳工问题的管辖。[①] 这些国家担心，如果国际劳工组织不作为，那么发达国家就有更大的理由和动力在国际贸易体制下实施劳工权利。[②] 在《宣言》讨论过程中，亚太国家和发展中国家坚持要求纳入一个“保障条款”，确保该《宣言》不被用于贸易保护主义的目的。在《宣言》起草过程中，这被分解为两个问题，第一个是权能问题（1.5 序言部分），第二个是保障条款问题（6 主文部分）[③]，起草过程中引发了激烈的争议。

国际劳工组织的权能问题规定在序言部分。本条争议的焦点是，亚太国家和发展中国家主张，本条文应当明确确认国际劳工组织在制定和实施国际劳工标准方面的排他性权力，旨在限制世界贸易组织染指劳工问题。而发达国家、工会团体则试图尽量淡化这种色彩，虽然承认国际劳工组织在制定劳工标准方面的权力，但是并不排除其他国际组织也可以在促进劳工权利实施方面有所作为。[④] 最终达成的有关条文具有一定的妥协色彩。《宣言》在序言中说：“国际劳工组织是根据章程授权制定和处理国际劳工标准的国际组织和主管机构，并在促进作为其章程原则之体现的工作中基本权利方面享有普遍的支持和认同。”

有关劳工与贸易的保障条款问题（6 主文部分），即“不得将劳工标准用于贸易保护主义之目的”，是否应当规定，规定在哪里，争议最大。第一种意见以美国和起草委员会内部的工会团体为代表，认为不应当在《宣言》中加入这个条款。[⑤] 理由包括：国际劳工组织没有贸易方面的职权，

---

① 参见苏丹政府代表的发言，说明了第三世界国家接受这个宣言的动因，Report of the Committee on the Declaration of Principles, p. 20/72。

② 参见法国和菲律宾政府代表的发言，Report of the Committee on the Declaration of Principles, pp. 20/102, 105。

③ 国际劳工局准备的宣言草稿本文，进行了数字标号。有关该草稿本文以及国际劳工局的意见，参见 ILO, “Consideration of a Possible Declaration of Principles of the International Labour Organization concerning Fundamental Rights and its Appropriate Follow-up Mechanism”, Eighty-sixth Session (1998)。

④ Report of the Committee on the Declaration of Principles, pp. 20/70-76.

⑤ 美国和挪威政府的意见，参见 Report of the Committee on the Declaration of Principles, p. 20/79, 20/83-84；工会团体的意见，Report of the Committee on the Declaration of Principles, pp. 20/71, 20/82。

不应该在其《宣言》中提及贸易事项[①];劳工和贸易之间是否存在联系,应当由贸易机构去考虑,而非由国际劳工组织来预判[②];国际劳工组织无权保证这个《宣言》不会被用于其他场合,这超出了国际劳工组织的管辖范围;同时《宣言》本身也并非条约,因此,其不能构成一个有国际法约束力的保证。[③] 第二种意见以雇主团体和部分欧洲国家为代表,认为这个条款可以保留,但是主张将该条款放在序言甚至是脚注中,而非正文的执行部分。[④] 第三种意见是亚太国家和发展中国家坚持认为,这个条款并非要侵入其他国际组织的职权,而是要确保《宣言》及其后续措施不会被贸易保护主义用作借口,因此,这个条款应当保留并写入《宣言》的执行部分。[⑤] 对于发展中国家来说,这个条文的目的是要确保《宣言》中确认的基本劳工权利不会在国际劳工组织之外被与劳工政策无涉的机构加以援引或者强制实施。[⑥] 亚太国家强调,这个条款的内容应当涵盖三个方面:(1) 不得将劳工标准用于保护主义的目的;(2) 不得将《宣言》用于单边或者多边的贸易保护主义措施;(3) 不得因此采取损害各国比较优势的贸易措施。[⑦]

委员会争论激烈,在亚太国家和发展中国家的坚持下,该保障条款最终被保留在《宣言》的执行部分。《宣言》执行部分最后一条规定:"不得将劳工标准用于贸易保护主义之目的,并且本《宣言》及其后续措施中的任何内容不得被援引或被以其他方式用于此种目的;此外,无论如何不得因

---

① 美国代表还认为,这是在主动把劳工问题和贸易问题作联系(虽然是一种否定式的联系)。

② 美国政府代表的意见,参见 Report of the Committee on the Declaration of Principles, pp. 20/99, 22/104。

③ 参见英国政府代表的意见,Report of the Committee on the Declaration of Principles, p. 20/98。

④ 参见意大利、德国、法国、瑞典政府代表的意见,Report of the Committee on the Declaration of Principles, pp. 20/13, 20/18, 20/81, 20/99; 雇主团体的意见,Report of the Committee on the Declaration of Principles, p. 20/71。

⑤ 例如埃塞俄比亚、哥伦比亚、印度尼西亚、印度、黎巴嫩、巴西、叙利亚、韩国政府代表的意见,Report of the Committee on the Declaration of Principles, pp. 20/5, 20/17, 20/18, 20/81, 20/84;非洲国家的意见,Report of the Committee on the Declaration of Principles, pp. 20/72, 20/85。

⑥ 参见墨西哥政府代表的发言,Report of the Committee on the Declaration of Principles, p. 20/81。

⑦ Report of the Committee on the Declaration of Principles, p. 20/79.

本《宣言》及其后续措施而对任何国家的比较优势提出异议。"

委员会通过该文本之后，美国代表进行发言并强调，《宣言》并不影响各国在其他国际组织下可能承担的法律义务，并且《宣言》中的保障条款不创设额外的义务，也并不妨碍美国单边在其贸易关系中设定劳工标准。① 在国际劳工大会讨论的时候，美国重申，国际劳工组织不能对今后美国在哪里援引该《宣言》或者其后续行动施加限制。"第5款对我们的贸易政策不能施加任何限制，不论是法律上的，还是其他的。"②

一个有必要回答的根本问题是，在法律上，《宣言》是否切断了贸易和劳工之间的联系？在严格的法律意义上，答案恐怕是否定的。第一，《宣言》确认了国际劳工组织在"制定和处理"国际劳工标准方面的职权，但是并未如发展中国家所愿的那样，认可国际劳工组织在劳工保护方面享有排他性的权力。《宣言》本身的表述并不能排除其他国际组织参与国际劳工标准的促进和实施的可能性。而事实上，在《宣言》起草过程中，美国一再表示，将在其他国际组织特别是世界贸易组织中推动劳工条款。第二，《宣言》规定，各国不得将《宣言》用于贸易保护主义的措施。但是，根据美国等发达国家的理解，贸易和劳工相联系并不必然是贸易保护主义的。只有那些构成保护主义的贸易措施才是被否定的；而促进劳工保护的合法贸易措施并非贸易保护主义的。第三，国际劳工组织只能制定与自身有关的劳工标准和政策，没有权力去规定其他国际组织的权限和具体运作，并且不能限制世界贸易组织等国际组织在劳工保护方面采取措施。③ 第四，《宣言》本身并非条约，在国际法上对成员国而言并无法律拘束力，对于成员国在国际法上的权利和义务并无增减。因此，《宣言》并不免除各国现在或者将来在其他国际组织之下承担的劳工保护的法律义务。并

---

① 参见美国政府代表的意见，Report of the Committee on the Declaration of Principles, p. 20/109-110。

② 参见美国政府代表萨梅特(Samet)在劳工大会上的发言，ILO, "Record of Proceedings of the International Labour Conference", Eighty-sixth Session (1998), Vol. 1, p. 22/24。

③ 美国雇主代表波特(Potter)在劳工大会上的发言中表示，宣言执行部分第五款不可能为提供所谓的法律保障，因为国际劳工组织在贸易问题方面并无职权。ILO, "Record of Proceedings of the International Labour Conference", Eighty-sixth Session (1998), Vol. 1, p. 22/14；英国工人代表布瑞特(Brett)在劳工大会上的发言，in ILO, "Record of Proceedings of the International Labour Conference", Eighty-sixth Session (1998), Vol. 1, p. 22/15。

且,从美国等国在起草过程中的发言情况来看,《宣言》中的表述也很难说构成了国际法上的"禁反言"。

但是,《宣言》并非毫无用处。《宣言》虽然是一个妥协的产物,但还是在相当程度上反映了发展中国家的政治和法律立场,特别是"劳工归劳工、贸易归贸易"的愿望。在政治上,《宣言》强调了国际劳工组织处理劳工问题的法定职权,强调了劳工问题不应当被用于贸易保护主义。这在一定程度上削弱了世界贸易组织处理劳工问题的正当性,也缓解了发展中国家在世界贸易组织内所面临的压力。在法律上,《宣言》本身虽然是没有直接的法律拘束力的,但是《宣言》在一定程度上体现了国际社会认同劳工标准不得用于贸易保护主义措施的法律确信,对于国际劳工标准的发展和实施具有重要指导意义。

五、劳工保护与霸权

1998 年 6 月 18 日,国际劳工大会第 86 届会议以 273 票赞成、43 票弃权,正式通过了《宣言》。与会各方都充分肯定了《宣言》的重大意义。大会主席宣告,《宣言》的通过,是国际劳工组织的胜利。[①] 德国政府代表说,《宣言》的采纳对于国际劳工组织来说具有历史性。[②] 美国政府代表认为宣言的通过是"历史性的一步"[③],"国际劳工组织有一个新的机会在新世纪发挥作用和领导力。"[④]

《宣言》的通过,也在根本上改善了国际劳工组织与美国之间的关系。此前,美国参议院共和党议员杰西·海默斯(Jesse Helms)于 1995 年担任外交关系委员会主席,批评国际劳工组织是"费钱及过时的",要求大规

---

① ILO, "Record of Proceedings of the International Labour Conference", Eighty-sixth Session (1998), Vol. 1, p. 22/28.

② 德国政府代表维勒斯(Willers)在劳工大会上的发言,ILO, "Record of Proceedings of the International Labour Conference", Eighty-sixth Session (1998), Vol. 1, p. 22/16。

③ See Report of the Committee on the Declaration of Principles, p. 20/109.

④ 美国政府代表萨梅特(Samet)在国际劳工大会上的发言,ILO, "Record of Proceedings of the International Labour Conference", Eighty-sixth Session (1998), Vol. 1, p. 22/23。

模削减美国对国际劳工组织和其他联合国机构的资助。[①] 相应地，在1997年，美国要求国际劳工组织削减预算5%—9%，最终预算削减了3.75%。[②] 但是在《宣言》通过之后，美国重新调整了其对国际劳工组织的政策[③]，开始积极重视和利用国际劳工组织，以推进全球范围内对基本劳工权利的普遍接受。1999年6月，美国总统克林顿访问了国际劳工组织并参加了国际劳工大会，这是历史上第一个前往国际劳工组织并发言的美国总统。在发言中，克林顿高度评价了1998年《宣言》，认为这是未来全球经济的蓝图，《宣言》确认的权利不仅仅是劳工权利，更是人权。[④] 克林顿更宣布，美国将为国际劳工组织落实基本劳工权利提供2500万美元的额外资助。[⑤]

对于美国而言，《宣言》只是美国在全球范围内推广基本劳工权利的序曲。[⑥] 一方面，美国通过国际劳工组织，继续在多边框架和技术援助框架下，推动国际社会对于基本劳工权利的批准和接受。[⑦] 美国大幅提高了对国际劳工组织预算外项目的支持。从1999年至今，美国都是国际劳

---

① Thomas W. Lippman, "Helms Targets U.N. Programs for Cuts", Washington Post (6 May 1995), https://www.washingtonpost.com/archive/politics/1995/05/06/helms-targets-un-programs-for-cuts/778e8d94-8182-4241-8383-5a8d2a9f230d/?from=singlemessage&isappinstalled=0 (last visited on 1 September 2022).

② 参见美国政府顾问安德森(Anderson)女士的发言，ILO, "Record of Proceedings of the International Labour Conference", Eighty-fifth Session (1997), pp. 250-251；美国政府代表在财务委员会上的发言，Second Report of the Finance Committee of Government Representatives (1997), ILO, "Record of Proceedings of the International Labour Conference", Eighty-fifth Session (1997), p. 14/10。

③ See Edward C. Lorenz, *Defining Global Justice: The History of U.S. International Labour Standards Policy*, Notre Dame, Indiana: University of Notre Dame Press, 2001, pp. 220-221.

④ ILO, "Address by Mr. Bill Clinton, President of the United States" (16 June 1999), http://www.ilo.org/public/english/standards/relm/ilc/ilc87/a-clinto.htm (last visited on 1 September 2022).

⑤ 1999年，美国为国际劳工组织的消除童工国际项目提供了2900万美元的预算外捐助。See ILO, "The ILO's Technical Cooperation Programme 1999-2000", GB.279/TC/1 (November 2000), p. 4。

⑥ 有关美国劳工外交，参见Nicholas A. Stigliani, "Labor Diplomacy: A Revitalized Aspect of U.S. Foreign Policy in the Era of Globalization", 1 *International Studies Perspectives* 177 (2000)。

⑦ 美国自身仅仅批准了八项基本劳工公约中的两项，但是这并不妨碍美国在国际上积极推进基本劳工权利。

工组织预算外项目的最大捐款国。在 2008 年至 2010 年期间,美国每年对国际劳工组织预算外贡献均超过了 5000 万美元;在 2015 年至 2018 年期间,美国对国际劳工组织的预算外贡献总额仍然超过了 2300 万美元。[①]

另外一方面,美国开始通过单边措施或者在投资和贸易框架下,不断强化劳工标准。在美国对孟加拉国、斯威士兰、海地的普惠制或者其他经济安排中,美国为各国量身定制相关劳工标准并要求各国遵守。2011 年 8 月 9 日,美国在《中美洲自由贸易协定》框架下,指控危地马拉未能有效落实其结社自由和集体谈判等劳动法中的权利,要求成立争端解决小组。这是历史上第一次有国家利用自由贸易协定机制来提起劳工保护争议。[②] 在美国主导下,2015 年《跨太平洋伙伴关系协定》中,专门设立了劳工保护一章,建立了被认为是有史以来所有贸易协定中对劳工保护最强的机制。该协定要求所有缔约方都要全面实施国际劳工组织《宣言》所确认的基本劳工权利。同时,在劳工保护实施机制上,缔约方就劳工争议可以要求设立专家组,启动争端解决程序(第 19.15 条)。虽然美国最终退出《跨太平洋伙伴关系协定》,但是日本等 11 个国家继续推进《全面与进步跨太平洋伙伴关系协定》。2021 年,中国也提交了正式加入《全面与进步跨太平洋伙伴关系协定》的书面信函。

《宣言》以一种普遍主义的姿态所确认宣告的基本劳工权利,提高了国际社会对于劳工保护的重视程度,这在经济全球化程度日益加深的今天,有显著的积极意义。与此同时,基本劳工权利虽然是由国际劳工组织宣告和承认,但是其国际认可与实施具有溢出效应,日益超出国际劳工组织的框架和机制。一个趋势是大国以实施基本劳工权利之名,采取单边主义的外交和贸易手段。另外一个趋势是不少投资贸易体制开始纳入劳

① See ILO, "United States Government ILO Cooperation" (October 2019), https://www.ilo.org/wcmsp5/groups/public/@dgreports/@exrel/documents/publication/wcms_237562.pdf (last visited on 1 September 2022).

② Office of the U.S. Trade Representative & the U.S. Department of Labor, "Standing Up for Workers: Promoting Labor Rights through Trade" (February 2015), https://ustr.gov/sites/default/files/USTR%20DOL%20Trade%20-%20Labor%20Report%20-%20Final.pdf, pp. 8-11(last visited on 1 September 2022).

工条款，这已经成为美国、加拿大和欧盟的基本立场。[①] 此外，不少国际金融机构，例如世界银行、亚洲开发银行也开始将基本劳工权利纳入其业务政策。可以说，《宣言》在一个普遍的意义上为国际社会不同行为者在劳工保护问题上提供了一个共享的规范框架。[②] 在此意义上，我国应积极参与对基本劳工权利有关问题的探讨，贡献智慧，避免基本劳工权利沦为国际政治经济中新的霸权话语和工具。

---

① 也有学者呼吁应当将核心劳工权利纳入世界贸易组织，参见 Yasmin Moorman, "Integration of ILO Core Rights Labor Standards into the WTO", 39 *Columbia Journal of Transnational Law* 555 (2000)。

② Cleopatra Doumbia-Henry & Eric Gravel, "Free Trade Agreements and Labour Rights: Recent Developments", 145 *International Labour Review* 185 (2006), p. 188.

第三章　国际贸易协定中的劳工条款

一、国际劳工标准与多边贸易机制

回顾历史，国际劳工标准的产生与贸易全球化密切相关。国际劳工组织的建立有两个目的，一是调和欧洲内部劳资矛盾，对抗苏联第二共产国际的影响力[①]；二是将欧洲的劳工标准逐步适用于亚洲国家，使欧洲产品免受亚洲产品所带来的冲击。[②] 在欧洲政治家看来，亚洲产品的竞争力来源于廉价劳动力和剥削性劳工待遇，因此有必要通过欧洲劳工标准的国际化保护欧洲产品的竞争力。在这个意义上，国际劳工保护体系在起源上就不纯粹是人道主义或者进步主义的，其立足于殖民主义全球化背景，服务于国际竞争格局，有着现实的经济考量。[③] 国际劳工公约的订立和全球推广，一定意义上是为了将各国劳工标准尽量均等化。

"一战"结束后到"二战"开始前是国际劳工标准发展的黄金时期。1919 年至 1939 年间，国际劳工组织制定了 67 个劳工公约，66 个劳工建议书，涵盖工会自由、禁止强迫劳动、禁止童工、工资、工时、职业卫生与安全、社会保障、就业政策等众多事项，体系庞大。迅速发展的国际劳工标准，很大程度上表明欧洲国家希望将世界各国普遍纳入统一劳工标准体系。在此阶段，全球化、贸易与国际竞争成为国际劳工标准发展最主要的

---

① Robert W. Cox, "Labor and Hegemony", 31 *International Organization* 385 (1977), p. 387.

② See International Labour Office, *The International Labour Organisation: The First Decade, with a Preface by Albert Thomas*, Geneva: George Allen & Unwin, 1931, p. 12.

③ George N. Barnes, *History of International Labour Office*, London: Williams and Norgate, 1926, p. 45.

推动力，但是劳工问题仍由国际劳工组织处理，国际经济问题则由国际联盟主导。

早在1947年，《哈瓦那宪章》就试图将劳工问题直接纳入国际贸易体制。《哈瓦那宪章》第7条名为“公平劳工标准”，主要规定了一些原则性内容：一是强调各国政策应当充分顾及国际劳工标准中的工人权利，即各国有义务履行各国参加之国际劳工公约；二是由于出口产品生产部门的不公平劳工条件会对国际贸易造成困难，各国应当在其领土内消除此种不公平劳工条件；三是应当加强与国际劳工组织的合作，以便实现上述目标。[①] 何谓不公平劳工标准，该条本身没有定义。《哈瓦那宪章》没有直接为国家设定额外的劳工保护实体义务，而是强调应当加强与国际劳工组织的合作，推动劳工标准的实施。由于美国国会拒绝批准，《哈瓦那宪章》最终没有生效。

1947年《关税与贸易总协定》作为临时性协定开始适用，其中完全没有提及劳工标准问题。但到了1977年，美国开始试图提出劳工问题。1978年6月，美国首次在关贸总协定的“十八国协商集团”中提出公平劳工标准(fair labour standards)问题，提议关贸总协定应当探讨国际贸易和劳工保护之间的关系，其关注的重点是强迫劳动、童工和暴露于有害物质的工人。[②] 1979年10月，在东京回合谈判结束之后，美国正式向“十八国协商集团”散发了一份名为“最低国际劳工标准”(minimum international labour standards)的工作文件，认为关贸总协定应当考虑在贸易方面考虑实施某些“最低国际劳工标准”。[③]

1986年至1994年的乌拉圭回合谈判期间，由于美国国内劳工团体施压，美国数次要求关贸总协定将劳工权利纳入新一轮的多边贸易谈判议程。美国认为，否定劳工权利将导致贸易扭曲，对发达国家工人的福利

---

① 该条款遭到了美国的反对，但是在英国的坚持下，写入了《哈瓦那宪章》。参见 Richard N. Gardner, *Sterling-Dollar Diplomacy: The Origins and the Prospects of Our International Economic Order* (New, Expanded Edition), New York: McGraw Hill Book Company, 1969, pp. 271-272.

② See GATT, "Note on the Seventh Meeting of the Consultative Group of Eighteen: 8-9 June 1978", CG. 18/7 (20 July 1978), p. 7.

③ GATT, "Minimum International Labour Standards", CG. 18/W/34 (11 October 1979).

造成不利影响。美国因此提出一项议案，认为应当设立一个工作组研究国际贸易中的劳工问题。关贸总协定代表理事会、缔约方大会多次对美国提出的议案展开讨论。美国的议案遭到了发展中国家和出口国家的坚决反对。[①] 反对意见主要集中在以下几个方面。第一，劳工问题超出了关贸总协定的职权范围关贸总协定处理劳工保护问题缺乏章程基础。[②] 第二，较低的劳动成本是发展中国家具备的比较优势之一，并不必然是对劳工的剥削。[③] 第三，在贸易中引入劳工标准问题，会带来歧视性保护措施的滥用。[④] 第四，美国提出最低劳工标准的目的是让关贸总协定服从美国国内法。[⑤] 第五，劳工保护问题应当在国际劳工组织框架，而非多边贸易机制下商讨，相比关贸总协定，国际劳工组织是一个更为合适的机

---

① See GATT，"Council：Minutes of Meeting Held in the Centre William Rappard on 3 October 1990"，C/M/245（1 November 1990），pp. 23-24；GATT，"Contracting Parties：Minutes of Meeting Held in the Centre William Rappard on 13 December 1990"，SR. 46/2（1 February 1991）；GATT，"Contracting Parties：Minutes of Meeting Held in the International Conference Centre on 4 December 1991"，SR. 47/2（14 February 1992）.

② 韩国、印度、马来西亚、巴西、古巴、新加坡、秘鲁的立场，参见 GATT，Preparatory Committee，"Record of Discussions：Discussions of 23-26 June"，PREP. COM（86）SR/8（13 August 1986），pp. 15-17；墨西哥、东盟国家、古巴、智利、巴基斯坦、土耳其、印度等国也持有同样立场，参见 GATT，"Council：Minutes of Meeting Held in the Centre William Rappard on 4 May 1988"，C/M/220（8 June 1988），pp. 27-32；尼加拉瓜持同样意见，参见 GATT，"Council：Minutes of Meeting Held in the Centre William Rappard on 8-9 February 1989"，C/M/228（16 March 1989），p. 38；尼日利亚持同样意见，参见 GATT，"Council：Minutes of Meeting Held in the Centre William Rappard on 21-22 June 1989"，C/M/234（31 July 1989），p. 74；墨西哥、东盟国家、智利、印度、玻利维亚、尼日利亚于 1990 年再次重申了前述立场，参见 GATT，"Council：Minutes of Meeting Held in the Centre William Rappard on 3 October 1990"，C/M/245（1 November 1990），pp. 24-27。

③ 哥伦比亚、尼日利亚持此立场，参见 GATT，Preparatory Committee，"Record of Discussions：Discussions of 23-26 June"，PREP. COM（86）SR/8（13 August 1986），pp. 14-15；智利、巴基斯坦持同样意见，参见 GATT，"Council：Minutes of Meeting Held in the Centre William Rappard on 4 May 1988"，C/M/220（8 June 1988），p. 29。

④ 罗马尼亚持此意见，参见 GATT，"Council：Minutes of Meeting Held in the Centre William Rappard on 4 May 1988"，C/M/220（8 June 1988），p. 29；韩国、印度、新西兰持同样意见，参见 GATT，Preparatory Committee，"Record of Discussions：Discussions of 23-26 June"，PREP. COM（86）SR/8（13 August 1986），pp. 15-19。

⑤ 参见印度的意见，GATT，"Preparatory Committee，Record of Discussions：Discussions of 23-26 June"，PREP. COM（86）SR/8（13 August 1986），p. 16；墨西哥的意见，GATT，"Council：Minutes of Meeting Held in the Centre William Rappard on 4 May 1988"，C/M/220（8 June 1988），p. 27。

构。[①] 关贸总协定乌拉圭回合谈判于 1994 年 4 月在摩洛哥马拉喀什完成，在发展中国家的抵制之下，劳工标准没有被纳入贸易体制。但值得注意的是，美国的提案在不同场合获得了新西兰、加拿大、北欧等国家和国际组织的支持。[②]

正是这些无法平息的有关劳工抑或是贸易的辩论，使国际劳工组织在 20 世纪 90 年代中期重新站上国际政策制定的前沿。美国在乌拉圭回合中提出的纳入“国际公认的劳工权利”的建议受到了发展中国家的强烈抵制。然而，在新成立的世界贸易组织内外，有关劳工和贸易的辩论仍在继续。虽然 1994 年的《马拉喀什协定》没有纳入劳工条款，但《北美劳工合作协定》作为《北美自由贸易协定》的一项附带协议于 1994 年 1 月 1 日生效。亚太国家和发展中国家越来越关注劳工标准被用于贸易保护主义目的的可能性。

世界贸易组织（以下简称世贸组织、WTO）成立之后，美国继续积极推动，希望将劳工标准纳入世贸组织法律体系，但是并未取得实际进展。1996 年，WTO 新加坡部长级会议宣告，国际劳工组织是处理国际劳工标准的有权机构，该会议也主张自由贸易带来的经济增长将促进劳工权利的实现。[③] 新加坡会议上，各国部长同意将劳工问题与贸易问题分开讨论。[④] 1999 年，世界贸易组织在西雅图举行部长理事会。美国再次提议工作组讨论劳工和贸易问题，将劳工问题纳入世贸组织议程。时任美国总统比尔·克林顿在其致辞中表示，世界贸易体系应当致力于保护核心劳工标准，以确保全球化时代下劳动者的尊严。[⑤] 美国的提议遭到了发展中国家的强烈抵制。发展中国家拒绝将劳工问题纳入 WTO 讨论议程。此后，WTO 多哈回合谈判进展迟滞，成果有限，劳工问题不了了之。

---

① 参见新加坡的意见，GATT，“Preparatory Committee，Record of Discussions：Discussions of 23-26 June”，PREP. COM（86）SR/8（13 August 1986），p. 17。

② See GATT，“Council：Minutes of Meeting Held in the Centre William Rappard on 4 May 1988”，C/M/220（8 June 1988），p. 27.

③ WTO，“Singapore Ministerial Declaration”（Adopted on 13 December 1996）.

④ Arvind Panagariya，“Trade-Labour Link：A Post-Seattle Analysis”，in Zdenek Drabek（ed.），*Globalization Under Threat：The Stability of Trade Policy and Multilateral Agreements*，Cheltenham：Edward Elgar，2001，pp. 5-27.

⑤ John D. French，“From the Suites to the Streets：The Unexpected Re-emergence of the ‘Labor Question，’1994—1999”，43 *Labor History* 285（2002）.

1996年,经济合作与发展组织(OECD)发布研究报告,反驳了发展中国家的关切,认为没有证据证明劳工权利的保障会对经济竞争力产生负面影响。实施核心劳工标准并不会损害一个国家的比较优势和出口贸易,相反,有助于改善一个国家的长期经济表现。[①] 2000年,经济合作与发展组织再次发布报告,全面分析了国际劳工组织的基本劳工权利的实施机制,认为落实核心劳工标准有利于提高经济效率。[②] 这两份报告从经济学理论上为国际贸易体制纳入劳工标准铺平了道路。

二、通过自贸协定纳入劳工条款

劳工保护问题在国际多边贸易框架下遭遇了挫折,开始转入单边和有限多边主义框架。[③] 在美欧的推动下,双边和区域贸易协定开始规定劳工问题。过去十年中,这一趋势有所加速。

劳工问题与贸易协议的挂钩起源于1993年美国、墨西哥和加拿大的《北美劳工合作协定》。美国、墨西哥、加拿大三国于1992年8月12日签署了《北美自由贸易协定》,但是该协定遭遇了美国国内劳工团体、环保主义者的批评和抵制。为了平息国内的政治压力,克林顿上台之后重新与加拿大和墨西哥谈判,于1993年9月14日签署了《北美劳工合作协定》与《北美环境合作协定》。上述三个协定同时于1994年1月1日生效。《北美劳工合作协定》虽然本身并不是贸易协定的一部分,但其作为一个附随协议(side agreement),开启了劳工保护与贸易协议相联系的先河。[④] 该协议所涉的国际合作尚显初步,更强调各国国内对于本国劳动法的实施,相关劳工合作的形式也主要是信息交换、技术援助和磋商。但该协议

---

① OECD, "Trade, Employment and Labour Standards: A Study of Core Workers' Rights and International Trade", 1996, https://doi.org/10.1787/9789264104884-en (last visited on 1 September 2022).

② OECD, "International Trade and Core Labour Standards, 2000, https://doi.org/10.1787/9789264188006-en (last visited on 1 September 2022).

③ See Kofi Addo, *Core Labour Standards and International Trade: Lessons from the Regional Context*, Berlin: Springer, 2014.

④ 较早的论述可参见 Lance Compa, "Going Multilateral: The Evolution of U.S. Hemispheric Labor Rights Policy under GSP and NAFTA", 10 *Connecticut Journal of International Law* 337 (1995)。

建立了一个争端解决程序，可将持续违反职业安全和健康、禁止雇佣童工和最低工资保障等劳动标准的行为诉诸仲裁。[①]

美国签订的第二个涉及劳工保护的自由贸易协定是2000年的《美国—约旦自由贸易协定》。该协定的劳工保护章节十分简明，要求各方遵守其对1998年国际劳工组织《宣言》的承诺。在对劳工的实质性保护方面，它涵盖了“国际公认的劳工权利”以及缔约方“不通过放松国内劳动法的管制来促进贸易的发展”的具体义务。[②]由于2002年美国《贸易法》要求政府努力促进和落实国际劳工权利保护，美国在该法生效后缔结的几乎所有自由贸易协定中都纳入了劳工章节。美国在2003年6月签署的《美国—智利自由贸易协定》，2003年9月签署的《美国—新加坡自由贸易协定》中都专门订有“劳工篇章”，开启了在自由贸易协定中规定劳工篇章的实践。2007美国采取了新的贸易政策，要求在贸易协定中更加全面地落实劳工保护政策，纳入有约束的、可执行的核心劳工标准。[③] 截至目前，在美国生效的14个自由贸易协定中，有13个包含劳工条款。[④]

除美国外，欧盟在1999年与南非缔结的《贸易、发展与合作协定》中首次纳入劳工条款。2001年，欧盟将劳工标准纳入其对最不发达国家提供普惠制待遇的前提条件之一。经过数次调整，在2010年欧盟与韩国签署的自由贸易协定中，专门列有一章“贸易与可持续发展”，其中包含了劳工保护条款。此后，“贸易与可持续发展”成为欧盟签署自由贸易协定的标准范本。截至2022年，欧盟有20个自由贸易协定包含劳工条款。[⑤] 除了美国和欧盟以外，加拿大也是国际社会中推动劳工权利进入国际贸易协定

---

① Canada-Mexico-United States, “North American Agreement on Labor Cooperation”, 32 *International Legal Materials* 1499 (1993).

② United States (U. S.)-Jordan, “Agreement between the United States of America and the Hashemite Kingdom of Jordan on the Establishment of a Free Trade Area”, 41 *International Legal Materials* 63 (2002).

③ See Eli J. Kirschner, “Fast Track Authority and Its Implication for Labor Protection in Free Trade Agreements”, 44 *Cornell International Law Journal* 385 (2011).

④ 订立于1985年的《美国—以色列自由贸易协定》除外。相关资料参见 U. S.，“Free Trade Agreements”, *Office of the United States Representative*, https://ustr.gov/trade-agreements/free-trade-agreements (last visited on 1 September 2022)。

⑤ See EU, “Negotiations and Agreements”, https://policy.trade.ec.europa.eu/eu-trade-relationships-country-and-region/negotiations-and-agreements_en (last visited on 1 September 2022).

的重要推手。在加拿大签署的 14 个自由贸易协定中,有 12 个包含劳工条款。①

截至 2019 年,已经有 85 个自由贸易协定包含劳工条款,接近全球现有自由贸易协定的 1/3。② 国际劳工组织还指出,大多数劳工条款都出现在发达国家和发展中国家之间的协议中,这类协议占含有劳工条款的自由贸易协定总数的 70.1%。③ 大多数自由贸易协定中的劳工条款都与信息交换、劳工合作和技术援助有关。针对劳工标准的落实适用于争端解决程序的情况仍然很少,而且往往只有在违反劳工标准将直接影响到双方贸易的情况下才适用。④

三、欧盟模式与美国模式

欧盟和美国都在自由贸易协议中纳入劳工条款,但两者有各自鲜明的特点,形成了欧盟模式和美国模式。⑤ 两种模式反映了两者对待劳工权利保护方面不同的路径,也深受各自国内劳动立法、政治生态和国际政策的影响。⑥

欧盟模式具有一些鲜明的特色。第一,欧盟从可持续发展的角度理解劳工保护问题,认为劳工权利的保护和实现是可持续发展的重要方面。⑦ 欧盟一般在"贸易与可持续发展"中规定劳动保护。欧盟认为,经

---

① See Canada, "Trade and Investment Agreements", https://www.international.gc.ca/trade-commerce/trade-agreements-accords-commerciaux/agr-acc/index.aspx? lang = eng # dataset-filter (last visited on 1 September 2022).

② ILO, *Labour Provisions in G7 Trade Agreements: A Comparative Perspective*, Geneva: ILO, 2019, p.15.

③ ILO, *Handbook on Assessment of Labour Provisions in Trade and Investment Arrangements*, Geneva: International Labour Office, 2017, p 12.

④ See Mary Jane Bolle, "Overview of Labor Enforcement Issues in Free Trade Agreements", 2016, https://fas.org/sgp/crs/misc/RS22823.pdf (last visited on 1 September 2022).

⑤ James Harrison, "The Labour Rights Agenda in Free Trade Agreements", 20 *Journal of World Investment & Trade* 705 (2019).

⑥ 周畅博士对欧盟模式、美国模式和中国模式开展了深度对比研究,参见周畅:《自由贸易协定中劳工条款的比较研究:基于产业关系的视角》,中国人民大学 2021 年博士学位论文。

⑦ 欧盟的路径也得到了学界的高度肯定,相关分析参见 Tonia Novitz, "Labour Standards and Trade: Need We Choose between 'Human Rights' and 'Sustainable Development'?", in Henner Gött (ed.), *Labour Standards in International Economic Law*, Cham: Springer, 2018, pp. 113-134。

济发展、社会发展和环境保护密切关联,贸易应当有助于实现可持续发展。贸易政策与劳工政策应具有一致性,应当定期评估自贸协议对于可持续发展的影响。[①] 第二,欧盟主张的劳工权利保护范围,一般是以国际劳工组织所倡导的四项基本劳工权利为限,即工会自由与集体谈判、禁止童工、禁止强迫劳动和禁止歧视。欧盟在自贸协议中一般会援引国际劳工组织的1998年《关于工作中基本原则和权利宣言》和2008年"体面劳动议程"。围绕基本劳工权利,欧盟要求缔约方在批准基本劳工公约上作出行动,就批准和实施国际劳工组织公约的情况开展双边交流。第三,在实施机制方面,欧盟强调公民社会参与。[②] 欧盟要求缔约方国内成立咨询团体(advisory group),纳入劳工团体、雇主代表和环保组织等。双方咨询团体应召开联合会议,就贸易与可持续发展议题,包括缔约方国内劳工保护状况等交换意见。第四,在劳工条款的争端解决方面,缔约方可以诉诸专门的劳动争议机制,成立专家小组解决争端。但是劳工条款方面的争端不适用贸易争端解决机制,欧盟也反对以贸易制裁的方法来解决劳动争端。[③] 第五,欧盟模式下的劳工保护在内容和实施机制上都相对温和,以促进缔约方有效实现劳工保护为主要目标。[④] 第六,欧盟对于劳工权利的保护采取多边主义的立场。缔约方不仅要实施国际劳工组织基本劳工权利,而且要在国际劳工组织和其他国际机构下加强合作。[⑤]

美国模式与欧盟模式存在比较大的差异,其对劳工权利的倡导更多地延续了美国贸易法中有关"国际公认的劳工权利"的规定。美国模式的特点主要体现在以下几个方面。第一,美国的劳工保护条款独立成章,较欧盟模式而言规范性更强。第二,美国主张的劳工权利保护的范围以其对外贸易法上规定的"国际公认的劳工权利"为准。"国际公认的劳工权

---

① 例如参见 Article 13.1, 13.13, EU-Vietnam Free Trade Agreement (signed on 30 June 2019, entered into force on 1 August 2020).

② See ILO, *Social Dimensions of Free Trade Agreement*, Geneva: ILO, 2015, p. 71.

③ 参见李西霞:《自由贸易协定中的劳工标准》,中国社会科学文献出版社2017年版,第96—97页。

④ James Harrison et al., "Governing Labour Standards through Free Trade Agreements: Limits of the European Union's Trade and Sustainable Development Chapters", 57 *Journal of Common Market Studies* 260 (2019).

⑤ See Giovanni Gruni, "Labor Standards in the EU-South Korea Free Trade Agreement", 5 *Korean Journal of International and Comparative Law* 100 (2017), pp. 105-107.

利”不仅包括了国际劳工组织确认的四项基本劳工权利[①],还包括了“与最低工资、工作时间、职业安全与健康相关的可接受的工作条件”。美国强调要在国内法上尊重和实施上述劳工权利,而没有援引相关国际劳工公约,其中一个很重要的原因是美国仅批准了八项基本劳工公约中的两项,即第 105 号《废除强迫劳动公约》和第 182 号《关于消除和立即行动消除最有害的童工形式公约》。[②] 第三,在劳工条款的国内实施方面,美国模式要求缔约方建立国内联系点,允许私人和其他组织就劳工保护义务的实施情况提交讯息(communications),并向其他缔约方和公众公开。这一制度实际上建立了对劳工权利实施的私人监督机制。第四,劳工争议可以在满足特定条件的情况下诉诸贸易争端解决机制。对于劳工条款中的有关内容,只有涉及前述五项“国际公认的劳工权利”且通过磋商或者调解无法解决的,才可以诉诸贸易救济的争端解决机制。美国模式还进一步要求争端解决机制的小组成员应当是劳动法领域或者国际争端解决领域的专家。第五,偶然侵犯劳工权利并不意味着违反有关劳工条款,只有侵犯劳工权利的行为持续(sustained)、反复发生(recurring),并影响贸易时,才构成对相关条款的违反。因此,在劳工条款的适用方面,美国模式强调以贸易关联性作为诉诸争端解决的门槛。第六,经过争端解决机制认定,一方存在违反劳工条款的行为而拒不履行裁决的,其他缔约方可以中止贸易减让或者采取其他制裁措施。第七,美国在自由贸易协定中的劳工保护条款,带有较强的单边主义色彩。这突出地表现为美国试图把本国国内贸易法中的“国际公认的劳工权利”纳入自贸协定。而且,虽然美国在自贸协定中援引国际劳工组织 1998 年《宣言》,但是并没有援引基本劳工公约,也没有赋予国际劳工组织在实施有关劳工条款方面的特定职责。第八,美国往往要求其他缔约国在加入自贸协定前就接受和提高劳工标准。例如,美国与巴林、摩洛哥和苏丹三国协商自由贸易协定时,要求该三国全面改革劳动法,允许工人自由结社。更有甚者,美国和

---

① 美国国内工会组织对于基本劳工权利也持积极支持的态度。参见 Jonathan P. Hiatt & Deborah Greenfield, “The Importance of Core Labor Rights in World Development”, 26 *Michigan Journal of International Law* 39 (2004)。

② See William (Bud) Clatanoff, “Labor Standards in Recent U. S. Trade Agreements”, 5 *Richmond Journal of Global Law & Business* 109 (2005), p. 114.

柬埔寨在签署自由贸易协定之后，双方签署了一个有关劳工保护的实施方案。柬埔寨政府作出了有关劳工保护的十项承诺，并因此招募了超过100 名劳动监察人员。[①]

美国和欧盟之间的差异，很大程度上体现了两者对于劳工保护不同的思路。对于欧盟而言，对贸易自由化带来的问题应当采取总体的矫正路径，劳工保护不力也是贸易自由化带来的挑战之一。与此同时，在评估贸易自由化的效果和影响时，应当将其对劳工和环境的影响纳入评估。劳工权利的实现和促进程度是评估贸易自由化成效的重要维度。[②] 同时，欧洲在推广劳工标准时较为谨慎，更多的是直接援引国际劳工组织的基本劳工公约和相关宣言。但对于美国来说，劳工保护条款是贸易协议的一部分，其仅将相应条款作为国际法义务加以实施。劳工问题并不构成反思贸易协议正当性的基础。

欧洲和美国之间也存在不少相似之处。例如，两者一定程度上都援引和借鉴了国际劳工组织的基本劳工权利；强调违反基本劳工权利的行为不得作为贸易的比较优势；不得降低现有劳工标准等。在实施机制上，两者都强调了一定程度的公民社会参与。在争端解决方面，两者也都强调首先通过国家间联合委员会来磋商解决，只有在磋商不能解决，且满足特定条件的情况下方可诉诸争端解决机制。

四、贸易协定中的劳工义务

各个贸易协定下的劳工条款各有不同。同一个国家在不同时期的贸易协定中包含的劳工条款的内容也不尽相同，同一个国家在同一时期与不同的缔约方之间的劳工条款的内容也存在差异。但是，总体来看，签署时间越晚的贸易协议，其中包含的劳工条款的内容越丰富，执行机制也越细致。

总体来说，国家在贸易协定下承担的劳工保护义务有一定的共性，一

---

① See ILO, *Social Dimensions of Free Trade Agreement*, Geneva: ILO, 2015, pp. 36-44.

② James Harrison, "The Labour Rights Agenda in Free Trade Agreements", 20 *Journal of World Investment & Trade* 705 (2019).

般包括以下几个方面。

第一，各国不得以降低、不执行国内劳工标准来作为促进贸易的手段。同时，不得以实施劳动法为手段，不当地限制贸易。落实和执行国内劳动法已经成为贸易协定中较为常见的要求。贸易协定通常要求各国政府公开透明地实施劳动法规范。

第二，各国应当尊重和实施国际劳工组织 1998 年《宣言》。1998 年《宣言》是几乎所有贸易协定中都会提及的劳工标准。《宣言》确认了四项基本劳工权利，但是《宣言》强调这四项劳工权利仅为原则，各国作为国际劳工组织会员国有促进劳工权利实现之义务。《宣言》的原则性、概括性和普遍性使得诸多贸易协议援引该《宣言》。美国对于《宣言》也抱有积极支持的态度，2018 年的《美国—墨西哥—加拿大协议》反复提到了 1998 年《宣言》。[①] 加拿大在其带有劳工条款的自由贸易协定中提及 1998 年《宣言》，这已成为加拿大的习惯。然而，不同的自由贸易协定整合劳工条款的程度不同，其中国际劳工组织宣言的法律效力也不同。[②] 2016 年的《欧盟与加拿大全面经济贸易协定》呼吁各国“如果尚未批准国际劳工组织的基本公约，则应继续努力批准这些公约”。

第三，努力批准和实施基本劳工公约的义务。这主要体现在欧盟主导的自由贸易协议当中。2016 年的《欧盟与加拿大全面经济贸易协定》呼吁缔约方“如果尚未批准国际劳工组织的基本公约，则应继续努力批准这些公约”。[③] 欧盟和越南、欧盟和韩国之间的自由贸易协定也有类似的规定。从实际情况来看，上述规定对于缔约方批准相关国际劳工公约起到了积极的推动效果。越南与欧盟签订自由贸易协定后，很快批准了《废除强迫劳动公约》（第 105 号公约）和 2006 年《海事劳工公约（2018 年修

---

① The United States-Mexico-Canada Agreement (signed on 30 November 2018, entered into force on 1 July 2020).

② Jordi Agustí-Panareda et al., "Labour Provisions in Free Trade Agreements: Fostering their Consistency with the ILO Standards System", 2014, https://papers.ssrn.com/sol3/papers.cfm?abstract_id=3858496 (last visited on 1 September 2022).

③ EU-Canada Comprehensive Economic and Trade Agreement (signed on 30 October 2016).

正案)》,两者都于 2020 年正式对越南生效。[①] 韩国则在《欧盟—韩国自由贸易协定》下承诺批准全部基本劳工条约,《组织权利和集体谈判权利原则的实施公约》(第 98 号公约)、《结社自由和保护组织权利公约》(第 87 号公约)和《强迫或强制劳动公约》(第 29 号公约)于 2021 年 4 月 20 日正式对韩国生效。[②]

第四,贸易协定中所覆盖的劳工权利,从内容来看,各国立场有一定的差别。欧盟倾向于多边主义的立场,以国际劳工组织所确认的四项基本劳工权利为限。美国则沿用其对外贸易法中所采用的"国际公认之劳工权利"这一措辞,其所签订的贸易协定中不仅包括了四项基本劳工权利,还包括"与最低工资、工作时间、职业安全和健康相关的可接受的工作条件"。[③] 加拿大虽然也采用了"国际公认的劳工权利"的措辞,但是所指涉的劳工权利的范围更加宽泛。以 2014 年《加拿大—韩国自由贸易协定》为例,其中"国际公认的劳工权利"的内容不仅包括了四项基本劳工权利,还包括了"对工资劳动者(包括不受集体协议涵盖)而言可接受的最低就业标准,例如最低工资和加班工资""预防工伤和职业病""对工伤和职业病的赔偿",以及"在工作条件方面不得歧视移民工人"。[④] 但总体来说,贸易协定中规定的劳工权利的范围还是较为有限的。

第五,从义务的深度来看,各个贸易协议都规定只有持续、反复的侵犯劳工权利的行为,才构成对贸易协定中劳工保护义务的违反。[⑤] 换言之,零星的、个别的、偶发的劳工权利侵犯,只要得到缔约方行政和司法部门的积极救济,就不构成对贸易协议下劳工保护义务的违反。只有当一个国家系统性地侵犯相关劳工权利且不予以纠正时才构成对有关劳工条

---

① ILO, Ractifications for Viet Nam, https://www.ilo.org/dyn/normlex/en/f?p=1000:11200:0::NO:11200:P11200_COUNTRY_ID:103004 (last visited on 1 September 2022).

② ILO, Ractifications for Republic of Korea, https://www.ilo.org/dyn/normlex/en/f?p=NORMLEXPUB:11200:0::NO::P11200_COUNTRY_ID:103123 (last visited on 1 September 2022).

③ 国际劳工组织的一份报告与本文见解不同,参见 ILO, *Labour Provisions in G7 Trade Agreements: A Comparative Perspective*, Geneva: ILO, 2019, pp. 23-24。

④ Article 18.2, Canada-Korea Free Trade Agreement (signed on 11 March 2014, entered into force on 1 January 2015).

⑤ ILO, *Labour Provisions in G7 Trade Agreements: A Comparative Perspective*, Geneva: ILO, 2019, p. 24.

款的违反。

第六，很多情况下，只有当此种对劳工权利的侵犯与贸易相关时，才能构成对贸易协定下劳工条款的违反。这主要体现在美国和加拿大对外缔结的自由贸易协定中。欧盟在和日本签订的自由贸易协定中，也有此种条款规定。这为贸易协定下劳工条款争议的触发设置了一个相对较高的门槛。

五、实施机制与争端解决机制

在实施机制方面，有关贸易协议也颇具特色。第一，各国应当在国内设立联络点，承担一国履行劳工义务的对外联系功能。第二，各国应建立一个政府间委员会就协议中劳工条款的实施进行交流和磋商，如美国一般在自贸协议中设立“劳工事务理事会”，而欧盟协议则设立“贸易与可持续发展委员会”。第三，各国应当在其国内设置一个咨询团体。这个咨询团体一般由工会代表、雇主代表和其他组织构成，定期向本国提出实施有关劳工保护义务的意见和建议。

在美国和加拿大签署的自由贸易协议中，联络点还应当接收个人和其他组织就劳工保护问题提交的通信。这个机制等同于向私主体开放了申诉的权利，同时也在一定程度上赋予了私主体监督劳工保护条款实施情况的权利。在欧盟的机制中，国内私主体主要通过国内咨询团体参与劳工保护条款的实施与监督。欧盟的协议往往规定缔约双方的国内咨询团体应当定期举行联合会议，交流协议的实施情况。①

早期自由贸易协议中的劳工条款主要是劳工保护方面的合作机制。但在最近十多年里，越来越多的贸易协议规定了劳工条款争议的争端解决机制。目前，多数自由贸易协议中的劳工条款都设有争端解决机制。②在争端解决机制方面，欧盟和加拿大签订的贸易协定中多建立了独立于

① James Harrison et al.,“Governing Labour Standards through Free Trade Agreements: Limits of the European Union's Trade and Sustainable Development Chapters”, 57 *Journal of Common Market Studies* 260 (2019), pp. 261-263.

② ILO, *Labour Provisions in G7 Trade Agreements: A Comparative Perspective*, Geneva: ILO, 2019, p. 24.

贸易争端解决机制的专门性劳工争端解决机制。美国则倾向于直接适用贸易争端解决机制，但是要求争议解决的专家组构成当中应当有劳动法专家。

从程序来看，相关的劳工争端解决机制往往包含成员方磋商阶段、专家组审议和执行三阶段。在磋商阶段，一方可以要求就劳工条款争议提起磋商，另外一方应当在规定时间内答复，双方可以就劳工条款的履行问题交换意见，并就争端的解决方案进行磋商。若双方在规定时间内不能通过磋商解决劳工条款争议，则进入专家组审议阶段。

专家组审议非常类似贸易争端解决中的相应程序。当在规定时间内双方无法通过协商解决争端时，一方可以要求建立专家组来处理相关争议。专家组一般由三名成员组成，成员应当是劳动法或者国际争端解决领域的专家。专家组可以召开听证会，允许双方提交材料，美国和加拿大的协议甚至允许其他第三方提交材料。专家组会首先提交一个中期报告并交由双方评议，随后在评议基础上形成最终报告。最终报告一经完成即生效，并应当在一定时期后向公众发布。

值得注意的是，能够诉诸争端解决程序的劳工条款争议有一定的门槛。这一方面可以避免争端机制被滥用，另一方面也使得协议能够专注于贸易合作，而不会将侧重点转向劳工或者其他社会条款。劳工争议解决的限定条件主要体现在以下几个方面。第一，诉诸专家组审议的前提条件是该劳工条款争议与贸易有关。如果该争议与贸易无关，则专家组不应当继续审议。[①] 第二，往往只有特定的劳工条款争议才能诉诸争端解决程序。例如，美国在 2006 年之前只允许就劳动法的实施问题诉诸仲裁。在 2006 年之后，美国允许涉及"国际公认的劳工权利"的争议诉诸争端解决机制。加拿大在 2014 年之前只允许涉及基本劳工权利的争端诉诸争端解决机制，在 2014 年之后则将范围扩大到涉及"体面劳动议程"的争端。[②] 第三，只有对劳工权利持续、反复地侵犯才能诉诸争端解决机

① See Mary Jane Bolle, "Overview of Labor Enforcement Issues in Free Trade Agreements", 2016, https://fas.org/sgp/crs/misc/RS22823.pdf (last visited on 1 September 2022).

② ILO, *Labour Provisions in G7 Trade Agreements: A Comparative Perspective*, Geneva: ILO, 2019, pp. 33-34.

制。各国对于劳工权利的实现方式享有充分的自主权，也不会因为对劳工权利零星的侵犯而被诉诸争端解决机制。总的来说，争端解决机制处理的是各国在实施劳动法时存在的系统性的制度问题。

一旦专家组发布报告确认一国违反劳工保护条款，该国就应当积极修改国内法，履行劳工保护义务。如果该方不履行其义务，另一方可以采取救济手段。不同贸易协议中规定的救济手段有所不同。美国的有关协议里允许采取贸易救济措施，一方不履行劳工保护义务的，另一方可以中止贸易减让措施。加拿大主要采取金钱赔偿的手段，专家组根据一方因为他方不履行劳工保护义务而遭受的贸易损失来确定赔偿金额。欧盟则主张采取国家间对话的方式来实施劳工保护义务，不倾向于采取制裁措施。

从实践来看，虽然劳工保护条款争端解决机制已经存在多年，但实践中案例仍然相对有限。2011 年 8 月 9 日，美国在《中美洲自由贸易协定》框架下指控危地马拉未能有效落实其结社自由和集体谈判等劳动法中的权利，要求成立争端解决小组。这是历史上第一次有国家利用自由贸易协定机制来提起劳工保护争议。2017 年，专家组发布最终报告，认为危地马拉不存在持续或反复地未能执行其劳动法的情况。① 该案的裁决遭到了劳动法学者的批评，认为专家组应当关注条约的目的和宗旨及其社会分配效果，更好地接纳和裁决劳工条款争端。② 另一个案例发生在欧盟与韩国之间，欧盟根据《欧盟—韩国自由贸易协定》指控韩国没有履行其贸易与可持续发展义务。专家组于 2021 年作出裁决，认为韩国应当作出有效行动，批准基本劳工公约。③

六、评估与展望

当前越来越多自由贸易协定规定了劳工保护条款，其内容和执行机

① Arbitral Panel established pursuant to Chapter 20 of the CAFTA-DR (2017).

② Adelle Blackett, " On Social Regionalism in Transnational Labour Law", 159 *International Labour Review* 591 (2020).

③ Panel of Experts Proceeding Constituted Under Article 13. 15 of the EU-Korea Free Trade Agreement (20 January 2021), https://trade. ec. europa. eu/doclib/docs/2021/january/tradoc_159358. pdf (last visited on 1 September 2022).

制也愈发细致，这使得劳工保护问题在很大程度上又回到了贸易机制框架下。在发展中国家的坚决抵制下，劳工保护问题没有纳入 WTO 法律体系，劳工和贸易问题没有在多边主义框架下直接挂钩。但是在美欧的推动之下，通过一系列双边和有限多边的自由贸易协定，劳工保护和贸易问题又重新建立了联系。现在美、欧、加三方是劳工—贸易联系的最主要推手。目前全世界三分之一的自由贸易协定在不同程度上纳入了劳工保护条款，可以说劳工问题已经充分渗透国际贸易机制。

当下劳工保护问题对贸易的渗透是仍然通过双边或者有限多边协议实现，具有一定的碎片化特征。但是在可预见的未来，如果对 WTO 进行改革，就不可避免地需要在多边主义框架下考虑劳工保护问题。一方面，受其议会立法的制约，美加政府和欧盟委员会在对外签订自由贸易协议时必须要纳入劳工保护条款。另一方面，世界上已经有 100 多个国家在其贸易协议中接受了劳工保护条款，这也使得劳工保护条款被纳入一个普遍性贸易协议的阻力大大减弱。

在劳工标准的传播过程中，国际劳工组织发挥了不可或缺的作用。在为自由贸易协定设置其劳工条款时，国际劳工组织参与其中或被咨询的情况并不罕见。例如国际劳工组织被要求参与监督美国与柬埔寨之间劳工协议的实施情况。[①] 另外，国际劳工组织自身也确认，"贸易伙伴已经要求国际劳工组织通过技术援助，就与劳工标准和实践有关的各种问题提供建议"。[②]

虽然劳工保护条款已经被纳入贸易协定，但是目前看来，引入核心劳工权利对于双边的贸易总额影响有限[③]，在改善劳工权利方面发挥的影响力仍然有限。[④] 第一，劳工保护条款所涉权利范围有限，往往以基本劳工权利为主。第二，劳工保护条款要诉诸争端解决机制存在较高的门槛，

---

① Cleopatra Doumbia-Henry & Eric Gravel, "Free Trade Agreements and Labour Rights: Recent Developments", 145 *International Labour Review* 185 (2006), p. 199.

② International Labour Office, "Third Item on the Agenda-Labour-related Provisions in Trade Agreements: Recent Trends and Relevance to the ILO", GB. 328/POL/3 (2016).

③ Céline Carrère et al., "Labor Clauses in Trade Agreements: Worker Protection or Protectionism?", 2017, https://www.wto.org/english/res_e/reser_e/gtdw_e/wkshop17_e/rass_e.pdf (last visited on 1 September 2022).

④ Zack Lenox & Andrew Arsht, "Towards Enforceable Labor Rights in U. S. Free Trade Agreements", 31 *Harvard Human Rights Journal* 171 (2018).

劳工问题主要还是以磋商等程序加以解决,争端解决机制本身也并不一定是最有效的劳工保护机制。① 第三,不履行劳工争议裁决结果的成本较低,威慑力不强。第四,最根本的原因在于劳工保护往往跟一国政治、传统、经济、文化密切相关,这使得劳工保护与贸易减让或者市场开放不同,调整起来往往难度很高,而且也并非朝夕之间便可实现。②

贸易协议中的劳工保护条款实际效果有限,西方学者对现有贸易协议下的劳工保护条款普遍表示不满。有的学者认为欧盟和美国满足于制定相关劳工条款,但是对于条款的实施缺乏动力。③ 更有学者认为这个条款仅仅是装点门面,事实上反而促进了新自由主义。④ 有的学者则希望通过改革,进一步强化劳工保护条款的执行力。⑤

劳工保护条款全面进入自由贸易协定已经是大势所趋,我国应当加强研究,适时制定对策。⑥ 目前,在所有与我国签署自由贸易协定的国家中,我国与新西兰等国签署了劳工合作协议,但是尚未在自由贸易协定中深度纳入劳工保护条款,也并未建立争端解决机制。如何将劳工保护条款有效纳入我国国际经济合作框架⑦,在全球化进程中促进劳工和环境保护,值得继续研究。

---

① Céline Carrère et al., "Labor Clauses in Trade Agreements: Worker Protection or Protectionism?", 2017, https://www.wto.org/english/res_e/reser_e/gtdw_e/wkshop17_e/rass_e.pdf (last visited on 1 September 2022).

② 有关是否应当通过贸易机制来推行劳工保护,学界仍然存在不少争议。反对意见可以参见 Wolfgang Plasa, *Reconciling International Trade and Labor Protection: Why We Need to Bridge the Gap between ILO Standards and WTO Rules*, Lanham: Lexington Books, 2015, pp. 161-180.

③ See Billy Melo Araujo, "Labour Provisions in EU and US Mega-Regional Trade Agreements: Rhetoric and Reality", 67 *International and Comparative Law Quarterly* 233 (2018).

④ See Joo-Cheong Tham & Keith D. Ewing, "Labour Provisions in Trade Agreements: Neoliberal Regulation at Work?", 17 *International Organizations Law Review* 153 (2020).

⑤ See James Harrison, "The Labour Rights Agenda in Free Trade Agreements", 20 *Journal of World Investment & Trade* 705 (2019).

⑥ 参见李西霞:《自由贸易协定中劳工标准的发展态势》,载《环球法律评论》2015 年第 1 期。

⑦ 有国外学者对中国实践的批评,参见 Ronald C. Brown, "A New Leader in Asian Free Trade Agreements: Chinese Style Global Trade: New Rules, No Labor Protections", 35 *UCLA Pacific Basin Law Journal* 1 (2017).

第四章　世界银行《环境和社会政策》下的劳工保护

一、从新自由主义转向劳工保护

世界银行作为推动全球减贫、促进经济可持续发展的国际金融机构，在全球化时代具有重要的政策影响力，是全球经济治理的重要参与者。通过对经济和发展概念的不断重新定义，世界银行逐步将环境、法治、反腐败和社会治理等问题纳入其管辖范围，进而在政策制定和应对措施方面积极作为，强化自身作为知识银行(knowledge bank)的角色，日益以一种公权力机构的形象参与全球治理。

世界银行在劳工问题上同样拥有重大的影响力，却长期持消极和回避的态度。20 世纪七八十年代，世界银行在拉丁美洲、原东欧国家大力推行私有化、市场经济和放松管制，强调劳动力市场的灵活性，导致各国出现严重失业问题。出于对世界银行结构调整政策的关切，国际劳工组织从 1987 年开始就与世界银行开展对话，试图影响其劳工政策。同时，世界银行资助的项目贷款涉及大量的直接或间接的劳工使用问题[①]，但世界银行在其保障政策中也同样长期回避了劳工保护问题。世界银行在劳工保护问题上的保守态度源于特定意识形态和价值取向，一是世界银行从 20 世纪 70 年代开始奉行新自由主义经济学和华盛顿共识，对劳工权利持保留态度，认为严格的劳工保护政策将导致劳动力市场的僵化，妨

---

① 2020 财政年度，世界银行集团承诺对非洲、东亚、拉丁美洲和中东等地区的 429 个项目提供 708 亿美元的贷款。See World Bank, “Annual Report 2022”, https://www.worldbank.org/en/about/annual-report, pp. 17-47 (last visited on 1 September 2022).

碍经济发展。[①] 二是世界银行认为劳工问题具有高度政治性和敏感性，世界银行应当避免干涉成员国内政。[②] 因此，诸多国际工会组织和非政府组织长期严词批评世界银行在业务活动中漠视劳工权利保护的行为。

在21世纪初，世界银行对劳工政策的态度有所松动，并开始逐步调整。在世界银行内部，美国、德国、英国、荷兰、挪威等国的执行董事开始积极推动世界银行接纳和遵守国际劳工标准。[③] 特别是在德国执行董事的支持之下，世界银行于2002年发布了一份研究报告，认为劳工权利保护，特别是工会制度和经济增长之间并无反向关联，相反，工会有利于经济增长利益的公平分配。[④] 这在根本上改变了世界银行对劳工权利抵制和反对的态度。2002年，时任世界银行行长詹姆斯·沃尔芬森(James Wolfensohn)在与非政府组织的一次会面中表示，世界银行支持推广全部四项基本劳工权利，但是不会将劳工标准纳入其贷款条件。[⑤] 随后，世界银行开始积极改善与工会组织之间的关系，并且加强与国际劳工组织之间的协作和对话。在多个国际工会组织的推动和协助之下，世界银行于

---

① 从新自由主义经济学出发，世界银行认为工会属于寻租者，工会制度无助于经济发展，参见 Hannah Murphy, "The World Bank and Core Labour Standards: Between Flexibility and Regulation", 21 *Review of International Political Economy* 399 (2014), pp. 405-417. 国际货币基金组织对劳工问题持有类似的观点，参见 Franz Christian Ebert, "International Financial Institutions' Approaches to Labour Law: The Case of the International Monetary Fund", in Adelle Blackett & Anne Trebilcock (eds.), *Research Handbook on Transnational Labour Law*, Cheltenham: Edward Elgar, 2015, pp. 124-137。

② 《国际复兴开发银行协定》规定，世界银行不得介入会员国的国内政治，并避免在其决策中考量经济之外的因素。参见《国际复兴开发银行协定》第3条第5款(b)项、第4条第10款。20世纪90年代中期，世界开始提倡综合发展观，认为发展需要采取一个包括经济、社会、环境、人道、金融等诸多要素在内的一个综合性、整体性的发展思路，但唯独劳工保护不在其综合发展框架范围内。

③ See Hannah Murphy, "The World Bank and Core Labour Standards: Between Flexibility and Regulation", 21 *Review of International Political Economy* 399 (2014).

④ See Toke Aidt & Zafiris Tzannatos, "Unions and Collective Bargaining—Economic Effects in a Global Environment", The World Bank, http://documents.worldbank.org/curated/en/831241468740150591/Unions-and-collective-bargaining-economic-effects-in-a-global-environment (last visited on 1 September 2022).

⑤ World Bank, "Transcript of Town Hall Meeting with NGOs", cited from Peter Bakvis & Molly McCoy, "Core Labour Standards and International Organizations: What Inroads Has Labour Made?", 2001, https://library.fes.de/pdf-files/iez/05431.pdf (last visited on 1 September 2022).

2006 年在其标准招标文件中纳入了禁止使用童工和禁止强迫劳动的规定。[①]

随后，同属世界银行集团的国际金融公司和多边投资担保机构分别于 2006 年和 2007 年在其保障政策中纳入了劳工条款。国际金融公司主要负责向私营部门贷款，于 2006 年制定了《社会和环境可持续性政策》，规定了包括劳工保护在内的八项标准。[②] 国际金融公司的劳工保护标准全面纳入了国际劳工组织确认的四项基本劳工权利，并且在其适用范围上将供应链也纳入其中，对后续其他国际金融机构相关劳工标准的制定有较大影响。多边投资担保机构也于 2007 年制定了《社会和环境可持续性绩效标准》，采纳了类似的劳工标准。[③] 与此同时，其他区域性开发银行也开始将劳工标准纳入其社会保障政策，例如欧洲复兴开发银行于 2008 年制定了《环境和社会政策》，将劳工与工作条件作为独立的一项标准予以规定。[④]

2012 年世界银行开始就其保障措施开展公开磋商，旨在更新和完善相关政策，这为世界银行重新调整其劳工政策提供了契机。在评估保障措施的指导文件中，世界银行将劳工保护、人权、残疾人保护、土地所有权

---

① World Bank, "Standard Bidding Document: Procurement of Works", https://documents.worldbank.org/en/publication/documents-reports/documentdetail/323361581052752931/standard-bidding-documents-procurement-of-works (last visited on 1 September 2022).

② 国际金融公司目前适用的最新标准是 2012 年版。关于 2012 年版《社会和环境可持续性政策》全文，可参见国际金融公司主页上相关网页：https://www.ifc.org/wps/wcm/connect/6392a480-c82e-4412-8030-3b9b9c2bb278/PS1_Chinese_2012.pdf? MOD=AJPERES&CVID=jnaeWH2(最后访问日期 2022 年 9 月 1 日)。

③ 多边投资担保机构 2007 年版《社会和环境可持续性绩效标准》全文，https://www.miga.org/documents/performance_standards_social_and_env_sustainability.pdf。其最新版 2013 年 10 月 1 日开始生效，名字调整为《环境和社会可持续性绩效标准》，全文参见 https://www.miga.org/guide/migas-performance-standards-environmental-and-social-sustainability (最后访问日期 2022 年 9 月 1 日)。

④ 欧洲复兴开发银行制定 2008 年《环境和社会政策》，参见 http://www.ebrd.com/downloads/research/policies/2008policy.pdf (最后访问日期 2022 年 9 月 1 日)。欧洲复兴开发银行目前适用的是 2014 年制定的新版《环境和社会政策》，参见 https://projects.shihang.org/zh/projects-operations/environmental-and-social-framework(最后访问日期 2022 年 9 月 1 日)。

和自然资源保护,以及气候变化等界定为保障措施的“新兴领域”。[①] 世界银行就其保障措施经历了四年多反复磋商和征询意见,这为欧美国家和劳工组织游说世界银行提供了平台和机会。最终世界银行执行董事会于2016年8月4日正式批准了《世界银行环境和社会框架:为投资项目融资设定环境与社会标准》(以下简称《环境和社会框架》)。[②] 世界银行强调,《环境和社会框架》体现了世界银行的核心价值,将以“对项目成果的环境和社会可持续性的共同承诺”为基础,来重构其与借款国之间的伙伴关系。在《环境和社会框架》中,世界银行首次明确承认了基本劳工权利,并将劳工保护作为一项独立的标准做了细致的规定。

世界银行在其保障措施中纳入了劳工标准,确认劳工权利保护是其核心价值之一,不论是从世界银行的机构变迁史,还是跨国劳工标准的发展史而言,都具有里程碑意义。[③] 世界银行的这一举措,对世界范围内加强劳工保护无疑具有积极意义。这也确证了在当下全球治理过程中,劳工保护话语所具有的渗透性和影响力。世界银行的政策具有示范效应,世界银行采取的积极的劳工政策,对于其他开发性金融机构都有很强的借鉴意义。劳工保护不仅为全球治理提供了正当性,也为重塑世界秩序开辟了新的条件和可能性,同时还对世界银行从组织机构、文化和意识形态等各方面进行着改造。

---

① World Bank, “The World Bank's Safeguard Policies, Proposed Review and Update: Approach Paper”, https://consultations.worldbank.org/sites/default/files/materials/consultation-template/review-and-update-world-bank-safeguard-policies/en/materials/safeguardsreviewapproachpaper.pdf, p. 11 (last visited on 1 September 2022).

② World Bank, “Environmental and Social Framework: Setting Environmental and Social Standards for Investment Project Financing”, https://consultations.worldbank.org/sites/default/files/materials/consultation-template/review-and-update-world-bank-safeguard-policies/en/materials/clean_second_draft_es_framework_final_draft_for_consultation_july_1_2015.pdf (last visited on 1 September 2022).

③ See Franz Christian Ebert, “Labour Standards and the World Bank: Analysing the Potential of Safeguard Policies for Protecting Workers”, in Henner Gött (ed.), *Labour Standards in International Economic Law*, Cham: Springer, 2018, pp. 273-304.

二、世界银行劳工标准的起草过程

自 2012 年起，世界银行就其环境与社会政策正式与各国政府、相关国际组织、非政府组织等展开咨商，旨在更新和完善保障政策。世界银行的这个表态对于很多希望世界银行将劳工问题纳入管辖的发达国家、利益相关者是一个极大的鼓励。

在《环境和社会框架》磋商过程中，针对劳工保护的标准，参与磋商的各方都高度关切，立场各不相同。世界银行管理层希望纳入一个有限的劳工保护条款，来回应国际社会对世界银行的批评，鉴于劳工问题的复杂性、艰巨性，世界银行管理层对于劳工问题持相对审慎的态度。[①] 西方国家则希望借由世界银行来制定标准，绕开国际劳工公约的自愿批准程序，在世界范围内积极推进劳工保护。对于西方国家的工会组织来说，这提供了一个难得的机会，他们希望世界银行最大程度地纳入劳工标准，在发展中国家提高劳工保护的水平。[②] 对于国际劳工组织来说，则是希望世界银行不仅要纳入国际劳工标准，还应当全面承认基本劳工权利，援引国际劳工公约，明确承认国际劳工组织在制定和实施劳工标准方面的权威性。[③] 但是在广大发展中国家看来，劳工保护问题与一国具体历史文化传统以及

---

① 世界银行 2014 年《环境和社会框架》初稿中对劳工权利做了有限度的接纳，这是一个很有说服力的证据。

② See Global Unions, "A Robust World Bank Labour Safeguard and IFI Support for a Wage-and Public Investment-led Recovery", Statement by Global Unions to the 2014 Annual Meetings of the IMF and World Bank Washington (12 October 2014), https://consultations. worldbank. org/sites/default/files/consultation-template/review-and-update-world-bank-safeguard-policies/submissions/statement_imfwb_1014. pdf (last visited on 1 September 2022).

③ See ILO, "ILO Statement to the Washington D. C. Consultation of the Review and Update of the World Bank's Environmental and Social Safeguard Policies" (22 February 2016), https://consultations. worldbank. org/sites/default/files/consultation-template/review-and-update-world-bank-safeguard-policies/submissions/ilo_statement_on_wb_safeguards_february_22_2016. pdf (last visited on 1 September 2022). 世界银行举行了三次劳工专题会议，国际劳工组织积极参与了世界银行劳工标准的起草。国际劳工组织的部分意见亦可参见 2015 年 9 月 18 日在华盛顿召开的第三次劳工专题会议。World Bank, "Meeting of Labour Experts on the Second Draft of the World Bank's Environmental and Social Standard 2: Labour and Working Conditions (ESS 2)" (18 September 2015), https://consultations. worldbank. org/sites/default/files/consultation-template/review-and-update-world-bank-safeguard-policies/ru/meetings/ess2_meeting_report_0915. pdf (last visited on 1 September 2022).

经济社会发展阶段有关,世界银行不应当过度干预。[①] 发展中国家普遍担心,世界银行的标准过高,将妨碍发展中国家获得世界银行的资助。

从 2012 年到 2016 年,世界银行就其环境与社会政策开展了三轮大规模的公开咨商。以 2012 年 10 月到 2014 年 3 月的第一阶段咨商为例,世界银行在超过 40 个国家组织了 83 场咨商会议,共计 2000 多人参加,同时世界银行也收到了来自 1257 个机构和团体签署的总共 81 份立场文件。[②] 完成第一阶段咨商以后,世界银行于 2014 年 7 月 30 日发布了《环境和社会框架》初稿。

在 2014 年《环境和社会框架》初稿中,世界银行首次将劳工标准引入其保障措施,并且将其设立为一项独立的标准,作为环境与社会十项标准之一。[③] 世界银行的劳工标准,一定程度上参考了国际金融公司的《社会和环境可持续性政策》中的劳工条款;同时考虑到国际金融公司的劳工标准主要是针对私营部门,而世界银行主要是针对主权国家,世界银行对劳工标准在内容上也做了相应的调整。[④] 世界银行管理层的出发点也许是

---

① World Bank, "Comments and Recommendations from the Chinese Side on the Bank's Proposed New Safeguard Policies" (March 2015), https://consultations. worldbank. org/sites/default/files/consultation-template/review-and-update-world-bank-safeguard-policies/submissions/comments_and_recommendations_from_the_chinese_side_on_the_banks_new_safeguard_policies. pdf (last visited on 1 September 2022); also "Review and Update of the World Bank's Environmental and Social Safeguard Policies, Phase 3, Feedback Summary: Consultative Meeting with Chinese Governmental Officials" (27 October 2015), https://consultations. worldbank. org/sites/default/files/consultation-template/review-and-update-world-bank-safeguard-policies/ar/meetings/summary_us_consultation_washington_dc_feb_2016. pdf (last visited on 1 September 2022).

② World Bank, "Review and Update of the World Bank's Safeguard Policies: A Status Report, Following Phase One Consultations Technical Briefing to the Board" (23 July 2013), https://consultations. worldbank. org/sites/default/files/data/hub/files/consultation-template/review-and-update-world-bank-safeguard-policies/en/phases/safeguards_consultations_phase1_feedback_summary_0. pdf (last visited on 1 September 2022).

③ World Bank, "Environmental and Social Framework: Setting Standards for Sustainable Development, First Draft for Consultation" (30 July 2014), https://documents. worldbank. org/en/publication/documents-reports/documentdetail/311951468331802393/environmental-and-social-framework-setting-standards-for-sustainable-development (last visited on 1 September 2022).

④ See World Bank, "Review and Update of the World Bank's Safeguard Policies: Environmental and Social Framework (Proposed Second Draft), Consultation Paper" (1 July 2015), https://consultations. worldbank. org/sites/default/files/materials/consultation-template/review-and-update-world-bank-safeguard-policies/en/materials/clean_second_draft_es_framework_final_draft_for_consultation_july_1_2015. pdf, p. 14 (last visited on 1 September 2022).

希望将职业卫生与安全纳入其保障政策。[①] 但是在多方推动和压力之下，世界银行纳入的劳工标准的内容远远超出了工作安全与卫生的范围，而是广泛涉及基本劳工权利保护、救济机制等方面。

在初稿发布之后，世界银行从 2014 年 8 月至 2015 年 3 月开展了第二轮咨商，来自 54 个国家的个人和团体参与咨商，世界银行同时收到了超过 130 份立场文件。[②] 世界银行纳入劳工标准这一举措本身获得了西方国家的肯定与欢迎。[③] 但是，世界银行的劳工标准遭到了国际劳工组织、西方国家、国际工会组织和非政府组织的激烈批评。各方批评意见主要集中在以下几个方面：第一，在实体劳工权利方面，没有充分采纳国际劳工组织所确认的核心劳工标准，没有明确承认工人结社权和集体谈判的权利，对使用童工的禁止也并不充分。[④] 第二，劳工标准适用范围过于狭隘，仅仅适用于项目直接雇佣的工人，而将合同工人（contracted workers）和其他为项目服务的工人排除在外。第三，世界银行的劳工标准与国际金融公司以及其他多边开发金融机构的劳工标准不一致，在联合融资（co-financing）的情况下，劳工标准的实施有可能会发生冲突问题。

完成第二轮咨商后，世界银行于 2015 年 7 月 1 日发布了第二版《环

---

① See World Bank, "Safeguards and Sustainability Policies in a Changing World: An Independent Evaluation of World Bank Group Experience" (2010), https://documents.worldbank.org/en/publication/documents-reports/documentdetail/742801468177840668/safeguards-and-sustainability-policies-in-a-changing-world-an-independent-evaluation-of-world-bank-group-experience, p. xxvii (last visited on 1 September 2022).

② World Bank, "World Bank Safeguard Policies Review and Update: Summary of Phase 2 Consultations and Bank Management Responses" (July 2015), https://consultations.worldbank.org/Data/hub/files/consultation template/review-and-update-world-bank-safeguard-policies/en/phases/clean_summary_of_phase_2_consultations_and_bank_management_reponses_final_draft_for_consultation_july_1_2015.pdf (last visited on 1 September 2022).

③ World Bank, "German Comments on the World Bank Safeguards Review" (April 2015), https://consultations.worldbank.org/sites/default/files/consultation-template/review-and-update-world-bank-safeguard-policies/submissions/german_position_on_safeguards.pdf (last visited on 1 September 2022); "United States Comments on World Bank Safeguards Review-Phase 2" (26 March 2015), https://home.treasury.gov/system/files/206/2015-3-26-USG-Comments-on-Draft-WB-ESF-final.pdf (last visited on 1 September 2022).

④ World Bank, "World Bank Safeguard Policies Review and Update: Summary of Phase 2 Consultations and Bank Management Responses" (July 2015), https://consultations.worldbank.org/Data/hub/files/consultation-template/review-and-update-world-bank-safeguard-policies/en/phases/clean_summary_of_phase_2_consultations_and_bank_management_reponses_final_draft_for_consultation_july_1_2015.pdf (last visited on 1 September 2022).

境和社会框架》征询意见稿。第二版《环境和社会框架》对初版中的劳工标准做了进一步强化,几乎一边倒地采纳了西方劳工团体的意见,不仅在实体内容上扩充了劳工标准,而且在劳工标准的适用范围上也做了极大扩展。①

世界银行此后又以此为基础从 2015 年 8 月到 2016 年 3 月进行了第三轮公开咨商,在 31 个国家举行了 72 次会议,来自 93 个国家的近 3000 名利益相关方与会。② 最终世界银行执行董事会于 2016 年 8 月 4 日正式批准了《环境和社会框架》。劳工标准在第二稿的基础上,世界银行对劳动标准的个别问题做了一些调整,总体变化不大。

从世界银行咨商和制定《环境和社会框架》的过程来看,咨商对象广泛,透明度很高。其咨商对象包括了出资国、借款国、联合国机构、其他开发性金融机构、私营部门代表、劳工组织、土著人团体、学术界、公民社会组织等。特别是,世界银行就劳工问题分别于印度尼西亚雅加达(2013 年)、英国伦敦(2015 年 1 月)和美国华盛顿(2015 年 9 月)召开了三次专题会议。③

① World Bank, "Environmental and Social Framework: Setting Environmental and Social Standards for Investment Project Financing, Second Draft for Consultation" (1 July 2015), https://consultations. worldbank. org/sites/default/files/materials/consultation-template/review-and-update-world-bank-safeguard-policies/en/materials/clean_second_draft_es_framework_final_draft_for_consultation_july_1_2015. pdf (last visited on 1 September 2022).

② World Bank, "Summary of Phase 3 Consultations and Bank Management Responses" (4 August 2016), https://consultations. worldbank. org/sites/default/files/materials/consultation-template/review-and-update-world-bank-safeguard-policies/en/materials/board_paper_for_es_framework_third_draft_for_disclosure_august_4_2016. pdf (last visited on 1 September 2022).

③ 有关劳工问题首场专题会议是应印度尼西亚若干工会组织和非政府组织的邀请,于 2013 年 3 月 23 日在雅加达召开的,World Bank, "World Bank's Safeguard Policies Review and Update, Expert Focus Group on the Emerging Area, Labor and Occupational Health and Safety", March 23, 2013, https://consultations. worldbank. org/sites/default/files/meetings/Safeguards_Focus_Group_Labor_Indonesia_Summary_Final. pdf (last visited on 1 September 2022)。第二场劳工专题会议于 2015 年 1 月 21 日在英国伦敦召开,World Bank Labour Expert Group, "World Bank's Safeguard Policies Review and Update" (21 January 2015), https://consultations. worldbank. org/sites/default/files/consultation-template/review-and-update-world-bank-safeguard-policies/en/meetings/safeguards_london_focus_group_meeting_jan_21. pdf (last visited on 1 September 2022)。第三场劳工专题会议则是由世界银行与国际工会联盟(International Trade Union Confederation)联合举办的,World Bank,"Meeting of Labour Experts on the Second Draft of the World Bank's Environmental and Social Standard 2: Labour and Working Conditions (ESS 2)" (18 September 2015), https://consultations. worldbank. org/sites/default/files/consultation-template/review-and-update-world-bank-safeguard-policies/ru/meetings/ess2_meeting_report_0915. pdf (last visited on 1 September 2022)。

国际劳工组织、西方发达国家、西方劳工组织、各类非政府组织、西方的劳工专家都积极参与上述专题会议，对劳工标准的最终文本都发挥了积极的影响。

中国也参与了《环境和社会框架》的咨商，在劳工问题上也提出了不少建设性的意见，提供了中国经验，也表明了中国立场。[①] 但是从最后结果来看，中国政府对世界银行《环境和社会框架》的制定影响有限，在劳工问题上也不例外，《环境和社会框架》只在非常有限的程度上接纳了中国的观点和立场。中国对世界银行政策的制定进行干预和发挥影响的能力有限、途径有限、实际影响效果有限。另外，中国在劳工标准方面高质量的意见主要是在第三个咨商阶段提出的，基本为时已晚。此外，咨商过程中也表明中国政府部门对于国际劳动法的知识储备有限，学界也需继续加强研究和积累。

三、世界银行劳工标准的主要内容

2016 年《环境和社会框架》是世界银行首次将劳工标准纳入其保障措施，明确了银行在其业务活动中应当遵守和促进的劳工标准。

首先，世界银行确立了劳工保护的六大基本目标，包括：改善职业卫生与安全；促进对项目工作人员的公平对待，使其不受歧视，获得平等机会；保护项目工人，包括妇女、残疾人、青少年、移民工人、合同工人、社区工人和直接供应商的工人等；避免强迫劳工和使用童工；支持工人结社自由和集体谈判；为工人表达工作中的关切提供途径。[②]

其次，在适用对象方面，世界银行对项目工人的认定，做了尽可能广

---

① 例如，在三次公开磋商过程中，世界银行多次在中国与政府部门和非政府组织召开了磋商会议。另外在第二阶段的磋商过程中，中国政府还专门提交了书面意见，参见 World Bank, "Comments and Recommendations from the Chinese Side on the Bank's Proposed New Safeguard Policies" (March 2015), https://consultations.worldbank.org/sites/default/files/consultation-template/review-and-update-world-bank-safeguard-policies/submissions/comments_and_recommendations_from_the_chinese_side_on_the_banks_new_safeguard_policies.pdf (last visited on 1 September 2022).

② World Bank, "Environmental and Social Framework: Setting Environmental and Social Standards for Investment Project Financing (4 August 2016), Environmental and Social Standard 2. Labor and Working Conditions", para. 1.

泛的涵盖。项目工人包括了由借款国或项目实施机构直接雇佣专门从事项目相关工作的人员(直接工人)、由第三方雇佣从事与项目核心功能相关工作的人员(合同工人)、由直接供应商雇佣的人员(直接供应商工人)以及从事社区劳动的工人。[①] 世界银行对上述四类工人,针对性地制定了不同程度的保护措施,尽可能地做到广泛覆盖。

再次,世界银行制定了详细的劳工保护规范,操作性很强。世界银行要求借款国建立和实施劳工管理程序,在劳工管理程序中列明对不同工人的保护和管理机制。世界银行对于项目直接工人和合同工人的保护最为充分,具体包括以下几个方面[②]:

一是雇佣条件方面的知情和保护。借款国应向项目工人明确说明雇佣条款,包括工作时长、工资、加班、薪资和福利方面的相关权利。定期足额为项目工人支付薪资,为项目工人提供足够的周休、年假和病假。

二是对基本劳工权利的保护。(1) 在落实反歧视、平等机会和公平待遇原则方面,雇用项目工人应遵守机会平等和公平对待的原则,在"招聘和雇用、薪酬(包括工资和福利)、工作条件和雇用条款、培训机会、工作分配、升职、解雇和退休以及惩罚性措施"方面,不得有任何歧视性措施。同时,借款国将采取措施保护弱势工人,包括妇女、残疾人、移民工人和青少年。(2) 促进和保护工人结社自由和集体谈判的权利。在借款国法律承认工会自由和集体谈判的情况下,应当尊重依法组建的工人组织和合法工人代表,与之开展有效谈判。"借款国不得对参与工会、集体谈判或者其他替代机制(alternative mechanism)的工人进行报复。"(3) 禁止使用童工。对于 14 周岁至 18 周岁的工人,要限制使用,不得使其从事可能危及或妨碍身体健康、生理、智力、精神或社会发展有害的工作。(4) 禁止强迫劳动,包括契约劳工、包身工或类似的安排。

三是借款国有责任全面落实职业卫生与安全,具体措施将纳入借款协议和借款国的《环境和社会承诺计划》。职业健康与安全措施应当包括:识别潜在危害;采取预防和保护措施;对项目工人进行培训;记录并报

---

① World Bank, "Environmental and Social Framework: Setting Environmental and Social Standards for Investment Project Financing (4 August 2016), Environmental and Social Standard 2. Labor and Working Conditions", paras. 3-8.

② Ibid., paras. 9-30.

告发生的工伤事故和职业病；制定应急预案；对工伤、死亡、残疾和疾病提供救济措施等。项目工人有正当理由认为存在紧急和严重危险的情况时，可以撤出工作场所，直到有关危险被排除或纠正。

四是借款国将为项目直接工人和合同工人建立申诉机制。申诉机制应当以容易理解和透明的程序快速回应工人关切，及时提供反馈，并按照独立、客观的方式运作。同时，申诉机制不得阻碍工人寻求司法、行政或者其他救济措施。

总体来说，世界银行的劳工标准具有以下几个特点。第一，世界银行的劳工标准内容很全面，保护标准较高，全面纳入了国际劳工组织的基本劳工权利，可谓是一个小型的劳工保护法。第二，世界银行的劳工标准对职业卫生与安全高度重视，这是对国际劳工组织基本劳工权利的有益补充，这部分内容具有很强的实用性。第三，适用对象相当广泛，基本上所有直接或间接为项目服务的工人，世界银行都在不同程度上为其提供了劳动保护和救济。第四，有必要指出的是，世界银行劳工标准突出了工作场所中的工人参与和民主。不论是对雇佣条件知情权的承认，或是对工会自由与集体谈判的强化，或是申诉机制的全面建立，背后的理念都是加强工人对工作场所治理的参与，确保工人的权利落实。

同时应当指出，世界银行《环境和社会框架》的劳工标准在起草过程中，各方争议很大。劳工标准起草基本上是诸多国际工会组织和西方发达国家在主导，发展中国家作为借款国对于过高、过全的劳工标准极为关切，在此问题上凸显了南北差异。下文将选取各方分歧较大的三个问题加以深入探讨，以便更好地理解世界银行最后采纳之劳工标准。

四、基本劳工权利的承认与实施问题

世界银行在起草劳工标准的过程中，最具争议的问题在于应否将结社自由和集体谈判纳入劳工标准，以及如何予以实施。对于美欧等发达国家来说，这是劳工权利中最基本的方面，应当予以纳入。这一立场也获得了劳工运动蓬勃发展的拉丁美洲国家的支持。西方国家和西方劳工组织认为，工会自由和集体谈判是其核心利益所在，并希望用有关劳工标准在全球范围内推行工会自由和民主制度。对于世界银行管理层来说，工会自由和集体谈判在很多国家都是一个具有高度政治敏感性的问题,因此世界银行管理层对此持相对谨慎的态度。[①] 而对不少发展中国家来说,工会自由不完全是劳工权利问题,很多时候与一个国家的政治体制和社会制度密切关联,因此,世界银行的标准不应当凌驾于成员国的国内法之上,工会自由权应当以遵循东道国法律的方式行使。不少国家并未批准国际劳工组织 1948 年《结社自由和保护组织权公约》(第 87 号公约)和 1949 年《组织权利和集体谈判权利原则的实施公约》(第 98 号公约)。[②] 对此问题,各方激烈争论,迄今余波未止。

世界银行《环境和社会框架》初稿中的劳工标准对结社自由和集体谈判权利采取了有限承认和回避的态度。在第二段有关劳工标准的目标中,世界银行提及了禁止强迫劳动、禁止使用童工以及消除就业与职业歧视,但是没有提到结社自由和集体谈判。这主要是借鉴了国际金融公司《环境和社会可持续性绩效标准》中有关劳工条款的表述。同时,在结社自由和集体谈判权利的落实方面,世界银行则采取了遵从成员国法律的态度,规定当借款国国内法承认结社自由和集体谈判权利时,项目实施应当遵守国内法。[③]

世界银行的立场随即遭遇了发达国家、国际劳工组织和西方劳工组

① 1999 年初世界银行官员在与一个国际工会代表团会面的时候曾表示,结社自由和集体谈判的权利具有比较强的政治性,参见 Peter Bakvis & Molly McCoy, "Core Labour Standards and International Organizations: What Inroads Has Labour Made?", 2001, https://library.fes.de/pdf-files/iez/05431.pdf (last visited on 1 September 2022)。在 2001 年的一份报告中,世界银行也认为结社自由和集体谈判具有政治性,World Bank, "Social Protection Sector Strategy: From Safety Net to Springboard", p. 29。

② 截至 2022 年 9 月 1 日,第 87 号公约共有 157 个国家批准,参见 http://ilo.org/dyn/normlex/en/f?p = NORMLEXPUB: 11300: 0:: NO: 11300: P11300 _ INSTRUMENT _ ID: 312232:NO (last visited on 1 September 2022)。而第 98 号公约共有 168 个国家批准,参见 http://ilo.org/dyn/normlex/en/f?p=NORMLEXPUB:11300:0::NO:11300:P11300_INSTRUMENT_ID:312243:NO (last visited on 1 September 2022)。这是国际劳工组织八项基本劳工公约中批准国家数量最低的两个公约。

③ See World Bank, "Environmental and Social Framework: Setting Standards for Sustainable Development, First Draft for Consultation (July 30, 2014), Environmental and Social Standard 2. Labor and Working Conditions", paras. 1&11, https://documents.worldbank.org/en/publication/documents-reports/documentdetail/311951468331802393/environmental-and-social-framework-setting-standards-for-sustainable-development (last visited on 1 September 2022).

织的同声讨伐。[①] 批评意见主要集中在以下几个方面。第一，基本劳工权利包括结社自由和集体谈判、禁止强迫劳动、禁止使用童工以及消除就业与职业歧视等四项。这四项基本劳工权利是不可分割的，并构成劳工保护的底线，不应当只承认后面三项，而不承认结社自由和集体谈判。第二，结社自由和集体谈判具有政治性，但是禁止童工等劳工权利同样具有政治性，不应以政治性为由拒绝对结社自由和集体谈判提供保护。第三，世界银行的规定有可能被解释为默许对行使结社自由的工人采取压制性或者报复性措施。[②] 第四，促进基本劳工权利是从国际劳工组织成员国资格中衍生出来的义务，不应当以国内法为由拒绝落实结社自由和集体谈判。第五，世界银行只部分地承认了核心劳工标准，落后于其他多边开发性银行的相关规定。[③]

在多方压力之下，世界银行在第二稿中将“支持工人结社自由和集体谈判的原则”规定为劳工标准的目的之一。[④] 世界银行的规定遭到了发展中国家的批评和质疑，认为有关表述将结社自由和集体谈判过于绝对化，有关权利的行使应当遵守国内法。[⑤] 也有国家主张，世界银行应当在其标准中明确规定，工会自由和集体谈判的安排不得干扰项目的

---

① World Bank, “Safeguard Policies' Review Consultations: Nordic Baltic Position as of February 23, 2015”, https://consultations. worldbank. org/sites/default/files/consultation-template/review-and-update-world-bank-safeguard-policies/submissions/nordic_baltic_comments_of_27_feb_2015. pdf (last visited on 1 September 2022).

② ITUC/Global Unions, “Major Weaknesses in World Bank's Draft Labour Standards safeguards” (22 July 2014), pp. 2-3.

③ Ibid.

④ World Bank, “Environmental and Social Framework: Setting Environmental and Social Standards for Investment Project Financing, Second Draft for Consultation” (1 July 2015), https://consultations. worldbank. org/sites/default/files/materials/consultation-template/review-and-update-world-bank-safeguard-policies/en/materials/clean_ second _ draft _ es _ framework _ final_draft_for_consultation_july_1_2015. pdf (last visited on 1 September 2022).

⑤ 中国指出，结社自由的行使，应当遵守国内法，中国的意见参见 World Bank, “Review and Update of the World Bank's Environmental and Social Safeguard Policies, Phase 3, Feedback Summary: Consultative Meeting with Provincial Governments” (29 October 2015), https://consultations. worldbank. org/sites/default/files/consultation-template/review-and-update-world-bank-safeguard-policies/ar/meetings/summary_us_consultation_ washington_dc_feb_2016. pdf (last visited on 1 September 2022)。

平稳实施。[①] 作为回应,世界银行管理层对该条文作了适当限定,将表述修改为"支持工人以符合国内法的方式行使结社自由和集体谈判原则"[②],这也是《环境和社会框架》的最终措辞。

与此密切相关的是工会自由和集体谈判权利的实施问题,特别是所谓替代机制的问题。世界银行《环境和社会框架》"劳工与工作环境"第16段对工人结社自由和集体谈判的权利做了详细规定。这个条文的内容极具争议,值得高度关注。

2014年《环境和社会框架》初稿对工人的结社自由和集体谈判采取了尊重借款国立法的姿态。"如果项目所在国法律承认工作人员享有自由、不受干涉地组建并参加工人组织以及进行集体谈判的权利,项目应符合国家法律。在此情况下,必须尊重依法组建的工人组织和合法工人代表,并及时为其提供进行有效谈判所需的信息。"对此,西方国家和国际工会组织非常不满,西方劳工组织和劳工专家都提出了激烈的批评意见。美国提出,应当在这段话后面增加一个要求,即"不论国内法是否如此规定,借款国、承包商或分包商均不得劝阻、干涉、歧视或者报复那些寻求自由结社以及(或者)集体谈判的工人"。[③] 在伦敦召开的劳工专家会议上,一些与会劳工专家提出,如果借款国立法与国际劳工标准不一致,那么就应当要求借款国在世界银行项目上满足工会自由的国际标准。[④]

根据西方劳工专家的建议,2015年再稿中增加了一段额外的话:"若国家法律限制工人组织,则项目不得限制工人发展替代机制,以进行申诉

---

① World Bank, "Comments/Observations of the Government of Bangladesh on the World Bank's Environmental and Social Safeguard Framework and other Related Documents", January 2016, https://consultations.worldbank.org/sites/default/files/consultation-template/review-and-update-world-bank-safeguard-policies/submissions/comments_from_govt_of_bangladesh_on_essf-01_12_15.pdf, p. 4 (last visited on 1 September 2022).

② World Bank, "Summary of Phase 3 Consultations and Bank Management Responses" (October 2015), p. 22.

③ World Bank, "United States Comments on World Bank Safeguards Review-Phase 2" (26 March 2015), https://home.treasury.gov/system/files/206/2015-3-26-USG-Comments-on-Draft-WB-ESF-final.pdf (last visited on 1 September 2022).

④ 这个条款主要是在西方劳工专家的建议下发展出来的,参见World Bank Labour Expert Group, "World Bank's Safeguard Policies Review and Update" (21 January 2015), https://consultations.worldbank.org/sites/default/files/consultation-template/review-and-update-world-bank-safeguard-policies/en/meetings/safeguards_london_focus_group_meeting_jan_21.pdf (last visited on 1 September 2022)。

并保护其在工作条件和雇佣合同中享有的权利。借款国不应试图影响或控制这些替代机制。”在最终定稿中，世界银行又额外规定：“借款国不得歧视或者报复那些参与或者试图参与此类工人组织和集体谈判或者替代机制的项目工人。”从内容上来看，世界银行的上述规定主要是参考了国际金融公司的相关规定。

根据上述规定，假如东道国法律没有采取西方式的工会制度，那么工人将可以采取替代机制。何谓替代机制？一种可能的解释是参考国际金融公司的有关规定。国际金融公司在其“劳工与工作条件指引”（Guidance Note 2：Labour and Working Conditions）中，对替代机制做了说明，具有一定的参考意义。“少数国家对工人结社自由和（或）集体谈判予以了实质性限制。这分两种情况。在一些国家，结社是禁止的，而另外一些国家允许工人组织存在，但必须得到官方劳工机构的批准。无论是哪种情况，客户均应与工人进行接触，处理与其工作条件及雇佣条款有关的问题。替代措施的办法包括但不限于，承认工人委员会并允许工人选择自己的代表以不违反国家法律的方式与资方进行对话。如经客户请求，国际金融公司可与客户合作在此类限制性法律环境中处理这些问题。”[①]因此，在国际金融公司规定中所谓的替代机制，是要求客户承认工人委员会或者工人代表团体具有合法代表性，可开展集体谈判。上述规定符合国际金融机构向私营部门贷款的性质，要求客户在遵守国内法的基础上，尽量扩大对劳工权利的承认和保护。

但是，世界银行将国际金融公司的替代机制条款机械地引入，使得替代机制的含义和性质发生了根本性改变。在借款国限制工人行使结社自由和集体谈判的情况下，要求借款国允许工人发展替代机制，并且不得报复。对此，可以做不同的解释。一种可能的解释是，该条款赋予了工人在不能进行有效工会组织的时候采取罢工、怠工、联合抵制等产业行动（industrial actions）的权利。《环境和社会框架》要求借款国不得歧视和

---

① World Bank, “International Finance Corporation's Guidance Notes: Performance Standards on Social & Environmental Sustainability” (31 July 2007), https://documents.worldbank.org/en/publication/documents-reports/documentdetail/423181491226308002/international-finance-corporation-s-guidance-notes-performance-standards-on-environmental-and-social-sustainability, pp. 41-42 (last visited on 1 September 2022).

报复参与工人组织或替代机制的人员，是否意味着借款国不得追究工人的违法行为？相关规定等于是在一定程度上授予了工人以实现劳工权利为由违反和抵制国内法的权利。① 这几乎以一种强迫性的方式要求借款国实施西方式的工会自由和集体谈判。因此，替代机制条款引起了发展中国家的极大关切。② 中国等发展中国家强调，替代机制必须是国内法所许可的，不得违反东道国国内法。③ 何谓替代机制，仍然有待世界银行今后在相关指南文件和实践中进一步澄清。

值得注意的是，在世界银行执行董事会 2016 年 8 月 4 日正式通过《环境和社会框架》之后，国际劳工组织随即在 8 月 8 日发表了批评意见。最主要的批评是认为世界银行的"支持工人以符合国内法的方式行使结

① 孟加拉国指出，这将引发世界银行标准与成员国国内法的冲突问题。World Bank, "Comments/Observations of the Government of Bangladesh on the World Bank's Environmental and Social Safeguard Framework and other Related Documents" (January 2016), https://consultations.worldbank.org/sites/default/files/consultation-template/review-and-update-world-bank-safeguard-policies/submissions/comments_from_govt_of_bangladesh_on_essf-01_12_15.pdf, pp. 4-5 (last visited on 1 September 2022).

② World Bank, "Brief of Statement Made by Mr. Subhash Chandra Garg, Executive Director for Bangladesh, Bhutan, India and Sri Lanka, at the Committee on Development Effectiveness on 24 June and 1 July, 2015 on ESF", https://www.brettonwoodsproject.org/resources/brief-of-statement-made-by-mr-subhash-chandra-garg-executive-director-for-bangladesh-bhutan-india-and-sri-lanka-at-the-committee-on-development-effectiveness-on-24-june-and-1-july-2015-on-esf/ (last visited on 1 September 2022).

③ 中国的意见，参见 World Bank, "Review and Update of the World Bank's Environmental and Social Safeguard Policies, Phase 3, Feedback Summary: Consultative Meeting with Chinese Governmental Officials", Beijing (27 October 2015), https://consultations.worldbank.org/sites/default/files/consultation-template/review-and-update-world-bank-safeguard-policies/ar/meetings/summary_us_consultation_washington_dc_feb_2016.pdf (last visited on 1 September 2022)；孟加拉国也指出，这将引发世界银行标准与成员国国内法的冲突问题，参见 World Bank, "Comments/Observations of the Government of Bangladesh on the World Bank's Environmental and Social Safeguard Framework and other Related Documents" (January 2016), https://consultations.worldbank.org/sites/default/files/consultation-template/review-and-update-world-bank-safeguard-policies/submissions/comments_from_govt_of_bangladesh_on_essf-01_12_15.pdf, pp. 4-5 (last visited on 1 September 2022)。印度则主张删除有关替代机制的表述，参见 World Bank, "Review and Update of the World Bank's Environmental and Social Safeguard Policies, Phase 3, Feedback Summary: Consultative Meeting with Indian Governmental Officials", New Delhi (5-6 November 2015), https://consultations.worldbank.org/sites/default/files/consultation-template/review-and-update-world-bank-safeguard-policies/en/meetings/summary_gov_consultation_tashkent_uzbekistan_dec_3-4_15_final.pdf, p. 12 (last visited on 1 September 2022)。

社自由和集体谈判原则”表述，损害了结社自由和集体谈判原则的普遍性，降低了对结社自由和集体谈判原则的保护水平，并且会对《环境和社会框架》中有关工人组织条款的解释产生不利影响。[①]

在作者看来，国际劳工组织的批评是站不住脚的。国际劳工组织1998年通过的《关于工作中的基本原则和权利宣言》宣告了四项基本劳工权利，但是该《宣言》本身是一份“没有约束力的政治声明”[②]，不能取代国际劳工组织第87号和第98号劳工公约的批准程序。换言之，在成员国没有批准相关国际劳工公约的情况下，成员国承担的只是促进工会自由和集体谈判的一般性的、政策性的义务。因此，世界银行的劳工条款要求以符合国内法的方式行使结社自由和集体谈判原则，相关表述并无不妥。

在法律上，世界银行《环境和社会框架》对成员国并无直接的约束力，主要是通过银行的业务活动发挥影响。理解世界银行劳工标准中有关结社自由和集体谈判的规定，需要结合标准中第1段和第16段。比较合理的理解是，当有关国内法禁止或者限制工人结社自由或者集体谈判时，世界银行应当与借款国开展政策对话。这也是不少西方发达国家的主张。例如，美国主张，当国内法禁止工人结社自由或者集体谈判时，世界银行应当寻求与借款国以及国际劳工组织展开政策对话，支持借款国对此类问题开展政策改革。[③] 法国也主张，当成员国的国内法禁止实施工会自由时，世界银行应当寻求与成员国开展对话。[④]

---

① ILO, “ILO Statement on the World Bank Environmental and Social Policy” (8 August 2016), https://www.ilo.org/global/about-the-ilo/newsroom/statements-and-speeches/WCMS_508328/lang—en/index.htm (last visited on 1 September 2022).

② 参见国际劳工组织法律顾问 Francis Maupain 在起草宣言时专门提供的法律意见，ILO, “Record of Proceedings of the International Labour Conference”, Report of the Committee on the Declaration of Principles, Eighty-sixth Session, 1998, Vol. 1, pp. 20/92-93.

③ World Bank, “United States Comments on World Bank Safeguards Review-Phase 2” (26 March 2015), https://home.treasury.gov/system/files/206/2015-3-26-USG-Comments-on-Draft-WB-ESF-final.pdf (last visited on 1 September 2022).

④ World Bank, “French Non-paper on the Bank's Safeguards Review” (April 2015), https://consultations.worldbank.org/sites/default/files/consultation-template/review-and-update-world-bank-safeguard-policies/submissions/french_non-paper_on_safeguards.pdf (last visited on 1 September 2022).

五、世界银行劳工标准的适用范围

在世界银行起草劳工标准过程中,另一个重大争议问题是相关劳工标准的适用对象和范围。哪些工人应当享有相关的劳工保护?谁应当承担实施劳工保护的义务?

世界银行在2014年《环境和社会框架》初稿中,将劳工标准的适用范围限定为借款国或者项目实施机构直接雇用的"项目工人"。换言之,世界银行的劳工标准并不适用于合同工,或者其他与项目实施机构之间不存在直接劳动关系的工人。这种高度形式主义的方法,遭到了发达国家和国际工会组织的激烈批评。批评意见认为,这将使得世界银行劳工标准的可适用范围极其狭窄,可以受益于世界银行劳工标准的工人将寥寥无几。另外,如果将合同工人等排除在外,那么借款国就可以通过工程外包和劳务派遣等方式逃避其本应承担的劳工保护责任。因此,发达国家和国际工会组织呼吁,有必要扩大劳工标准的适用范围,将更多劳工纳入保护。从起草过程来看,争议主要集中在以下四类工人。

第一是合同工人的劳工标准适用问题。世界银行的《环境和社会框架》初稿规定,劳工标准仅仅适用于项目直接雇用的工人,而对于并非由借款国或者其项目实施机构直接雇用的工人,则不适用世界银行的劳工标准。换言之,世界银行的劳工标准排除了对合同工人的适用,合同工人主要是指在世界银行项目实施过程中由第三方雇用的工人。世界银行的这个规定遭到了激烈批评。批评意见认为,在世界银行资助的项目中,特别是基础设施项目,绝大多数工人都是合同工人,这些合同工人的权利也最容易受到侵犯,将劳工标准排除适用于合同工人,等于将多数工人排除在劳工标准的保护范围之外。[①] 很多非政府组织强调,国

---

① ITUC/Global Unions, "Major Weaknesses in World Bank's Draft Labour Standards safeguards" (22 July 2014), p. 4; France, "French Non-paper on the Bank's Safeguards Review", April 2015; World Bank, "German Comments on the World Bank Safeguards Review" (April 2015), https://consultations. worldbank. org/sites/default/files/consultation-template/review-and-update-world-bank-safeguard-policies/submissions/german_position_on_safeguards. pdf (last visited on 1 September 2022); World Bank, "United States Comments on World Bank Safeguards Review-Phase 2" (26 March 2015), https://home. treasury. gov/system/files/206/2015-3-26-USG-Comments-on-Draft-WB-ESF-final. pdf (last visited on 1 September 2022).

际金融公司[①]、欧洲复兴开发银行和非洲开发银行都将合同工人纳入其劳工标准的适用范围，相比之下，世界银行的规定显得保守和落后。

作为回应，世界银行在 2015 年《环境和社会框架》第二稿中，将合同工人全面纳入管辖。合同工人也被认定为是项目工人的一种，并且在其权利保护范围和机制上，合同工人适用与直接工人一样的劳工保护标准。世界银行《环境和社会框架》对合同工人的范围做了一个相对较为平衡的规定，一方面合同工人广泛涵盖了承包商、分包商、经纪人、代理人或中介机构所雇用的工人；另一方面对合同工人的范围也做了适当限定，限于与项目核心功能相关的合同工人，即那些对于项目实施和运作至关重要、不可或缺的工人。[②] 同时，借款国有责任选择合法且可信赖的承包商和分包商等第三方，并有责任对第三方是否遵守有关劳工标准进行监督。[③]

总体来说，世界银行将合同工人纳入劳工标准的适用范围是有积极意义的。合同工人作为项目工人，与直接工人一样得到平等保护，可以避免在同一项目中不同工人遭遇不同劳工权利的差别待遇。同时也可以有效避免借款国或者项目实施机构通过项目承包或者分包的形式回避劳工保护责任。

第二是直接供应商工人（primary supply workers）的劳工标准适用问题。对直接供应商工人的劳工权利加以确认和保护，源于国际金融公司的有关规定。国际金融公司在《环境和社会可持续性绩效标准》中规定，贷款客户应当发挥积极影响力，监督直接供应商，识别、防止和纠正其供应链中涉及使用童工、强迫劳动以及其他危及员工生命的情形。[④] 国际金融公司的贷款客户是私营部门，这样的规定旨在强调贷款客户在劳

---

① 国际金融公司在其《环境和社会可持续性绩效标准》中，将劳工标准的适用范围做了一个相对宽泛的规定。有关劳工标准适用于贷款客户直接雇佣的员工、由第三方雇佣并且长期从事与项目核心业务相关工作的员工（合同员工）以及直接供应商雇佣的员工。

② World Bank, "Environmental and Social Framework: Setting Environmental and Social Standards for Investment Project Financing (4 August 2016), Environmental and Social Standard 2. Labor and Working Conditions", para. 3.

③ Ibid., para. 31.

④ International Finance Corporation, "Performance Standards on Environmental and Social Sustainability, Performance Standard 2 Labor and Working Conditions" (1 January 2012), https://www.ifc.org/wps/wcm/connect/topics_ext_content/ifc_external_corporate_site/sustainability-at-ifc/publications/publications_handbook_pps, paras. 27-29 (last visited on 1 September 2022).

工保护方面的企业社会责任，无可厚非。

世界银行在其 2014 年《环境和社会框架》初稿中，完全没有提及直接供应商工人。在国际工会组织和西方国家的批评和压力之下，世界银行在其 2015 年再稿中将直接供应商工人纳入其中。[①] 根据 2016 年《环境和社会框架》相关条款规定，借款国的责任涉及以下四个方面。（1）在环境与社会评估中，借款国应当考察直接供应商是否存在非法使用童工、强迫劳工以及其他劳动安全风险。（2）借款国应当对直接供应商的工人使用情况予以监督，如果证实有使用童工或者强迫劳动的情况，应当要求直接供应商采取救济措施。（3）如果直接供应商的工人有劳动安全问题，借款国应当要求直接供应商采取有效措施加以应对。（4）如果直接供应商不能采取有效救济措施，借款国应当更换供应商，选择那些能够达到劳工标准的供应商。

世界银行的现有规定借鉴并发展了国际金融公司的相关规定。但是这种适用于私营部门的企业社会责任模式，机械地套用到纯粹对主权国家/公共部门贷款的世界银行，其妥当性和实际效果都值得怀疑。首先，在借款国劳工保护的角色方面，应当强调其在劳工保护中的主权属性，而非商业影响。借款国通过立法、行政和司法手段落实国际劳工标准，严格实施本国劳动法，就可以克服使用童工、强迫劳动和严重劳动安全等问题。对于境内直接供应商来说，只要诚实遵守相关国内法即可。其次，对于直接供应商存在使用童工、强迫劳动和严重劳动安全等问题，《环境和社会框架》中仅仅规定，借款国应当要求供应商采取有效救济措施，否则应当更换供应商。这样的规定，完全忽视了借款国的主权属性。在此种情况下，对于违法的直接供应商，借款国应当依据本国国内法追究其行政和刑事责任，而不能以商业决定更换供应商来替换或者取消借款国的执法责任。在此意义上，《环境和社会框架》事实上是弱化而非强化了对工人的保护。最后，正如中国和印度指出的，在不少世界银行贷款项目中，

---

① World Bank, "Environmental and Social Framework: Setting Environmental and Social Standards for Investment Project Financing, Second Draft for Consultation" (1 July 2015), para. 3, https://consultations. worldbank. org/sites/default/files/materials/consultation-template/review-and-update-world-bank-safeguard-policies/en/materials/clean_second_draft_es_framework_final_draft_for_consultation_july_1_2015. pdf (last visited on 1 September 2022).

很多供应商来自国外，对于借款国来说，难以实施有效的监督和监管。[①]中国还指出，监管供应商将大大增加借款国的成本。[②] 相关规定在实践中操作性也并不强。因此，世界银行将劳工标准拓展适用于直接供应商工人，迎合了一些劳工组织希望尽可能拓展劳工标准适用对象的愿望，但是过分突出借款国的商业角色并不一定有助于劳工保护。

第三是借款国为项目服务之公务员的劳工标准适用问题。世界银行《环境和社会框架》初稿中规定，除非涉及禁止强迫劳动、禁止童工和职业卫生与安全，有关劳工标准不适用于政府公务员，其劳动关系仍然受到借款国与公务员之间的雇用安排。这一规定的基本出发点，是尊重借款国的主权。对于公务员的管理，各国采取了不同的模式，对于公务员是否适用本国劳动法或者其他行政法律，各国实践也不尽一致。但是，该条款遭到了西方劳工组织的批评，认为违反了平等保护的原则。最后世界银行在 2015 年第二稿中做了适当让步，当借款国政府公务员的雇佣关系实现有效法律转移至项目时，则有关公务员应当作为直接项目工人对待，适用有关劳工标准。否则，与项目有关的政府公务员仍然受其与政府之间的劳动关系支配，但是应当适用世界银行劳工标准中有关禁止童工、禁止强迫劳动和职业卫生与安全的条款。总体来说，这个条款的规定还是较为平衡、合理的。

---

① 中国的意见参见 World Bank，"Review and Update of the World Bank's Environmental and Social Safeguard Policies，Phase 3，Feedback Summary：Consultative Meeting with provincial Governments"（29 October 2015），https://consultations. worldbank. org/sites/default/files/consultation-template/review-and-update-world-bank-safeguard-policies/ar/meetings/summary_us_consultation_washington_dc_feb_2016. pdf (last visited on 1 September 2022)；印度方面的意见参见 World Bank，"Review and Update of the World Bank's Environmental and Social Safeguard Policies，Phase 3，Feedback Summary：Consultative Meeting with Indian Governmental Officials"，New Delhi（5-6 November 2015），https://consultations. worldbank. org/sites/default/files/consultation-template/review-and-update-world-bank-safeguard-policies/en/meetings/summary_gov_consultation_tashkent_uzbekistan_dec_3-4_15_final. pdf，p. 12 (last visited on 1 September 2022)。

② World Bank，"Review and Update of the World Bank's Environmental and Social Safeguard Policies，Phase 3，Feedback Summary：Consultative Meeting with Chinese Governmental Officials"，Beijing（27 October 2015），https://consultations. worldbank. org/sites/default/files/consultation-template/review-and-update-world-bank-safeguard-policies/ar/meetings/summary_us_consultation_washington_dc_feb_2016. pdf (last visited on 1 September 2022).

第四是从事社区劳动的工人的劳工标准适用问题。在一些发展中国家,特别是涉及基建项目时,往往会动员和使用社区工人。以印度为例,就有 2700 万个家庭参与社区劳动。这些工人与项目之间并无劳动合同,通常无偿或者只获得少数补偿。在法律意义上,这些工人不属于项目雇用的工人,也不是第三方雇用的合同工人。对于社区工人的保护问题,特别是其中可能涉及强迫劳动的问题,成为一些西方劳工组织的关切。最终《环境和社会框架》还是将社区工人纳入其劳工标准的适用范围,世界银行承认,适用全部劳工标准也许并不合适,但是要求借款国在与项目相适应的程度和范围内适用有关劳工标准。① 世界银行的规定遭到了印度、孟加拉国等国家的批评和抗议,认为这将损害有关国家对社区劳工的使用。②

世界银行《环境和社会框架》将劳工标准的适用范围扩大到了所有项目工人,项目工人既包括了由借款国和项目实施机构直接雇用的工人,也包括了由第三方雇用从事与项目核心功能相关工作的合同工人,直接供应商工人以及从事社区劳动的工人。对于上述不同种类的项目工人,世界银行有针对性地给予了不同程度的保护,上述规定不无积极意义。但是将直接供应商工人纳入监管和保护,适合作为例外情况偶尔为之,现在的规定似嫌走得太远。

---

① World Bank, "Environmental and Social Framework: Setting Environmental and Social Standards for Investment Project Financing, Environmental and Social Standard 2. Labor and Working Conditions" (4 August 2016), para. 34.

② 孟加拉国的意见参见 World Bank, "Comments/Observations of the Government of Bangladesh on the World Bank's Environmental and Social Safeguard Framework and other Related Documents" (January 2016), https://consultations. worldbank. org/sites/default/files/consultation-template/review-and-update-world-bank-safeguard-policies/submissions/comments_from_govt_of_bangladesh_on_essf-01_12_15. pdf, p. 4 (last visited on 1 September 2022);印度政府的意见参见 World Bank, "Review and Update of the World Bank's Environmental and Social Safeguard Policies, Phase 3, Feedback Summary: Consultative Meeting with Indian Governmental Officials", New Delhi (5-6 November 2015), https://consultations. worldbank. org/sites/default/files/consultation-template/review-and-update-world-bank-safeguard-policies/en/meetings/summary_gov_consultation_tashkent_uzbekistan_dec_3-4_15_final. pdf, pp. 11-12 (last visited on 1 September 2022)。

六、世界银行劳工标准与国际劳工公约

第三个争议问题在于世界银行"劳工与工作条件"标准和国际劳工公约之间的关系,《环境和社会框架》是否应当明确援引国际劳工公约或者国际劳工组织 1998 年《宣言》。

援引国际劳工公约或者基本劳工权利是有先例的。国际金融公司在其《环境和社会可持续性绩效标准》中明确表明,本绩效标准的要求部分地参照了一些国际公约和文件的指导,包括国际劳工组织和联合国的有关公约。在其脚注中,明确援引了全部八项基本劳工公约以及《联合国儿童权利公约》和《联合国保护所有移徙工人及其家庭成员权利国际公约》。[①] 国际金融公司在其"劳工与工作条件指引"中,更是明确提到了核心劳工标准的概念,强调适用该条标准旨在确保客户在其业务活动中能够遵守核心劳工标准。[②]

一些发达国家和国际工会组织因此要求世界银行应当在其劳工与工作条件标准中明确援引国际劳工公约,或者 1998 年《宣言》。[③] 援引国际劳工公约,有利于世界银行规定劳工标准参照相关国际劳工公约来加以解释和适用。国际劳工组织 1998 年《宣言》,不仅确认四项劳工权利作为

---

① International Finance Corporation, "Performance Standards on Environmental and Social Sustainability, Performance Standard 2 Labor and Working Conditions" (1 January 2012), https://www.ifc.org/wps/wcm/connect/topics_ext_content/ifc_external_corporate_site/sustainability-at-ifc/publications/publications_handbook_pps, para. 2 (last visited on 1 September 2022).

② International Finance Corporation, "Performance Standards on Social & Environmental Sustainability" (1 July 2007), pp. 36-37.

③ World Bank, "United States Comments on World Bank Safeguards Review-Phase 2" (26 March 2015), https://home.treasury.gov/system/files/206/2015-3-26-USG-Comments-on-Draft-WB-ESF-final.pdf (last visited on 1 September 2022);世界银行在比利时布鲁塞尔与比利时、荷兰政府官员以及其他代表进行磋商时,与会者也提议,世界银行的劳工标准应当明确与国际劳工公约相联系。World Bank, "Review and Update of the World Bank's Environmental and Social Safeguard Policies, Phase 2, Feedback Summary: Consultative Meeting with Consultation with Government Officials from Belgium and the Netherlands, Brussels" (10 November 2014), https://consultations.worldbank.org/sites/default/files/consultation-template/review-and-update-world-bank-safeguard-policies/en/meetings/final_feedback_summary_london_csos_20_jan_2015.pdf (last visited on 1 September 2022).

整体构成基本劳工权利,而且宣告成员国促进基本劳工权利的义务不依赖于对基本劳工公约的批准。《宣言》强调,即使尚未批准有关公约,仅从作为国际劳工组织成员国这一事实出发,所有成员国都有义务真诚地并根据《章程》要求,尊重、促进和实现基本劳工权利。[①] 美国积极主张应当援引 1998 年《宣言》。这在很大程度上是因为美国迄今仅仅批准了八项基本劳工公约中的两项,而援引《宣言》则可以使得美国回避这一尴尬的事实,获得在全球范围内、在劳工公约体系之外推广基本劳工权利保护的正当性。[②] 国际劳工组织从自身的利益出发,也积极地游说世界银行援引国际劳工公约。[③]

而发展中国家则提出了反对意见,最主要的关切是不希望通过世界银行的劳工标准来取消国际劳工公约的批准和加入程序。中国主张,世界银行处理劳工问题具有合理性,但是劳工保护不应当成为干涉政治事务的工具。世界银行可以援引劳工保护的一般原则,但是不应当援引具体的国际劳工公约。[④]

世界银行管理层对此问题没有妥协。针对有意见表示应当援引国际劳工公约和《宣言》时,世界银行管理层回应说,对于世界银行和借款国来说,遵守《环境和社会框架》的要求是独立的(self-standing),无须援引外部资源来评判。[⑤] 同时,世界银行强调,其劳工与工作条件标准的实质

---

① ILO, "Declaration of Fundamental Principles and Rights at Work, adopted by the International Labour Conference at its Eighty-sixth Session", Geneva (18 June 1998).

② 基本劳工权利概念在规范意义上具有模糊性,这使得美国得以一方面不批准国际劳工公约而另一方面在全球推行劳工标准。有关批评,参见 Philip Alston, "'Core Labour Standards' and the Transformation of the International Labour Rights Regime", 15 *European Journal of International Law* 457 (2004).

③ 世界银行的援引将毫无疑问强化国际劳工组织在劳工问题上的权威性和专业性。

④ World Bank, "Review and Update of the World Bank's Environmental and Social Safeguard Policies, Phase 3, Feedback Summary: Consultative Meeting with Chinese Governmental Officials", Beijing (27 October 2015), https://consultations. worldbank. org/sites/default/files/consultation-template/review-and-update-world-bank-safeguard-policies/ar/meetings/summary_us_consultation_washington_dc_feb_2016. pdf (last visited on 1 September 2022).

⑤ World Bank, "World Bank Safeguard Policies Review and Update: Summary of Phase 2 Consultations and Bank Management Responses" (July 2015), https://consultations. worldbank. org/Data/hub/files/consultation-template/review-and-update-world-bank-safeguard-policies/en/phases/clean_summary_of_phase_2_consultations_and_bank_management_reponses_final_draft_for_consultation_july_1_2015. pdf (last visited on 1 September 2022).

内容与相关国际劳工公约的要求保持一致。换言之,《环境和社会框架》中的劳工标准是独立的、自治的,其法律效力并不依附于国际劳工公约或者《宣言》,其实体内容也不受有关国际劳工公约的限定。这意味着,世界银行《环境和社会框架》建立和强化的有关劳工权利的国际保护机制是在传统国际劳动法以外、自成一体的、独立的程序和机制。它虽然在知识层面借用了传统国际劳动法的规范内容,但是它创设了一个独立的规范体系。它虽然也在国际层面强化了对劳工权利的保护,但是不直接受到传统国际劳工公约的掌控,它是对现有国际劳动法的补充,而非简单重复。在某些情况下,它也构成对现有国际劳动法的竞争和替代。

在世界银行通过《环境和社会框架》之后,国际劳工组织对世界银行未能明确援引相关国际劳工公约表示了失望。国际劳工组织认为,基本劳工公约得到国际社会的近乎普遍的接受,“构成全球普遍接受的在工作场所公平待遇的基线,以及处理劳工与发展问题的最低起点”。[①] 国际劳工组织深深的失望背后,并非标准之争,更多是有关世界银行与国际劳工组织在劳工标准上的权力之争。对于世界银行来说,希望设定一个自给自足的劳工标准,借鉴其他劳工标准,但是又不受制于人。世界银行并不否认国际劳工组织在劳工问题上的专业性和法定职权,但是拒绝承认在劳工问题上国际劳工组织享有高于世界银行的权威。

七、世界银行与跨国劳动法

劳工保护在全球化时代是一个突出的社会和政治问题。越来越多的劳工保护发生在主权国家管辖外的机构和场所,世界银行就是一个明显的例子。世界银行通过一个内部文件,对劳工权利加以国际承认和实施。从跨国劳动法的视角来看,世界银行是跨国劳动法的积极参与者。劳工保护不再是主权国家或者国际劳工组织的垄断事务,世界

① ILO, “ILO Statement on the World Bank Environmental and Social Policy” (8 August 2016), https://www. ilo. org/global/about-the-ilo/newsroom/statements-and-speeches/WCMS_508328/lang—en/index. htm (last visited on 1 September 2022).

银行等国际金融机构也开始参与和介入国际劳工保护。在全球化条件下,劳工问题是一个普遍性问题,对国际社会具有很强的渗透性。劳工保护已经成为一个具备强大赋权能力的国际话语,不同国际关系参与者都有可能直接或者间接、主动或者被动、或深或浅地参与跨国劳工治理。在全球化时代,世界银行已经成为跨国劳动治理的重要平台,并且在可以预见的未来,世界银行对于国际劳工政策的参与和影响会更加深入。

国际劳工组织1998年所确认的基本劳工权利,结社自由和集体谈判、禁止强迫劳动、禁止童工和消除就业与职业歧视,构成了跨国劳动法的核心规范。在内容上,世界银行的劳工标准借鉴和纳入了基本劳工权利,同时有所补充和发展,例如,其强调了安全健康的工作条件,要求建立劳工管理体制,要求定期及时支付工资,等等。国际劳工大会在1998年通过的《宣言》本身没有约束力,但是在实践中,一些国际组织和工会组织将基本劳工权利视为劳工保护的基本原则和底线,这在实践中也是最具有争议的方面。僵化地将基本劳工权利视为跨国劳动法的核心规范,而不是一个具有开放性、据以协商和对话的参照系,意图一蹴而就,不允许渐进发展,在实施中将会带来不少问题。

需要指出的是,世界银行此次对于劳工标准的接纳,其法律基础是世界银行执行董事会所批准的《环境和社会框架》。《环境和社会框架》属于世界银行的内部法,严格来说,在法律上,对成员国并无直接的约束力。但在实践中,世界银行以此作为项目贷款的标准和前提,成员国将不得不在借款协议中承诺或者接受相关标准。[①] 鉴于世界银行具有的重大影响力,在实际约束效果上,《环境和社会框架》的劳工标准完全有可能比一个具有国际法约束力的劳工条约实施得更好。这一方面带来启发,在跨国劳动法进程中,软法和硬法并存,都可以是跨国劳工保护的有效手段,对于传统国际软法应当予以重视;另一方面也引人担忧,世界银行通过一个

---

① 有学者注意到,国际金融机构的业务政策虽然属于软法性质,但是有可能影响国际法的发展和借款国的国内法实践。Daniel D. Bradlow, "International Law and the Operations of International Financial Institutions", in Daniel D. Bradlow & David B. Hunter (eds.), *International Financial Institutions and International Law*, Alphen aan den Rijn: Wolters Kluwer, 2010, pp. 25-26.

内部的文件，就在很大程度上取消或者削弱了国际劳工条约的批准机制。国际劳工组织基本劳工权利对应着八项基本劳工公约，传统国际劳动法的实施有赖于主权国家批准和接受国际劳工条约，并在国内加以实施。这种意愿主义的路径虽然慢一点，但是充分尊重了各国的主权，允许各国根据本国经济社会条件和历史文化传统来逐步地落实劳工保护。但是，世界银行通过一个内部文件使得借款国即便没有批准相关国际劳工公约，也有责任实施《环境和社会框架》所确认的基本劳工权利。这种便捷地抄近路的做法，受到发达国家和西方工会组织的欢迎，但是其合理性和现实效果有必要再思考。

世界银行劳工标准的制定过程，也同样凸显了跨国劳动法背后的南北分歧和政治经济学问题。在劳工标准的制定过程中，主要是西方大国、国际劳工组织、国际工会组织、非政府组织、西方劳工专家在积极推动和施加影响[①]；从最终结果来看，也是西方的意见在起主导作用，最后主要反映的还是西方的诉求，只是在有限的程度上采纳了发展中国家的立场。世界银行制定的劳工标准很高，基本采用了西方工业化市场经济国家的标准，对于绝大多数发展中国家来说，实施和监管难度较大。同时，世界银行在其劳工标准中对于结社自由和集体谈判的强化受到西方自由主义传统的影响，在实践中必然会和不少借款国的政治制度和法律实践发生碰撞。有必要指出的是，世界银行的借款国主要是发展中国家，绝大多数发达国家已经不在世界银行借款名单中，因此，《环境和社会框架》的实施对象主要是发展中国家和最不发达国家。这也可以解释，为何发达国家和西方劳工团体不遗余力地推动在《环境和社会框架》中纳入高标准、严要求的劳工条款。

最后，还要指出的是，在追求跨国劳工保护的过程中，世界银行也在改造着自身的文化、机构和意识形态。世界银行招募劳工专家以协助其开展工作，劳工保护也有望成为世界银行所要追求和捍卫的机构核心价

---

① 克林顿政府时期，美国在世界银行内部积极推动世界银行对劳工标准的接受，参见 Mark Anner & Teri Caraway, "International Institutions and Workers' Rights: Between Labor Standards and Market Flexibility", 45 *Studies in Comparative International Development* 151 (2010).

值之一。[①] 世界银行正在从一个主要服务于借款国资金需要的国际金融性机构转变为一个更多地关注环境和社会正义的发展机构,转变为以银行贷款为资源和杠杆,不断实施和强化自身价值、原则和标准的公权力机构。

① 有阿根廷学者在分析世界银行发布的 2013 年世界发展报告之后,批评世界银行对劳工的保护只是虚有其表,并不充分。Horacio J. Etchichury, "A Shiny Fragmentary Skeleton: The World Bank and Workers' Human Rights in the 2013 World Development Report", 16 *Journal of Economic and Social Policy* 1 (2014).

第五章　国际金融机构与劳工保护

一、国际金融机构的劳工问题态度转变:从消极走向积极

在21世纪之前,国际金融机构对劳工保护的态度总体上较为消极。结构调整项目就能说明这一问题:在苏联和东欧国家实施私有化、市场化和放松管制导致了大规模的裁员以及社会保障水平的急剧下降。实证研究表明,国际金融机构的结构调整项目削弱了对经济和社会权利的保护,特别是对借款国工人的权利的保护。[①] 此种消极态度有法律上和哲学上两个方面的原因。在法律上,大多数国际金融机构的章程都禁止它们干预成员国的国内事务,而劳工问题被认为是典型的国内事务。20世纪90年代,世界银行采用综合发展框架,在经济发展中加入治理视角[②],刻意将劳工保护问题排除在治理层面,主要考虑是:劳工保护的实施主要是国内法问题,国际金融机构的干预成本太高。在哲学层面上,传统的发展经济学将劳动力视为一种生产要素,认为放松劳动力市场的管制有助于促进经济发展。国际金融机构资助的许多项目要求受援国放松对劳动力市场的管制。劳动法保护很难符合国际金融机构所奉行的新自由主义经济

---

① M. Rodwan Abouharb & David Cingranelli, *Human Rights and Structural Adjustment*, Cambridge: Cambridge University Press, 2007.

② "综合发展框架"是时任世界银行行长詹姆斯·沃尔芬森(James Wolfensohn)提出的,指的是一种包容的、综合的发展方法,在经济和金融发展中加入社会、环境、治理的视角。See James Wolfensohn, "New Directions and New Partnerships, Address to the Board of Governors at the Annual Meetings of the World Bank and the International Monetary Fund", in James Wolfensohn, *Voices for the World's Poor: Selected Speeches of the World Bank President James D. Wolfensohn, 1995—2005*, Washington D. C.: World Bank, 2005, pp. 28-40。

理论。

过去二十年间,国际金融机构的态度发生了微妙的转变,它们越来越多地参与劳工保护。国际金融机构将劳工保护纳入其业务活动是一个新兴现象。这种变化在很大程度上是国际金融机构对所受外部压力的回应。20 世纪 80 年代后期,鉴于国际金融机构造成的不利社会影响,公众对国际金融机构的批评愈加激烈。国际金融机构所奉行的新自由主义理论遭到借款国和学界的诸多质疑。美国劳工联合会—产业工会联合会(American Federation of Labor-Congress of Industrial Organization, AFL-CIO)[①]对世界银行和国际货币基金组织的政策变化起到了重要的推动作用。21 世纪以来,劳工保护开始进入国际金融机构活动的前沿。

国际金融机构劳工政策的转变在很大程度上受益于国际劳工组织(ILO)所倡导的基本劳工权利运动。为寻求与冷战后世界秩序的相关性,国际劳工组织经历了痛苦的体制转变。[②] 在 20 世纪 90 年代末,国际劳工组织通过制定和倡导基本劳工权利重申了劳工权利在全球化时代的重要性[③],1998 年《宣言》宣布,即使尚未批准有关公约,仅从作为国际劳工组织成员国这一事实出发,所有成员国都有义务保障劳工的基本劳工权利。1998 年《宣言》的通过及其后续工作的推进,国际劳工组织开始大力倡导基本劳工权利。国际劳工组织对基本劳工权利的倡导包括两项战略。一是促使各成员国积极批准劳工公约。如果以条约批准国的数量稳步增长的态势来衡量,这是迄今为止公认的成功。二是国际劳工组织与国际金融机构发起了积极的对话,探讨是否有可能将劳工标准纳入其业

---

① 美国劳工联合会-产业工会联合会已多次要求世界银行和国际货币基金组织承诺遵守国际劳工标准。See, for example, AFL-CIO, "Executive Council Statement on Asian Financial Crisis" (29 January 1998), https://aflcio. org/about/leadership/statements/asian-financial-crisis, (last visited on 1 September 2022); AFL-CIO, "Executive Council Statement on Equitable, Democratic, Sustainable Development" (18 February 2000), https://aflcio. org/about/leadership/statements/equitable-democratic-sustainable-development (last visited on 1 September 2022)。

② 此转变历程,部分参见 ILO, "Report of the Director-General, Defending Values, Promoting Change: Social Justice in a Globalized Economy: An ILO Agenda" (1994)。

③ 基本劳工权利的概念在学术界争论不休。有关批判性意见,参见 Philip Alston, "'Core Labour Standards' and the Transformation of the International Labour Rights Regime", 15 *European Journal of International Law* 457 (2004)。

务活动。[①] 在20世纪90年代末和21世纪，基本劳工权利在国际层面获得了越来越多的认可。国际劳工组织和国际金融机构之间的合作在2008年国际金融危机后进一步深化，尽管它们对劳工问题仍持不同态度。[②]

将劳工标准纳入国际金融机构的工作之中，对全球劳工治理以及国际金融机构的职能和身份都有重要影响。将劳工标准纳入国际金融机构的政策文件之中，可能会导致一套自主的、具有跨国性质的国际金融机构劳工标准的形成，开辟全球劳工治理的新途径。它们既是对国际劳工公约和现有执行程序与机制的有益补充，也是其有力的竞争者。同时，实施劳工权利和其他社会政策也在悄然改变国际金融机构的理念、文化和结构。在致力于促进社会公正的同时，国际金融机构正在摆脱金融工具的角色，将自己重构为全球治理的公共机构。

二、国际金融机构对劳工标准的吸收

国际金融机构将劳工权利纳入其工作范围是一个新兴现象。2001年，亚洲开发银行在其社会保障战略中首次提及核心劳工标准，开创了国际金融机构涉足国际劳工标准的先河。此后，亚洲开发银行和国际劳工组织开展了多种形式的合作，国际劳工组织应邀在政策和项目层面为亚洲开发银行的工作提供建议。[③] 然而，劳工政策对亚洲开发银行工作的

---

① 国际劳工组织早在20世纪80年代末就试图与世界银行和货币基金组织进行体制对话。作为这一努力的成果，国际劳工组织与联合国系统其他部门、布雷顿森林机构合作，于1987年11月组织了一次关于就业和结构调整的高级别会议，但没有取得具体成果。

② 2009年4月在伦敦举行的20国集团峰会请求国际劳工组织评估所采取行动对劳工的影响，并就进一步措施提出建议。See G20 Leaders' Statement, "The Global Plan for Recovery and Reform"（2 April 2009）, https://www.treasury.gov/resource-center/international/g7-g20/Documents/London%20April%202009%20Leaders%20final-communique.pdf（last visited on 1 September 2022）。

③ 国际劳工组织和亚洲开发银行签署了一项全面合作协定。此外，国际劳工组织和亚洲开发银行还同意相互派代表参与彼此的年度会议，并每年举行一次定期高级磋商会议。See Asian Development Bank and International Labour Organization, "Memorandum of Understanding between the Asian Development Bank and the International Labour Organization"（9 May 2002）, https://www.adb.org/sites/default/files/institutional-document/33511/files/mou-ilo.pdf（last visited on 1 September 2022）。

实际影响不应被夸大。在亚洲开发银行的项目中,劳工权利的实际保障仍然是有限的。

2006年,国际金融公司采纳了《环境和社会可持续性绩效标准》(以下简称《绩效标准》),国际金融机构开始全面承认劳工标准。[①] 劳动和工作条件被列为独立的绩效标准。这是主要国际金融机构首次在运行政策中全面认可劳工标准。国际金融公司的劳工标准具有以下特点:明确提及国际劳工组织的基本劳工公约、全面承认所有基本劳工权利、强调职业卫生与安全、扩大对合同工人和供应链工人的保护。国际金融公司在2012年修订了《绩效标准》,进一步阐明了相关劳工标准。[②]

国际金融公司成功纳入劳工标准在很大程度上是由于国际金融公司只与私营部门打交道。能接触到国际金融公司的潜在客户通常是那些经济效益较好、行政上组织良好的公司。国际金融公司的这些政策要求往往与公司现有的社会责任政策一致,从公司的角度来看,执行这些政策并不会造成难以克服的困难。此外,在本质上,国际金融公司的劳工政策通常只要求公司遵守其经营所在地的现行法律。

国际金融公司确立的范式分别在2008年被欧洲复兴开发银行(European Bank for Reconstruction and Development, EBRD)和2009年被欧洲投资银行(European Investment Bank, EIB)效仿。2008年,欧洲复兴开发银行通过了更新后的环境和社会政策,将劳动和工作条件作为单独的标准列入其中。[③] 欧洲复兴开发银行承认其应承担审慎注意义务,避免资助破坏东道国环境和侵害东道国人权的项目。在2008年的政策中,欧洲复兴开发银行强调了尊重结社自由和集体谈判的重要性,这在它以前的政策声明中是不存在的。与国际金融公司一样,它完全认可国

---

① IFC, "Performance Standards on Social & Environmental Sustainability" (30 April 2006), https://www.ifc.org/wps/wcm/connect/3f3419f4-6043-4984-a42a-36f3cfaf38fd/IFC%2BPerformance%2BStandards.pdf?MOD=AJPERES&CVID=jkC.Eka&id=1322803957411 (last visited on 1 September 2022).

② IFC, "Performance Standards on Social & Environmental Sustainability" (1 January 2012), https://www.ifc.org/wps/wcm/connect/24e6bfc3-5de3-444d-be9b-226188c95454/PS_English_2012_Full-Document.pdf?MOD=AJPERES&CVID=jkV-X6h (last visited on 1 September 2022).

③ EBRD, "Environmental and Social Policy" (12 November 2008), http://ebrd.com/downloads/research/policies/2008policy.pdf (last visited on 1 September 2022).

际劳工组织的所有核心劳工标准。

欧洲投资银行于 2009 年通过了《环境和社会原则与标准》，并明确承认国际劳工组织的核心劳工标准。[①] 欧洲投资银行的政策既适用于公共部门，也适用于私营部门，但是不同部门的客户所承担的义务在性质上确有不同。[②] 在 2013 年的《环境和社会手册》中，欧洲投资银行进一步扩大了对《联合国工商企业与人权指导原则》的认可范围。[③] 欧洲投资银行政策的另一个特点是强调保护移民工人，要求雇主给予他们公平和非歧视性的待遇。[④] 此外，欧洲投资银行还建立了独立的劳工审计制度。如果欧洲投资银行认为项目涉及高风险的劳工违规行为或发生过此类不法活动，欧洲投资银行可以要求其借款客户委托独立的第三方进行劳工审计。[⑤] 由于欧洲投资银行一直努力与欧盟关于可持续性和问责制的政策保持一致，因此，其劳动和社会政策较为广泛。

国际金融公司、欧洲复兴开发银行和欧洲投资银行确立的范式启发和鼓励了其他国际金融机构。当然，许多国际金融机构至今没有制定劳工政策，国际货币基金组织和国际农业发展基金会（International Fund of Agricultural Development，IFAD）就是其中的典型。纳入劳工标准的国际金融机构大致有两类。第一类是推行全面的劳工保护框架。例如，2013 年非洲开发银行集团[⑥]采纳了“综合保障制度”。[⑦] 其劳工保护政策也很全面，与国际金融公司和欧洲复兴开发银行的政策相似。另一个备受瞩目的案例是世界银行于 2016 年通过的《环境和社会框架》。在上述案例中，劳工保护发展成为一个详细的、独立的标准。国际金融机构确立了实质性的劳工权利，扩大了工人的保护范围，并且明确了劳动关系的管

① EIB，“Environmental and Social Handbook”（2013），pp. 18-19.

② Ibid.，p. 15.

③ Ibid.，p. 70.

④ Ibid.，p. 73.

⑤ Ibid.，p. 76.

⑥ 非洲开发银行集团包括非洲开发银行（AfDB）和非洲开发基金（AfDF）。

⑦ African Development Bank Group，“Integrated Safeguards System：Policy Statement and Operational Safeguards”（December 2013），https://www.afdb.org/fileadmin/uploads/afdb/Documents/Policy-Documents/December_2013_-_AfDB%E2%80%99S_Integrated_Safeguards_System__-_Policy_Statement_and_Operational_Safeguards.pd（last visited on 1 September 2022）.

理和工人申诉机制。

第二类是在环境与社会政策简要地提及劳工标准。这方面的例子包括北欧投资银行(Nordic Investment Bank, NIB)于 2011 年 9 月 1 日通过的《可持续性政策》。其中,北欧投资银行要求其客户尊重四项核心劳工权利并提供安全、健康的工作条件。[①] 黑海贸易发展银行(Black Sea Trade and Development Bank, BSTDB)也在 2013 年升级了环境与社会政策,并公开承诺“在工作环境中尊重人权”。2016 年,新开发银行(New Development Bank, NDB)通过了《环境和社会框架》,将职业卫生和安全置于劳工保护的中心。[②] 同年,亚洲基础设施投资银行(Asian Infrastructure Investment Bank, AIIB)批准了《环境和社会框架》,并规定了公共和私营部门所应当使用的不同劳工标准。同时,涉及强迫劳动或使用童工的项目被明确列入亚洲基础设施投资银行的融资排除清单。[③]

国际金融机构采取的劳工保护模式各有特色,且存在较大差别。首先,不同国际金融机构之间的劳工保护水平是不均衡的。有些国际金融机构要求全面落实劳工标准框架,而有些国际金融机构只提供了有限的劳工保护机制。有的将劳工标准限制在四项核心劳工标准和安全工作条件,而有的机构还纳入其他劳工标准,如工资和休息、对移民工人的保护等。有的机构将劳工保护范围从直接雇用的工人扩大到合同工人和供应链工人,而许多其他机构将保护范围限于借款人直接雇用的工人。

其次,国际金融机构劳工标准的实施机制多种多样。国际金融机构通过多种手段和程序来实施劳工标准,包括借款人事先的计划或承诺、项目的现场申诉机制、独立的劳工审计或国际金融机构的申诉机制。在某些情况下,有严重侵犯劳工权利行为的项目会被取消获得融资的资格。

---

① NIB, “Sustainability Policies and Guidelines” (21 March 2012), https://www.nib.int/files/0df3a2ae1082fae314486d1739252425cdff1a6a/56-sustainability-policy-guidelines-2012.pdf (last visited on 1 September 2022).

② NDB, “Environmental and Social Framework” (11 March 2016), https://www.ndb.int/wp-content/themes/ndb/pdf/ndb-environment-social-framework-20160330.pdf (last visited on 1 September 2022).

③ AIIB, “Environmental and Social Framework” (February 2016), https://www.aiib.org/en/policies-strategies/_download/environment-framework/20160226043633542.pdf (last visited on 1 September 2022).

最后，国际金融机构劳工标准的制度化程度也各不相同。大多数机构将劳工保护视为可持续发展的一个基本要素[①]，而有些机构则采取“不为害”(no harm)的做法，在其保障政策中处理劳工问题[②]，还有一些机构甚至将劳工保护提升为机构的核心价值之一，如世界银行[③]。制度化的差异不仅体现了机构意愿或对劳工保护的认识，还反映出机构在劳工保护问题上的不同理念。

在国际金融机构逐步纳入劳工标准的过程中，国际劳工组织在传播劳工标准的知识方面发挥了不可或缺的作用。例如，亚洲开发银行与国际劳工组织进行了密切合作，在2006年联合出版了一本关于核心劳工标准的手册。[④] 欧洲复兴开发银行在制定劳工标准时也积极利用了国际劳工组织的专门知识。2006年，国际劳工组织主办了一次关于劳工保护的专题会议，欧洲复兴开发银行的工作人员在会上听取了工会代表、雇主和国际劳工组织专家的意见。[⑤] 再如，在世界银行制定《环境和社会框架》过程中，国际劳工组织代表出席了世界银行分别在雅加达(2013年)、伦敦(2015年)和华盛顿(2015年)组织的三次劳工专家会议。

国际组织间相互学习也是劳工标准传播的重要因素。“多边金融机构环境问题工作组”(Multilateral Finance Institutions Working Group on Environment, MFI-WGE)成立于20世纪90年代，是国际金融机构高级管理人员讨论和协调环境和社会政策的有效平台。由于越来越多的社会问题被纳入保障政策，该工作组改名为“多边金融机构环境和社会标准工作组”(Multilateral Finance Institutions Working Group on Environmental and Social Standards, MFI-WGESS)。这个工作组不是正式机构，但有助于国际组织之间相互交流和借用环境和社会标准。例如，非洲开发银行明确表示，其早期的保障政策草案“已经过国际金融公

① 欧洲复兴开发银行是一个很好的例子。See EBRD, “Environmental and Social Policy” (12 November 2008), http://ebrd.com/downloads/research/policies/2008policy.pdf (last visited on 1 September 2022)。

② 非洲开发银行集团的综合保障体系就是一个例子。

③ World Bank, “Review and Update of the World Bank's Safeguard Policies: The Proposed Environmental and Social Framework, Background Paper” (2 September 2014), p. 1.

④ ADB & ILO, “Core Labour Standards Handbook” (2006).

⑤ See EBRD, “Sustainability Report” (2006), p. 11.

司、世界银行、亚洲开发银行和'多边金融机构环境问题工作组'的其他成员审查”。[①] 世界银行也明确承认其劳工标准“源自其他多边开发银行的规定”。[②]

三、国际金融机构跨国劳工标准的内容

随着国际金融机构越来越关注劳工标准,一套在跨国场域下制定、适用和执行的劳工标准正在快速生成。在传统上,劳工保护以主权国家为中心,但显然国家不再是讨论和制定劳工标准的唯一场所。[③] 相反,劳工标准在自由贸易协定、投资安排和国际金融机构的政策文件中越来越重要。此类劳工标准制定和实施都是在国家之外进行的,具有突出的跨国性质。

国际金融机构的劳工标准规定在其政策文件中,通常由执行董事会批准。作为机构内部规定,这些标准主要适用于国际金融机构自身的业务活动,并不自动约束缔约方或公司。严格来说,国际金融机构劳工标准的适用是针对具体项目的,一般仅限于相关项目下的工人。国际金融机构适用劳工标准的法律基础是对物管辖,而非属人管辖。劳工标准只能通过国际金融机构的项目贷款在有限程度上对借款人产生拘束力。

选择“跨国”的措辞,突出了国际金融机构劳工标准的运行特点。[④] “国际劳工标准”在传统上与国际劳工组织的公约和建议有关,在此意义上国际金融机构所制定的劳工标准不属于国际劳工标准。在起源上,国际金融机构的劳工标准不是“国际的”;在其适用范围上,国际金融机构的

---

① 参见非洲开发银行集团的声明,“Integrated Safeguards System: Policy Statement and Operational Safeguards”(December 2013), https://www.afdb.org/fileadmin/uploads/afdb/Documents/Policy-Documents/December_2013_-_AfDB%E2%80%99S_Integrated_Safeguards_System__-_Policy_Statement_and_Operational_Safeguards.pd (last visited on 1 September 2022)。

② World Bank, “World Bank Safeguard Policies Review and Update, Proposed Environmental and Social Framework: Background Paper” (2 September 2014), p. 11.

③ 近年来,国际劳工组织在制定硬性国际劳工标准方面的作用也在下降。

④ 关于国际法和国际关系文献中使用这一措辞的系谱,请参见 Christer Jönsson, “Capturing the Transnational: A Conceptual History”, in Jonas Tallberg & Christer Jönsson (eds.), *Transnational Actors in Global Governance*, London: Palgrave Macmillan, pp. 22-44。

劳工标准也不是普遍的；在其发生效力的连接点上，也是以具体的项目贷款合同为链接。仅仅在具体的项目中，国家或私营部门借款人需要执行国际金融机构的劳工标准。通过项目贷款，国际金融机构构建并维持了一个以国际金融机构为中心、不同行为者进行规范互动的跨国空间。在此跨国空间的内部规范体系中，劳工标准是一个重要的方面。

1. 国际金融机构劳工标准的内容

各个国际金融机构制定和实施各自独立的劳工标准，在内容上并不统一，因此，并不存在一个普遍适用的国际金融机构劳工标准。一些国际金融机构纳入了全面的劳工标准，相当于一部小型劳工法典。[①] 有的只是在其政策文件中列入了劳工保护的一般原则。[②]

通过比较可以发现，国际金融机构的劳工标准确实存在一些共同的方面，即国际劳工组织的四项基本劳工权利。结社和集体谈判自由、禁止强迫劳动、禁止童工以及消除就业和职业歧视正在成为国际金融机构主流的劳工标准。但值得注意的是，基本核心劳工标准被广泛接受，其确切的内容在各个机构也并不必然相同，其保护的程度和执行的机制取决于每个机构自身的理念、传统和能力。

国际金融机构劳工标准的另一个重要方面是职业卫生与安全。这是劳工标准中政治敏感性最小、道德上最没有争议的部分，也最早得到了国际金融机构的接受。2003 年欧洲复兴开发银行的《环境政策》中已经提到了职业卫生和安全。[③] 世界银行的劳工与社会标准可以追溯到其早期的《环境、健康与安全准则》。世界银行现行的职业卫生与安全标准内容宽泛，要求识别潜在的危害，采取预防和保护措施，为紧急情况做好准备并积极应对，对工伤、死亡、残疾和疾病进行有效救济。世界银行《环境和社会框架》也重申了工人有权拒绝在危险工作环境中工作。[④]

当然，国际金融机构采纳的劳工标准不限于核心劳工标准和职业卫

---

① 例如世界银行和欧洲复兴开发银行的相关标准。

② 例如北欧投资银行、新开发银行、亚洲基础设施投资银行的相关标准。

③ See EBRD, “Environmental Policy”(2003), p. 3.

④ World Bank, “Environmental and Social Framework” (2016), pp. 57-58.

生与安全,还包括可能涉及工时、工资、加班、赔偿和福利[①]、社会保障[②]和移民工人保护等方面[③]。国际金融机构在制定劳工标准时有相当大的自主权,往往体现自身的政策偏好。

2. 国际金融机构劳工标准之所及:适用范围

国际金融机构的劳工标准适用于谁?哪些工人可以受到保护?管辖联系是什么?确定国际金融机构劳工标准边界的标准是什么?确定适用范围往往涉及经济、法律和政治因素。

国际金融机构的管辖联系是项目融资。问题在于是否所有在项目中工作或为项目工作的人都要受到保护?毫无疑问,借款人为实施项目而直接签约的工人,即"直接工人",应受到国际金融机构劳工标准的保护。然而直接工人通常只占项目总劳动力的一小部分。世界银行在《环境和社会框架》初稿中将劳工标准的适用范围限制在借款国雇用的直接工人,受到了多方的批评,因为这种形式主义的做法使得劳工标准将大量的工人排除在保护范围内。[④] 同时,借款人可以通过项目外包和使用派遣工人来轻易规避其劳工责任。

许多国际金融机构明确将其劳工标准适用于合同工人,即由第三方雇用、在项目中工作、并为项目实施承担某些职能的工人。合同工人通常享有与直接工人同等的保护。此外,借款人还应当付出额外的努力以保障合同工人的利益,包括审慎地选择合法和可靠的第三方、监测第三方在劳工权利方面的表现、确保第三方为合同工人提供申诉机

---

① World Bank, "Environmental and Social Framework" (2016), p. 54.

② See EBRD, "Environmental and Social Policy" (12 November 2008), p. 23, http://ebrd.com/downloads/research/policies/2008policy.pdf (last visited on 1 September 2022).

③ See EIB, "Environmental and Social Handbook" (2013), p. 70.

④ ITUC/Global Unions, "Major Weaknesses in World Bank's Draft Labour Standards Safeguards" (22 July 2014), p. 4; France, "French Non-paper on the Bank's Safeguards Review" (April 2015); Germany, "German Comments on the World Bank Safeguards Review" (April 2015); World Bank, "United States Comments on World Bank Safeguards Review-Phase 2" (26 March 2015), https://home.treasury.gov/system/files/206/2015-3-26-USG-Comments-on-Draft-WB-ESF-final.pdf (last visited on 1 September 2022).

制等。[①]

合同工人并非借款人的项目雇员，然而根据他们的工作对项目实施作出的有效贡献可以被纳入国际金融机构劳工标准的适用范围。但是，一个项目可能涉及数千份与第三方签订的服务采购合同，这是现代社会分工和专业化的逻辑。以贡献作为检验标准有可能不合理地扩大了劳工标准的适用范围。显然不是所有的工人，即使是在现场提供服务的工人，都属于合同工人。那么，应该以何种标准区分那些受保护的工人和不受保护的工人？从实践来看，"核心职能"检验标准得到了广泛接受。欧洲复兴开发银行将合同工的范围限制在"从事与项目核心职能直接相关的工作"的人。[②] 世界银行也采用了相同的定义。[③] 国际金融公司采用了"核心业务流程"的措辞，但其实际意义与"核心职能"在实践中是一样的。根据世界银行的定义，一个项目的"核心职能"是对某一具体项目活动至关重要的生产和/或服务流程，没有这些流程，项目就无法继续。[④] 这意味着，只有那些对企业或项目的运作至关重要的工人才有资格成为合同工人。当然，在实践中，什么是核心职能、谁在为核心职能服务仍然是可以商榷的。国际金融机构也正在努力寻找合理和平衡的方法。

争议最大的是劳工标准是否应该适用于"供应链工人"。国际金融公司在 2006 年的《绩效标准》中首次要求其借款人处理供应链中的劳工问题。国际金融公司将借款人的责任限缩在向劳动密集型产业的供应商询问童工和强迫劳动的情况。[⑤] 2008 年，欧洲复兴开发银行也采用了同样

---

① See IFC, "Performance Standards on Social & Environmental Sustainability" (1 January 2012), p. 5, https://www.ifc.org/wps/wcm/connect/24e6bfc3-5de3-444d-be9b-226188c95454/PS_English_2012_Full-Document.pdf?MOD=AJPERES&CVID=jkV-X6h (last visited on 1 September 2022).

② EBRD, "Environmental and Social Policy" (12 November 2008), p. 25, http://ebrd.com/downloads/research/policies/2008policy.pdf (last visited on 1 September 2022).

③ World Bank, "Environmental and Social Framework" (2016), p. 52.

④ Ibid.

⑤ See IFC, "Performance Standards on Social & Environmental Sustainability" (1 January 2012), p. 10, https://www.ifc.org/wps/wcm/connect/24e6bfc3-5de3-444d-be9b-226188c95454/PS_English_2012_Full-Document.pdf?MOD=AJPERES&CVID=jkV-X6h (last visited on 1 September 2022).

的规定。2012 年国际金融公司将其对供应链工人的保护扩大到了工作场所安全问题。同时,国际金融公司还增加了一项限制,只涵盖初级供应链。[①] 借款人是否有能力充分应对这些风险取决于借款人对其主要供应商的管理控制或影响程度。[②] 因此,借款人可要求主要供应商采取适当步骤,纠正雇佣童工、强迫劳动或不安全的工作条件等现象,在必要时可将业务转移给负责任的供应商。

要求借款人将劳工标准在一定范围内适用于"供应链工人",对于私营部门来说,不过是进一步强化和拓展了其企业社会责任,审慎选择供应链,具有一定的合理性与可行性。然而,将这一制度机械地照搬到主权贷款方面,其可行性是非常值得怀疑的。首先,就主权贷款而言,借款国在劳工权利保护方面具有主权性质。借款国可以通过立法、行政和司法手段解决雇佣童工、强迫劳动和安全工作条件等问题。从主权者的角度,国内供应商与其他法律主体之间并无区别,均有义务遵守相关国内法。将借款国的主权性降低为市场主体性,颇不可取。其次,对于供应链工人而言,国际金融机构的劳工标准通常要求借款国承担相对软性的义务,如尽职调查、调研、在发生持续违规的情况下更换供应商等。这些规定完全忽视了借款国的主权属性。在发生雇佣童工和强迫劳动的情况下,主权国家应根据其国内法追究供应商的行政和刑事责任,而不仅仅是用商业决策来更换供应商。因此,目前的制度可能会削弱而不是加强对工人的保护。最后,正如中国和印度在就世界银行的《环境和社会框架》进行磋商期间所指出的,对于发展中国家而言,许多供应商来自国外,借款国极难

① See IFC, "Performance Standards on Social & Environmental Sustainability" (1 January 2012), p. 6, https://www.ifc.org/wps/wcm/connect/24e6bfc3-5de3-444d-be9b-226188c95454/PS_English_2012_Full-Document.pdf?MOD=AJPERES&CVID=jkV-X6h (last visited on 1 September 2022).

② IFC, "Performance Standards on Social & Environmental Sustainability" (1 January 2012), https://www.ifc.org/wps/wcm/connect/24e6bfc3-5de3-444d-be9b-226188c95454/PS_English_2012_Full-Document.pdf?MOD=AJPERES&CVID=jkV-X6h (last visited on 1 September 2022). 在世界银行的《环境和社会框架》中可以找到几乎相同的表,参见 World Bank, "Environmental and Social Framework"(2016), p. 60。

监测外国供应商的实际劳动条件。[①]

同为国际金融机构的客户，主权国家和私营企业存在重大区别。将企业社会责任模式适用于公共机构贷款可能反而会对劳工权利保护产生不利影响，有必要重新考虑是否应将劳工保护标准适用于公共部门的供应链工人。

3. 劳工标准的政治性：以结社自由为例

国际劳工组织基本劳工标准虽然得到国际社会的广泛接受，但其内容和实施却在各成员国表现出巨大的差异。结社自由可能是劳动法领域最为敏感的政治权利。在不少国家，结社自由深植于自由主义的政治传统之中，该权利构成劳工保护的核心。在瑞典、芬兰、丹麦等国，制度化的工会有效地保护了劳工权利。[②] 然而，在其他一些国家，结社自由并不是纯粹的劳工权利问题，其行使受到法律和实践的限制。[③] 此种限制可能包括成立工会需要事先获得批准或登记。不少国家尚未批准《结社自由和保护组织权利公约》(第 87 号)或《组织权利和集体谈判权利原则的实施公约》(第 98 号)，这也表明了各国对结社自由持不同立场。在国际劳

---

① 中国政府于世界银行在中国举行的咨询会议上发布了自己的意见，参见"Review and Update of the World Bank's Environmental and Social Safeguard Policies, Phase 3, Feedback Summary: Consultative Meeting with Provincial Governments" (Kunming, 29 October 2015), https://consultations. worldbank. org/sites/default/files/consultation-template/review-and-update-world-bank-safeguard-policies/ar/meetings/final_feedback_summary_for_phase_3_consultation_with_chinese_provincial_governments_and_pmos_in_yunnan_october_29. pdf (last visited on 1 September 2022)。印度政府的立场请见"Review and Update of the World Bank's Environmental and Social Safeguard Policies, Phase 3, Feedback Summary: Consultative Meeting with Indian Governmental Officials" (New Delhi, 5-6 November 2015), https://consultations. worldbank. org/sites/default/files/consultation-template/review-and-update-world-bank-safeguard-policies/en/meetings/final_feedback_summary_for_phase_3_consultation_with_indian_ministries_state_governments_and_pias_november_5-6. pdf (last visited on 1 September 2022)。

② See, for example, Reinhold Fahlbeck & Bernard Johann Mulder, *Labour and Employment Law in Sweden*, Lund: Juristförlaget i Lund, 2009, pp. 16-18.

③ 参见国际劳工组织关于结社自由的全球报告中的意见，ILO, "Freedom of Association in Practice: Lessons Learned, Global Report under the Follow-up to the ILO Declaration on Fundamental Principles and Rights at Work" (International Labour Conference, 97th Session, 2008), p. 11。

工组织的八项基本劳工公约中,这两项公约得到批准的数量最少。[①]

国际金融机构最初对结社自由的态度也非常谨慎。国际金融机构处理的劳工权利范围有限,往往限于安全工作条件、禁止童工或强迫劳动,没有明确提到结社自由。正如国际劳工组织前法律顾问弗朗西斯·莫潘(Francis Maupin)所指出的那样:“结社自由和集体谈判一直被视为可能被世界银行的活动所促进的公民权利。但世界银行仍然认为,积极促进这些权利不在它的职权范围之内,如果这些权利可能会干扰经济效益就更是如此”[②]。这种观念的形成有特定的意识形态背景,传统经济学理论认为,工会在一定程度上是搭便车者。[③] 此外,许多发展中国家对结社自由持保守立场,国际金融机构被禁止干涉借款国的政治事务。2014 年世界银行提出《环境和社会框架》初稿时,情况依然如此。在其关于劳动和工作条件的标准中,世界银行避免在其目标中提及结社自由。并且,世界银行对借款国的立场采取了遵从态度,只有在借款国的国内法承认结社自由的情况下,世界银行才会在该国支持结社自由。[④]

世界银行的谨慎做法受到了非政府组织、劳工问题专家、国际劳工组织和发达国家的激烈批评。[⑤] 他们的主要观点归纳如下。第一,所有核

---

① 截至 2022 年 8 月月底,已有 157 个国家批准了国际劳工组织第 87 号公约,参见 http://ilo. org/dyn/normlex/en/f? p = NORMLEXPUB: 11300: 0:: NO: 11300: P11300_INSTRUMENT_ID:312232:NO (last visited on 1 September 2022);另有 168 个国家批准了国际劳工组织第 165 号公约,http://ilo. org/dyn/normlex/en/f? p=NORMLEXPUB: 11300:0::NO:11300:P11300_INSTRUMENT_ID:312243:NO (last visited on 1 September 2022)。这一数据远远低于其他 6 个国际劳工组织基本公约。相比之下,《关于禁止和立即行动消除最有害的童工形式公约》(第 182 号)迄今已有 187 个国家批准。

② Francis Maupain, *The Future of the International Labour Organization in the Global Economy*, Oxford: Hart Publishing, 2013, p. 78.

③ 这曾是世界银行的主流观点,参见 Hannah Murphy, “The World Bank and Core Labour Standards: Between Flexibility and Regulation”, 21 *Review of International Political Economy* 399 (2014), pp. 405, 417。

④ World Bank, “Environmental and Social Framework: Setting Standards for Sustainable Development, First Draft for Consultation” (30 July 2014), https://megplanning. gov. in/circular/World%20Bank%20Environment%20and%20Social%20Framework. pdf (last visited on 1 September 2022).

⑤ See World Bank, “‘Safeguard Policies’ Review Consultations: Nordic Baltic Position as of February 23, 2015”, https://consultations. worldbank. org/sites/default/files/consultation-template/review-and-update-world-bank-safeguard-policies/submissions/nordic_baltic_comments_of_27_feb_2015. pdf (last visited on 1 September 2022).

心劳工标准都是不可分割的,它们作为一个整体构成了保护工人的底线,没有理由将结社自由与其他标准割裂开。第二,结社自由和集体谈判在本质上是政治权利,其他核心劳工标准同样具有政治性,不能因为结社自由的政治性而理直气壮地将其排除在外。第三,世界银行的沉默立场可能被解释为允许对寻求行使结社自由的工人采取压制或报复措施。[①] 第四,只要国家是国际劳工组织的成员国,其就有推进核心劳工标准的义务。[②] 因此,世界银行和主权国家都不应根据国内法拒绝落实对结社自由的保护。[③]

在第一轮咨商后,世界银行很快屈服于这种压力。世界银行在《环境和社会框架》第二稿中转而采取了相反的立场,无条件地支持结社自由,将其作为其劳工政策的一部分。这一立场的彻底改变引起了发展中国家的高度关注。中国等国家建议,结社自由和集体谈判的行使应符合借款国的国内法。[④] 也有国家提出,有关结社自由和集体谈判的安排应具体化,以免阻碍项目的实施。[⑤] 最终,世界银行决定"以符合国内法的方式支持项目工人结社自由和集体谈判的原则"[⑥]。这一表述在 2016 年写入

---

① ITUC/Global Unions, "Major Weaknesses in World Bank's Draft Labour Standards Safeguards" (22 July 2014), pp. 2-3.

② ILO, "Declaration on Fundamental Principles and Rights at Work and its Follow-up", adopted by the International Labour Conference at its Eighty-sixth Session (Geneva, 18 June 1998).

③ ITUC/Global Unions, "Major Weaknesses in World Bank's Draft Labour Standards Safeguards" (22 July 2014), pp. 2-3.

④ 关于中国的意见,参见 World Bank, "Review and Update of the World Bank's Environmental and Social Safeguard Policies, Phase 3, Feedback Summary: Consultative Meeting with provincial Governments" (29 October 2015), https://consultations. worldbank. org/sites/default/files/consultation-template/review-and-update-world-bank-safeguard-policies/ar/meetings/summary_ us _ consultation _ washington _ dc _ feb _ 2016. pdf (last visited on 1 September 2022)。

⑤ World Bank, "Comments/Observations of the Government of Bangladesh on the World Bank's Environmental and Social Safeguard Framework and other Related Documents" (January 2016), https://consultations. worldbank. org/sites/default/files/consultation-template/review-and-update-world-bank-safeguard-policies/submissions/comments_from_govt_of_bangladesh_on_essf-01_12_15. pdf (last visited on 1 September 2022).

⑥ World Bank, "Summary of Phase 3 Consultations and Bank Management Responses", p. 22.

了世界银行《环境和社会政策》的最终文本。[①]

四、国际金融机构劳工标准与国际劳工标准：互补抑或竞争

国际金融机构的跨国劳工标准与国际劳工组织制定的国际劳工标准之间是何种关系，这是一个值得高度关注的理论与学术问题。具体来说，当国际金融机构劳工标准纳入国际劳工标准时，是否应当援引国际劳工组织的基本劳工公约及其1998年《宣言》？又或者，国际金融机构的劳工标准在阐明和借用国际劳工标准时，无须诉诸国际劳工组织的具体文件？

在这个关键问题上，国际金融机构的做法不一。制定了全面劳工标准的国际金融机构往往充分参照国际劳工组织的基本劳工公约。以国际金融公司2006年《绩效标准》为例，国际金融公司明确承认其劳工标准"在一定程度上遵循了通过国际劳工组织和联合国谈判达成的一些国际公约"，在脚注中还详细列举了国际劳工组织的所有八项基本劳工公约。[②] 欧洲复兴开发银行2008年《环境和社会政策》和非洲开发银行集团2013年《综合保障制度》也大致如此。而其他只规定了简单劳工标准的国际金融机构则往往避免明确提及国际劳工公约，如北欧投资银行2012年《可持续发展指南》。此外，是否援引国际劳工公约往往还与国际金融机构的贷款对象有关。那些主要或完全与私营部门合作的国际金融机构更倾向于援引国际劳工公约。相反，那些主要从事主权贷款的国际金融机构在援引国际劳工公约时则更为谨慎。

是否明文援引国际劳工公约和文件并不是一个形式或理论上的问题，而是将在很大程度上影响到国际金融机构劳工标准的规范运作及其权威。国际金融机构的劳工标准是否是对国际劳工组织既有劳工标准的

---

① "以符合国内法的方式"这一表述受到了国际劳工组织的严厉批评，理由是这样的表述："削弱了国际劳工组织187个成员国所坚持的普遍原则，并危及实现这一目的的目标"。参见ILO, "Statement on the World Bank Environmental and Social Policy" (8 August 2016), http://www.ilo.org/global/about-the-ilo/newsroom/statements-and-speeches/WCMS_508328/lang—en/index.htm (last visited on 1 September 2022)。

② IFC, "Performance Standards on Environmental and Social Sustainability" (1 January 2012), Performance Standard 2 Labor and Working Conditions, para. 2.

简单移植？如果对某些劳工标准出现意见分歧，国际金融机构是否必须诉诸国际劳工组织公约、通过实践来寻求正确的解释？还是说，国际金融机构劳工标准的法律权威来自国际金融机构本身，并因此构成一套独特的劳工标准体系？国际金融机构是否有权创设自己的机构标准和判例？

在世界银行起草其劳工标准时，一些西方国家要求世界银行将其劳工标准与国际劳工组织的各项公约联系起来。[①] 美国敦促世界银行在标准中援引国际劳工组织 1998 年《宣言》。[②] 国际劳工组织也积极游说世界银行在《环境和社会框架》中援引国际劳工公约。援引国际劳工公约的优点是多方面的：可以赋予国际金融机构劳工标准的内容一个可靠的规范渊源；援引国际劳工组织的标准可以避免重开许多在起草国际劳工公约时已经结束的讨论；由于国际金融机构并不是专门从事劳工保护的机构，借用国际劳工组织的专长是较好的方案；由于国际劳工组织的标准是国际社会广泛接受的标准，援引国际劳工公约有利于促成劳工标准的统一适用。

但是，对于将国际劳工公约纳入世界银行《环境和社会框架》的建议，发展中国家抱有疑虑。发展中国家的主要关切是，这可能相当于绕过条约批准程序，在事实上强制执行国际劳工公约。[③] 换句话说，一旦世界银行《环境与社会政策》援引了基本劳工公约，借款国即便没有参加相关公约，也有可能因此被要求强制执行尚未批准的劳工公约。国际劳工组织推广劳工标准的传统路径是依靠各国自愿批准劳工公约，而是否批准一项公约纯属主权国家的自由判断。但是，如果国际金融机构的劳工标准

---

① World Bank "Review and Update of the World Bank's Environmental and Social Safeguard Policies, Phase 2, Feedback Summary: Consultative Meeting with Consultation with Government Officials from Belgium and the Netherlands" (Brussels, 10 November 2014), https://consultations.worldbank.org/sites/default/files/consultation-template/review-and-update-world-bank-safeguard-policies/en/meetings/safeguard_review_phase_2_consultations_2014_-_feedback_summary_brussels_government_and_multilaterals_meeting_november_10.pdf (last visited on 1 September 2022).

② World Bank, "United States Comments on World Bank Safeguards Review-Phase 2" (26 March 2015), https://home.treasury.gov/system/files/206/2015-3-26-USG-Comments-on-Draft-WB-ESF-final.pdf (last visited on 1 September 2022).

③ 例如，亚洲开发银行认为核心劳工标准自动在借款国国内适用。"国际公认之劳工标准一旦获得批准，也是发展中国家立法框架的一部分。而核心劳工标准不需要明确批准就能成为一国立法框架的一部分。"See ADB, "Social Protection Strategy" (2001)。

援引了国际劳工公约,那么,无论借款国是否批准了有关公约,都有义务以客户的身份在世界银行资助的项目上落实有关劳工标准。因此,在咨商过程中中国建议世界银行仅提及一般原则,而不是具体的国际劳工公约。①

是否明文援引国际劳工公约和文件还有另一个重要的政治与机构维度。它不仅对国际金融机构劳工标准的实施具有规范意义,而且对国际金融机构与国际劳工组织之间的关系也具有重要意义。在全球范围内制定一套以国际劳工组织为中心的统一的劳工标准符合国际劳工组织的利益。国际金融机构和其他组织援引国际劳工条约有助于增强国际劳工组织在全球劳工事务上的权威性。在一定程度上,既强化国际劳工组织的作用,也符合国际社会的整体利益。② 在国际劳工组织之外发展一套自成一体的跨国劳工标准可能构成对国际劳工标准的竞争,削弱国际劳工组织在制定劳工标准的权威性。早在1994年,国际劳工组织官员就注意到,国际劳工组织正面临着"机构竞争""标准竞争""愿景竞争"的严峻挑战。③

从机构竞争的角度来看,可以更好地理解世界银行和国际劳工组织之间在制定劳工标准问题上的龃龉。世界银行最终在其《环境和社会框架》中决定不直接援引国际劳工组织的任何文件。④ 在解释其决定时,世界银行非常明确地表示,这样一个政治决定是考虑了劳工标准和世界银行的自主性。"世界银行的管理层认为,对世界银行和借款国遵守《环境

---

① World Bank, "Review and Update of the World Bank's Environmental and Social Safeguard Policies, Phase 3, Feedback Summary: Consultative Meeting with Chinese Governmental Officials" (Beijing, 27 October 2015), https://consultations.worldbank.org/sites/default/files/consultation-template/review-and-update-world-bank-safeguard-policies/en/meetings/final_feedback_summary_for_phase_3_consultation_with_chinese_central_government_and_institutions_in_beijing_october_27.pdf (last visited on 1 September 2022).

② 例如,1996年在新加坡举行的世贸组织部长级会议,作为世贸组织内部贸易和劳工辩论的初步结论,明确支持国际劳工组织作为"制定和处理"核心劳工标准的主管机构的领导作用。See WTO, "Singapore Ministerial Declaration" (13 December 1996), https://www.wto.org/english/thewto_e/minist_e/min96_e/wtodec_e.htm (last visited on 1 September 2022)。

③ Lee Swepston, "The Future of ILO Standards", 117 *Monthly Labour Review* 16 (1994).

④ 世界银行对外部机构的态度一贯是保守的。一个众所周知的例子是,世界银行明确表示不认可联合国安理会根据《联合国宪章》第七章采取行动的决议具有约束力。

和社会框架》的要求应该是独立的，作出这一判断不应该需要参考外部资料。”[①]国际劳工组织对此深感失望。在世界银行公布其《环境和社会框架》后，国际劳工组织立即公开表示了不满。国际劳工组织称：“从一开始，国际劳工组织就对世界银行管理部门决定不在《环境和社会框架》中直接援引国际劳工组织的核心劳工公约表达了关切。”[②]

世界银行的做法凸显了国际金融机构制定之劳工标准的自主性质。国际金融机构劳工标准的法律效力并不依赖于国际劳工公约或其他规范性文件，其实质内容也不受国际劳工公约的定义或限制。国际金融机构劳工标准构成了一套独立的、自成体系的劳工标准，具有独特的渊源、程序和机制。这些劳工标准强化了全球和跨国层面对劳工权利的承认，与传统上以国际劳工组织为中心的国际劳动法并行不悖。因此，不宜将国际金融机构的劳工标准视为对现有国际劳工标准的简单重复；即便两者在实体内容上可以是高度相似甚至是相同的，但国际金融机构劳工标准不仅拓展了国际劳动法的适用领域，还可能在实体标准上展开竞争。

在根本上，世界银行与国际劳工组织之间的分歧不在于实际的劳工标准，而在于谁有权在日益全球化的世界中设定劳工保护。虽然国际劳工组织的权威得到国际社会的高度认可，但世界银行拒绝承认国际劳工组织在劳工标准方面拥有垄断性的发言权。换言之，在世界银行看来，在劳工标准问题上国际劳工组织的权威性并不比世界银行优越。可以预见，世界银行与国际劳工组织在未来会持续开展合作。在国际劳工组织的协助下，世界银行有可能结合自身的劳工政策和项目实施经验，建构自身在劳工保护方面的专业知识和专家团队。

---

① World Bank, “World Bank Safeguard Policies Review and Update: Summary of Phase 2 Consultations and Bank Management Responses” (July 2015), https://consultations.worldbank.org/Data/hub/files/consultation-template/review-and-update-world-bank-safeguard-policies/en/phases/clean_summary_of_phase_2_consultations_and_bank_management_reponses_final_draft_for_consultation_july_1_2015.pdf (last visited on 1 September 2022).

② ILO, “Statement on the World Bank Environmental and Social Policy” (8 August 2016), http://www.ilo.org/global/about-the-ilo/newsroom/statements-and-speeches/WCMS_508328/lang—en/index.htm (last visited on 1 September 2022).

五、纳入劳工标准的问题和挑战

1. 意识形态维度:新自由主义与权利视角之间的张力

国际金融机构要在业务活动中纳入劳工标准,面临的挑战不仅是制度层面的,还有意识形态和哲学理论层面的。对于国际金融机构而言,最为困难的是如何将劳工保护纳入国际金融机构所奉行的经济理论。长期以来,国际金融机构都奉行新自由主义经济理论。劳动力视为生产要素,新自由主义理论主张,要提高生产效率就有必要增加劳动力市场的灵活性,并将社会保障维持在较低水平。新自由主义经济理论使得国际金融机构在劳工保护问题上极为消极和保守。

世界银行出版物《营商环境报告》中的"雇用工人指标",在国际社会引发了广泛的争议,就是一个很好的例证。[①]《营商环境报告》是世界银行2004年推出的旗舰出版物,旨在用量化指标衡量世界各地的营商环境。在其早期,"雇用工人指标"主要衡量雇用和解雇工人的难易程度以及工人的就业条件。它的基本思路是严格的劳动法规制会减少就业,并最终减缓生产力的发展。[②] 因此,一个国家的劳动法规制越是严格、越有利于保护劳工,就越是妨碍该国在《营商环境报告》上的排名。[③] 世界银行在劳动力市场方面的改革建议措施包括引入兼职、固定期限的劳动合同以及降低年轻工人的最低工资等。[④]

世界银行的上述评价指标引发了国际劳工组织、国际工会联盟和劳动法学者的激烈抗议。[⑤] 国际劳工组织批评雇用工人指标存在方法论上

---

① 关于该出版物的争议,参见 Hannah Murphy, "The World Bank and Core Labour Standards: Between Flexibility and Regulation", 21 *Review of International Political Economy* 399 (2014)。

② See World Bank, "Doing Business in 2004", p. 29.

③ 关于排名背后的知识政治以及关于营商环境指标的案例研究,参见 Kevin E. Davis et al., "Indicators as a Technology of Global Governance", 46 *Law and Society Review* 71(2012)。

④ See World Bank, "Doing Business in 2004", p. 30.

⑤ See Yaraslau Kryvoi, "The World Bank and the ILO: Two Visions of Employment Regulation", in Roger Blanpain & Claire Grant (eds.), *Fixed-term Employment Contracts: A Comparative Study*, Alphen aan den Rijn: Wolters Kluwer, 2009, pp. 47-59.

的缺陷,并表示担心该排名会系统性地“阻碍各国批准和遵守国际劳工公约和建议”[①]。国际工会联盟认为“雇用工人指标”暗含着对劳动规制的固有偏见,世界银行的指标削弱了对工人的保护。[②] 作为回应,世界银行作出让步,承诺将采取更平衡的评价方法,与国际劳工组织的核心劳工标准更好地保持一致[③],并随后扩大了衡量营商环境的标准,纳入了包括工作质量等保护劳工措施的考虑因素。自 2011 年起,《营商环境报告》已将劳动规制从排名的衡量标准中删除,仅仅作为参考性附件列入该出版物。由于 2018 年和 2020 年《营商环境报告》被发现存在数据违规和造假等问题,世界银行自 2021 年起停止发布《营商环境报告》。

可以说,新自由主义理论和劳工权利保护之间的差异是结构性的。国际金融机构对待工会的态度是另一个有力的证明。在世界银行看来,工会是搭便车者。[④] 国际货币基金组织也持有同样的观点。[⑤] 在本质上,从经济效率维度来看,经济学理论很难对工会的角色作出正面评价。[⑥] 在 2017 年国际货币基金组织对其社会政策的评估报告中,国际货币基金组织的工作人员承认,国际货币基金组织和国际劳工组织虽然开展了合作项目,但是两个机构的工作人员“说的不是同一种语言”[⑦]。

因此,要将劳工保护充分纳入国际金融机构的业务活动,在根本上需

---

① See International Labour Office, “The United Nations and Reform: Developments in the Multilateral System, World Bank Doing Business Report: The Employing Workers Indicator” (November 2007), GB. 300/4/1.

② ITUC/Global Unions, “The IFIs' Use of Doing Business to Eliminate Workers' Protection: Analysis of Doing Business 2008 and New Country Evidence” (2007), https://www.ituc-csi.org/IMG/pdf/doing_business.pdf (last visited on 1 September 2022).

③ See World Bank, “Doing Business 2010”, pp. 22-23; World Bank, “Doing Business 2011”, p. 94.

④ See Hannah Murphy, “The World Bank and Core Labour Standards: Between Flexibility and Regulation”, 21 *Review of International Political Economy* 399 (2014), pp. 405-417.

⑤ See Franz Christian Ebert, “International Financial Institutions' Approaches to Labour Law: The Case of the International Monetary Fund”, in Adelle Blackett & Anne Trebilcock (eds.), *Research Handbook on Transnational Labour Law*, Cheltenham: Edward Elgar, 2015, pp. 124-137.

⑥ See Friedrich A. von Hayek, *The Constitution of Liberty*, Chicago: University of Chicago Press, 2011, pp. 388-391.

⑦ IMF, “The IMF and Social Protection: 2017 Evaluation Report”, p. 30.

要重新定义其主导的经济理论和思维,将劳工保护重新定义为固有收益,不再将劳工视为纯粹的生产要素,而是确认为是经济活动赖以存在的基础价值之一。换句话说,国际金融机构必须将劳工保护纳入其经济工作,作为其基本经济理念的重要组成部分。这实际上意味着要改写主流经济学理论,属实是一项艰巨的任务。①

2. 合宪性维度:劳工保护的法律基础问题

国际金融机构对缔约方劳工保护的干预涉及其政策的合宪性问题。国际金融机构的政策制定和业务活动,特别是在涉及缔约方重大利益的情况下,必须以国际金融机构的章程性文件规定之权力为基础。否则,国际组织的越权行为不仅会受到缔约方的反对,而且会引起国际法规定的不法行为责任问题。②

首先,多数国际金融机构的章程都没有明确规定其涉足劳工问题或一般环境和社会政策的宪法授权。除了个别例外③,国际金融机构往往被赋予一个形式上中立的、纯粹的金融机构角色。对国际金融机构的角色与职权的狭隘解释妨碍其直接干预缔约方的劳工政策。2017 年国际货币基金组织对其社会政策的评估报告也印证了上述判断。根据该报告,国际货币基金组织工作人员对组织的社会保护倡议表示怀疑,并质疑这一倡议与国际货币基金组织职能的相关性。④ 同样,20 世纪 70 年代世

---

① 例如,1992 年出版的《发展与环境》极大地促进了环境保护在世界银行政策中的整合,该书"以一种(世行内外的)经济学家都能理解的语言提出了环境问题"。See Robert Wade, "Greening the Bank: The Struggle over the Environment, 1970-1995", in Devesh Kapur et al. (eds.), *The World Bank: Its First Half Century, Volume 2: Perspectives*, Washington D. C., Brookings Institution Press, 1997, pp. 712-713.

② See ILC, "Draft Articles on the Responsibility of International Organizations, with Commentary", in *United Nations International Law Commission Report on Work of Its Sixty-third Session* (26 April to 3 June and 4 July to 12 August 2011), UN Doc. A/66/10, pp. 54-172.

③ 其中,欧洲复兴开发银行是一个众所周知的例外,其宗旨是"帮助和支持东欧、中欧国家向开放的市场经济转化,调动上述国家中个人及企业的积极性"。See EBRD, Agreement Establishing the European Bank for Reconstruction and Development, Art. 1, entered Into Force on 28 March 1991。

④ IMF, "The IMF and Social Protection: 2017 Evaluation Report", p. 30.

界银行首次推出其环境政策时，在内部也遭到了质疑。①

其次，许多国际金融机构的章程中都规定了不干涉条款。例如，世界银行在其决策中不得考虑"政治或其他非经济影响或考虑"②。同样，国际金融公司也被禁止干涉任何成员的政治事务，在其业务决策中只允许权衡经济因素。③ 同样的原则也适用于亚洲开发银行和亚洲基础设施投资银行。④ 不干涉原则在劳工规则方面尤为重要，因为劳工问题一向被认为是国内问题。国际金融机构的任何干预都需要具有令人信服的理由和坚实的法律依据。

再次，国际金融机构以高度务实的方式审慎逐步地推进其社会政策。国际金融机构对劳工的保护大多是借着可持续性的概念发展起来的。⑤ 环境和社会可持续性被认为是"稳定经济"概念的隐含条件。可持续的私营部门发展和减少贫困之间存在联系，国际金融公司据此来证明其环境和社会政策的合理性。⑥ 世界银行则强调，社会发展与世界银行结束极端贫困和促进共同繁荣的目标具有相关性，以此来说明其涉足劳工保护的理由。少数国际金融机构被赋予了有限地纳入劳工政策的宪法权限。例如，亚洲基础设施投资银行被其章程赋予了制定环境和社会政策的权

---

① See Robert Wade, "Greening the Bank: The Struggle over the Environment, 1970-1995", in Devesh Kapur et al. (eds.), *The World Bank: Its First Half Century, Volume 2: Perspectives*, Washington, D. C.: Brookings Institution Press, 1997, pp. 626-627.

② IBRD, Articles of Agreement of the International Bank for Reconstruction and Development art 3. 05(b), entered into force on 27 December 1945.

③ IFC, Articles of Agreement of the International Financial Corporation art 3. 9, entered into force on 20 July 1956.

④ ABD, Articles of Agreement of the Establishing Asian Development Bank art 36(2), entry into force on 4 December 1965; AIIB, Articles of Agreement of the Asian Infrastructure Investment Bank, art 31(2), entered into force on 25 June 2015.

⑤ 有学者还注意到，随着劳工政策的实施，国际金融机构开始将其保障政策重新命名为可持续性政策或环境和社会政策，这表明一种方法的范式转变。关于该主题在国际金融公司背景下的精彩阐述，参见 Christopher Wright, "From 'Safeguards' to 'Sustainability': The Evolution of Environmental Discourse inside the International Financial Corporation", in Diane Stone & Christopher Wright (eds.), *The World Bank and Governance: A Decade of Reform and Reaction*, London: Routledge, 2007, pp. 67-87。

⑥ IFC, "Policy on Social & Environmental Sustainability" (30 April 2006), p. 1.

限。[①] 而欧洲复兴开发银行试图将其社会政策建立在促进"无害环境和可持续发展"的宪法承诺之上。[②] 欧洲投资银行则强调其作为欧盟金融机构的法律性质,试图使其环境和社会政策与欧盟的环境、人权和社会政策保持一致。[③] 当前的普遍看法是,除了少数明确授权的情况之外,国际金融机构参与劳工政策的宪法基础仍然是相对薄弱的,而且也不乏争议。

最后,国际金融机构的劳工标准从在技术和道德上最没有争议的领域开始,通常是安全工作条件和禁止强迫劳动。国际金融机构的环境和社会政策通常建立"不为害"(no harm)方法之上,旨在防止和补救国际融资的不良外部影响。2006 年国际金融公司在解释其环境和社会政策时明确承认了这种"不为害"理念。[④] 这种"不为害"理念使得国际金融机构的社会政策不仅必要,而且正当。借助环境与社会政策的概念,在过去的二十年里,国际金融机构的劳工标准清单急剧扩张,广泛涉及多方面劳工权利。在 2016 年,世界银行宣布了在环境与社会政策方面一个更具雄心的立场,誓言要超越"不为害"的方法。可以推测,世界银行今后在制定和推进社会政策方面可能会更加激进。这也可能会使得国际金融机构的劳工政策和其他社会政策的合宪性再次成为国际社会争论的焦点。

3. 制度层面:专业知识和能力建设

国际金融机构在制定劳工标准方面作出的努力引人注目,但在项目中落实这些标准对国际金融机构来说是一项艰巨的任务。当今时代全球治理主要是通过专业技术和知识来实现的。[⑤] 国际金融机构在评估项目风险、监督项目实施等方面,迫切需要积累劳动法知识和相关专业人才。世界银行在其《2012—2022 年社会保护和劳工战略》中"强调了知识在

---

① "银行应确保其每项业务符合银行的业务和财务政策,包括但不限于应对环境和社会影响的政策。"AIIB, Articles of Agreement of the Asian Infrastructure Investment Bank, art 13 (4), entry into force on 25 June 2015.

② EBRD, Agreement Establishing the European Bank for Reconstruction and Development, art 2. 1 (vii), entry into force on 28 March 1991.

③ EIB, "Environmental and Social Policy"(2009), p. 5.

④ IFC, "Policy on Social & Environmental Sustainability" (30 April 2006), p. 2.

⑤ 有学者从知识/权力的角度对世界银行环境政策开展了深入的研究,参见 Michael Goldman, *Imperial Nature*: *The World Bank and Struggles for Social Justice in the Age of Globalization*, New Haven: Yale University Press, 2005。

《社会保护和劳工战略》实践中的核心重要性,特别是通过《社会保护和劳工战略》进行关于何为有效保护、如何进行保护的南南对话”。[①]

过去十几年,国际金融机构在持续投入以便获取有关劳工保护的专业知识。例如,2005 年欧洲复兴开发银行“举办了一系列关于劳工问题的培训讲习班”,有 125 人在该银行的总部参加。[②] 2007 年,欧洲复兴开发银行为其环境和可持续发展部的全体员工举办了为期两天的劳工问题培训课程。[③] 世界银行也开始招聘劳工专家,以协助其在劳工保护方面的工作。世界银行还成立了一个独立的劳工部门。国际金融机构和国际劳工组织之间的机构间合作可望在今后继续加强。

在某种程度上,纳入劳工保护是对国际金融机构在知识和机构方面的重塑。倘若国际金融机构真诚地将环境和社会可持续性作为其核心价值,可能推动国际金融机构内部文化的悄然改变。

4. 执行层面:政府和私营部门的区分

在国际金融机构制定和实施劳工标准时,政府和私营部门之间的差异尚未得到充分重视。主权国家和私营公司在法律性质、能力、影响力、资源和可采取的措施等方面有着根本的不同。要求私营公司执行国际金融机构的劳工标准,通常不过是要求私营公司遵守东道国的法律。在大多数情况下,这不过是一个“善意遵守法律的要求”。相反,要求主权国家遵守国际金融机构的劳工标准,可能相当于把一套国际劳工标准强加给国家,本质上是“认真改变法律的要求”。

严格来说,世界银行的劳工政策仅仅针对受其资助的项目,但相关劳工标准的实施可能对借款国国内的劳工标准产生广泛影响。世界银行前首席法律顾问和环境与国际法小组负责人大卫·弗雷斯通(David Freestone)指出,在环境和社会政策领域,“许多借款国已经将这些宽泛

---

① World Bank, “Social Protection and Labor Strategy 2012-22: Resilience, Equity, and Opportunity”, https://documents1.worldbank.org/curated/en/443791468157506768/pdf/732350BR0CODE200doc0version0REVISED.pdf (last visited on 1 September 2022).

② See EBRD, “Sustainability Report 2005”, p. 18.

③ See EBRD, “Sustainability Report 2007”, p. 47.

的程序原则内化,并将其纳入国家法律”[①]。换句话说,在主权贷款的情况下,国际金融机构劳工标准的执行可能迫使一个主权国家进行法律改革和政策调整。用更高的劳工标准来换取贷款是主权国家要承担的现实风险。实践中,这对借款国和国际金融机构而言都是一种负担。国际金融机构与政府部门打交道自然会遇到来自借款国的很多阻力。国际金融机构在是否应该规定劳工标准以及规定什么程度的劳工标准等问题上长期持谨慎态度。

对于同时对政府和私营部门进行贷款合作的国际金融机构而言,有必要对不同类型的客户适用不同的劳工标准。值得肯定的是,亚洲基础设施投资银行的劳工标准采取了双轨制的做法。亚洲基础设施投资银行专门制定了处理“私营部门项目中的劳动管理关系”的条款,要求私营企业项目制定符合国家法律的劳工管理制度,包括及时支付工资、充分休息、公平待遇和不歧视、遵守结社自由和集体谈判的法律、便捷的申诉机制等。[②] 亚洲基础设施投资银行的做法是一个很好的例子,对政府和私营部门适用不同劳工标准的双轨制是行之有效的。

六、全球公共机构的兴起

在全球化时代,劳工保护问题成了突出的政治和社会问题。跨国层面出现了越来越多的劳工标准,国际金融机构参与劳工保护就是一个明显的例子。劳工标准在国际金融机构的政策文件中得到了承认和执行。劳工保护已经成为一个全球性的问题,渗透到国际政治的各个方面。劳工保护也成为一种能够产生行动合法性的赋权性政治语言。诸多国际行为者都主动或积极地参与全球劳工治理来赢取政治正当性。

随着国际金融机构从纯粹的经济角度转向治理的维度来理解发展,国际金融机构正在摆脱其纯粹的金融性质。通过关注环境保护和社会正

① David Freestone, *The World Bank and Sustainable Development: Legal Essays*, Leiden: Martinus Nijhoff Publishers, 2013, p. 49.

② AIIB, “Environmental and Social Framework” (February 2016), p. 36, https://www.aiib.org/en/policies-strategies/_download/environment-framework/20160226043633542.pdf (last visited on 1 September 2022).

义，国际金融机构正在变成公共权力的行使者，能够制定和执行自己的机构价值、原则和标准。参与劳工保护和其他社会政策正在将这些国际金融机构在性质上转变为全球治理的公共机构。

国际金融机构制定劳工标准并要求客户（无论是主权国家还是私营企业）予以实施，表明了国际金融机构所拥有的相当程度的影响力。这些劳工标准对所有客户不加区别地适用，能对借款人的劳工实践产生直接影响。诚然，国家和公司可以自由决定是否接受国际金融机构的贷款。然而，国际金融机构的贷款是极其稀缺的资源，在大多数情况下，能够获得国际金融机构的贷款是一种特权。对于国际金融机构的开发性贷款和赠款来说，尤其如此。一旦达成贷款协议，借款人就有义务在资助的项目中执行国际金融机构的劳工标准。在某种程度上，金融贷款是国际金融机构实现劳工标准全球化的有力杠杆。

此处“公共机构”的概念是在功能主义的逻辑中定义的。[①] 只要一个机构在政治层面上参与界定公共利益并提供公共服务，无论该机构的行为是否拥有章程的授权，该机构都可以被理解为在行使公共权力。国际金融机构的公共权力来自国际金融机构处理国际社会的公共事务这一事实本身。随着全球化的深化，环境保护、生物多样性保护、气候变化、劳工保护和其他社会问题日益超越国界，成为全球关注的问题。对这些公共事务的实际管理工作在全球范围内不断造就事实上的公权力机构。[②]

确定一个机构是否具有公共性质，通常采取形式主义的方法。根据通行的观点[③]，国际金融机构的公共性可以溯及其成立的法律基础。如果一个国际组织是在政府间层面建立的，那么就推定其对公共产品的责

---

① 关于公共机构的讨论，参见 Chris Thornhill, “Public Law and the Emergence of the Political”, in Cormac Mac Amhlaigh et al. (eds.), *After Public Law*, Oxford: Oxford University Press, 2013, pp. 25-55。

② 一位研究国家内部公法的学者也观察到类似的情况：“所有管理机构现在都要求其权威不是来自最初的管辖权授予，而是来自其有效履行公共（即社会）任务的能力。Martin Loughlin, *Foundations of Public Law*, Oxford: Oxford University Press, 2010, p. 462。

③ 有些人倾向于采取形式主义的方法，着眼于机构的法律基础。See Armin von Bogdandy et al., “Developing the Publicness of Public International Law: Towards a Legal Framework for Global Governance Activities”, *9 German Law Journal 1375* (2008), pp. 1383-1384。

献以及它的公共性质。全球管理机构本身往往被视为“公共实体”。[①] 国家的授权赋予了国际金融机构最初的合法性。然而,一个政府间国际组织也可以在性质上是私营机构。例如,国际锡业理事会由于经营不善在伦敦破产,并遭遇了一系列法律诉讼。[②] 一个国际组织的性质是公共的,还是私营的,在很大程度上取决于它所从事的工作和它为了谁的利益在行动。只要一个国际机构有能力并实际着手创造和管理公共产品,那么该机构就可以被视为是在行使公共权力。

国际金融机构参与全球公共治理可以从机构演变的角度来解读。[③] 虽然环境与社会事项大多没有被明文纳入机构职能,但是国际金融机构的管理权能往往以暗含权力的形式出现,并有赖于对章程的目的性和演进式解释。国际金融机构涉足劳工和社会政策的合宪性虽然值得质疑,但是这种宪法上的先天不足在现实中往往被机构的出色表现、被管理者的默许、整个国际社会的认同、机构内主导者的支持所弥补。

将国际金融机构定性为公共机构有一定的积极意义。首先,国际金融机构在行使公共权力时,受到公法原则的约束,包括程序性和实体性原则,包括合理的决定、公众参与、透明度、合理性、相称性等原则。[④] 这些原则有的可以在国际机构的章程文件中找到,更多可能要从一般法律原则或国内公法实践中借鉴。[⑤] 其次,有必要制定与国际金融机构行使公共权力有关的问责制度。这种问责制度将允许个人对国际金融机构的劳工和社会政策及其实施提出疑问。这种问责制度可以比国内法领域的问责制度更加多样化,世界银行的监察小组(Inspection Panel)就是很好的例子。再次,国际金融机构自我认知的改变可能会带来对机构文

---

① See Benedict Kingsbury, “International Law as Inter-Public Law”, in Henry R. Richardson & Melissa S. Williams (eds.), *NOMOS XLIX: Moral Universalism and Pluralism*, New York: New York University Press, 2009, p. 169.

② See “Maclaine Watson & Co. Ltd v International Tin Council (No. 2)”, 77 *International Law Reports* 160 (1988).

③ 参见余博闻:《国际组织变革理论的演进与启示》,载《国际政治研究》2021年第3期。

④ See Benedict Kingsbury et al., “The Emergence of Global Administrative Law”, 68 *Law and Contemporary Problems* 15 (2005).

⑤ See Armin von Bogdandy, “General Principles of International Public Authority: Sketching a Research Field”, 9 *German Law Journal* 1909 (2008).

化、语言、结构和权力行使方式的有意识调整[①]，进一步加速国际金融机构向公共机构的转变。国际金融机构越来越多地将促进社会正义作为其机构的意义和价值。最后，国际金融机构可以拓展公共领域，在全球范围内对公共产品的建设和供给进行讨论和审议。通过参与劳工和其他社会政策，国际金融机构可以为发展和塑造全球公共领域作出积极贡献。

① 关于环境政策对国际金融公司的重塑影响研究，参见 Christopher Wright, "From 'Safeguards' to 'Sustainability': The Evolution of Environmental Discourse inside the International Financial Corporation", in Diane Stone & Christopher Wright(eds.), *The World Bank and Governance: A Decade of Reform and Reaction*, London: Routledge, 2007, pp. 67-87。

第六章　跨国外派劳工权利保护

一、劳工的跨国派遣

经济全球化使得劳工的跨国流动成为一个日益突出的现象。跨境外派劳工是跨国服务贸易的辅助要素，有时也是跨国企业全球人力资源管理网络的一部分。企业通常因自主经营或者商业活动的需要而使用外派劳工，外派劳工现象中的劳动维度往往遭到忽视。在确定外派劳工的法律地位方面，贸易法和劳动法也出现了相互竞争的监管方法，这反过来又影响了管辖权规则和冲突法规则的发展。[①]

尽管外派劳工案件所涉的劳工保护议题在世界范围内有重要意义，但到目前为止，关于它的讨论一直是非常欧洲式的。[②] 欧盟法院里程碑式的拉瓦尔案(Laval case)判决引发了诸多讨论。[③] 欧盟对社会维度的关切已经让位于经济自由化的考量，欧盟的基本经济自由在欧洲一体化进

---

① 欧盟的监管方式将这一点体现得淋漓尽致。东道国对外派劳工的监管权力被认为与欧盟的基本经济原则(如提供服务的自由)相悖。例如 Tonia Novitz, "Evolutionary Trajectories for Transnational Labour Law: Trade in Goods to Trade in Services?", 67 *Current Legal Problems* 239 (2014)。

② 外派劳工现象在欧盟内部得到了重视。欧盟法院为从一个欧盟成员国派遣到另一个欧盟成员国工作的外派劳工设立了专门的法律制度。后来，欧盟又颁布了《关于外派劳工的指令》。通过这两项举措，欧盟将外派劳工设立为一种不同于自行移徙前往另一欧盟成员国工作的特殊类别的劳工。

③ Judgment of the Court (Grand Chamber) of 18 December 2007, *Laval un Partneri Ltd v. Svenska Byggnadsarbetareförbundet*, *Svenska Byggnadsarbetareförbundets Avdelning 1*, *Byggettan*, *Svenska Elektrikerförbundet*, C-341/05, EU:C:2007:809.

程中被置于优先地位。[①] 根据欧盟法院的解释，欧盟《关于外派劳工的指令》[②](以下简称《外派劳工指令》)强调了个人主义进路。在具有较强集体劳动法传统和劳资关系模式的国家，比如瑞典，个人主义进路会对集体谈判制度的自主性产生不利影响，欧盟法院的相关判决也因此遭受了批评。[③]

欧盟内部市场的主要目的是促进基本经济自由的实现。事实证明，对劳工的保护和对经济利益的追求难以两全。欧盟内部对外派劳工问题的讨论主要针对的是劳工在欧洲范围内被外派的现象。《外派劳工指令》并没有协调欧盟各成员国的实体法，而是确定了东道国在雇佣关系方面的法律规定所必须包含的"核心规定"，如最低工资、工时和年假制度，这些"核心规定"适用于在东道国进行临时工作的外派劳工，各国只有在某些特定情况下才能扩大"核心规定"清单。因此，东道国法律为外派劳工提供的保护水平并不是很高，实践中很难根据《外派劳工指令》的监管措施划定劳工保护的底线。此外，《外派劳工指令》没有说明各国能不能出于保护劳工的必要扩大"核心规定"清单。《外派劳工指令》监管措施存在两个问题，一是强调对东道国规则的单边适用，二是允许对劳工标准的选择性适用。

现有的关于外派劳工的法律文献有两大局限性。第一，法律研究领域缺乏对外派劳工主体经验的关注。[④] 外派劳工经常被视为从东道国更高经济发展水平中受益，同时对东道国劳动力市场进行社会倾销(social

---

① Mark Freedland & Jeremias Prassl (eds.), *Viking, Laval and Beyond*, Oxford: Hart Publishing, 2014; Simon Deakin, "Regulatory Competition after Laval", 10 *Cambridge Yearbook of European Legal Studies* 581 (2008), pp. 581-609.

② Directive 96/71/EC of the European Parliament and of the Council of 16 December 1996 concerning the Posting of Workers in the Framework of the Provision of Services (1996) *Official Journal* L18/1; Directive 2014/67/EU of the European Parliament and of the Council of 15 May 2014 on the Enforcement of Directive 96/71/EC concerning the Posting of Workers in the Framework of the Provision of Services and Amending Regulation (EU) No 1024/2012 on Administrative Cooperation through the Internal Market Information System (2014) *Official Journal* L159/11.

③ Jonas Malmberg & Tore Sigeman, "Industrial Actions and EU Economic Freedoms: The Autonomous Collective Bargaining Model Curtailed by the European Court of Justice", 45 *Common Market Law Review* 1115 (2008).

④ 但是，一些法学领域以外的研究对劳工的主体经验进行了一些有用的分析。例如 Erka Caro et al., "Posted Migration and Segregation in the European Construction Sector", 41 *Journal of Ethnic and Migration Studies* 1600 (2015)。

dumping)。在现实中，外派劳工常常无法获得劳动保护，并且无法诉诸有效的争端解决机制。第二，在全球层面缺乏保护外派劳工的国际法制度。就连国际劳工组织都很少关注在两份移民工人公约范围之外的跨境劳工问题。[①] 对外派劳工的全球性保护机制仍然有待建立。

在跨国背景下，外派劳工的法律主体性经常被拒绝承认或受到严重限制。外派劳工身处异国他乡，其劳工权利是模糊的、不确定的、脆弱的、无法得到执行甚至于实际上是被否认的。雇主和劳工之间可能在一系列问题上发生纠纷，比如薪酬、工时、工作条件、工作场所的健康保障、住宿、饮食、管理风格等等。跨境争端解决机制的缺失导致劳工的权利无法得到执行，这往往激化了劳工冲突。

本章将对中国外派劳工在赤道几内亚罢工的事件进行案例研究[②]，以此为基础对外派劳工的法律地位进行探讨，并考察现行法律框架所存在的缺陷。在赤道几内亚的案例中，劳资纠纷激化为未经批准的罢工，并演化为对工人的人身暴力。这起事件引发了一个迫在眉睫的问题：劳工的某些劳工权利可否在域外得到承认和执行？跨境劳工派遣现象对监管带来了巨大的挑战，主要是由于现行国际劳工标准的规范框架未能承认外派劳工在法律上的主体性。

在跨国商业活动中，如果工作场所与当地社会相互隔离并且受到严格的内部管理，就可能会变成一个拥有自己的规范、文化、权威的、自成一体的飞地。[③] 飞地的这种运作方式对国内劳动法的属地假设及其有效性

---

① 《移民就业公约(修订本)》[Migration for Employment Convention, (Revised)]：1949 年 7 月 1 日缔结，1952 年 1 月 22 日生效；《关于恶劣情况下的移徙和促进移徙工人机会和待遇平等的公约》(Convention concerning Migrations in Abusive Conditions and the Promotion of Equality of Opportunity and Treatment of Migrant Workers)：1975 年 6 月 24 日缔结，1978 年 12 月 9 日生效。

② 关于罗马尼亚中国工人的研究，参见陈校、张寒：《海外中国劳工群体利益表达的困境、冲突与解决——以罗马尼亚中国工人劳务纠纷为例》，载《东南亚研究》2014 年第 8 期。

③ 本书是在比喻而非规范意义上使用“飞地”一词。国际法上的“飞地”是指“一国所拥有的与本国分离的领土，该领土被另一个国家的领土完全包围”，参见 Tobias H. Irmscher, “Enclaves”, in *Max Planck Encyclopedias of International Law*, https://opil.ouplaw.com/view/10.1093/law:epil/9780199231690/law-9780199231690-e1037? rskey=n9nOhE&result=1&prd=EPIL (last visited on 1 September 2022)。社会学家也在宽泛的意义上使用“飞地”一词，表示基于种族和地域的自成一体的社会生活。例如，“飞地”一词就曾被用于描述美国的唐人街，参见 Jan Lin, *Reconstructing Chinatown: Ethnic Enclave and Global Change*, Minneapolis: University of Minnesota Press, 1998。

造成了根本性的挑战。[①] 本章以跨国商业活动中的飞地治理为例，探讨飞地治理对跨国劳动保护的启示。本章案例研究的范围局限在中国外派劳工与海外中国公司之间的冲突，未对中国企业与其非洲本地劳工之间劳动保护的问题进行研究。[②] 随着中国海外投资的规模日益扩大、本地雇员的数量日益增加，这个问题有进一步研究的价值。[③]

二、赤道几内亚劳工冲突事件

自 20 世纪 70 年代末中国采取改革开放政策以来，中国劳工的国际流动日趋频繁。早年间，中国主要以外国雇主通过持牌劳务中介雇用中国劳工到国外工作的方式开展国际劳务合作。[④] 近几十年，中国劳工的跨境派遣已经变得越来越重要。外派劳工在法律性质上仍然是中国公司的雇员。2001 年，随着中国加入世界贸易组织并正式提出“走出去”战略，中国公司开始积极地参与海外基础设施和建设工程项目的承包。根据中国商务部的官方统计，至 2021 年年底，通过官方渠道在海外工作的

---

① 实际上，威斯特伐利亚假设，即“主权国家能够在各自的领土范围内进行绝对且有效的控制”，仅仅是一种政治性建构，并非事实。关于这一话题的建设性反思参见 Martin Kuijer & Wouter Werner (eds.), *Netherlands Yearbook of International Law 2016: The Changing Nature of Territoriality in International Law*, The Hague: T. M. C. Asser Press, 2017。

② 已有文献对这一问题进行了一些有意思的探究，例如 Ching Kwan Lee, “Raw Encounters: Chinese Managers, African Workers and the Politics of Casualization in Africa's Chinese Enclaves”, 199 *The China Quarterly* 647 (2009); Abdul-Gafar Oshodi, “Between the Dragon's Gift and its Claws: China in Africa and the (Un)Civil Fostering of ILO's Decent Work Agenda”, in Axel Marx et al. (eds.), *Global Governance of Labour Rights: Assessing the Effectiveness of Transnational Public and Private Policy Initiatives*, Cheltenham: Edward Elgar, 2015, pp. 190-208。

③ 统计数据显示，截至 2017 年年底，海外中国公司共雇用了 74.08 万名东道国本地雇员，其中非洲有 34.6 万人，亚洲有 34.5 万人。参见中国商务部、中国对外承包工程商会：《中国对外劳务合作发展报告：2017—2018》，2018 年 11 月 6 日，http://fec.mofcom.gov.cn/article/tzhzcj/tzhz/upload/dwlwhz2017-2018.pdf，第 13 页（最后访问日期 2022 年 9 月 1 日）。

④ 这种类型的劳动力国际流动仍然是中国国际经济合作重要的组成部分。根据中国商务部的统计数据，2017 年，有 30 万名工人通过这种渠道被派往外国工作。参见中国商务部对外投资和经济合作司：《2017 年我国对外劳务合作业务简明统计》，2018 年 1 月 16 日，http://hzs.mofcom.gov.cn/article/date/201801/20180102699457.shtml（最后访问日期 2022 年 9 月 1 日）。

中国劳工约有 32.3 万人。[①]

2008 年 3 月 28 日,中国外交部在其网站上发布了一则公告,称赤道几内亚蒙哥莫发生了中国工人罢工并与当地警察发生暴力冲突的事件,事件导致 2 名中国工人被杀,4 名中国工人受伤。[②] 这起悲剧起源于中国工人与其中国雇主 J 公司之间的劳资纠纷,后者是赤道几内亚一个住宅建设项目的分包商。J 公司由其控股公司山东省某建设集团成立,负责发展其海外业务。大连某公司承包了赤道几内亚的一系列住宅建设项目。J 公司是其中一个项目的分包商,雇用了两批工人:第一批工人是直接从 J 公司的注册地山东省某市雇用的;第二批工人由劳务中介 H 公司招聘,由江苏省某县的 100 多名工人组成。

从江苏省某县招募的大多数工人是当地的农民。他们被劳务中介 H 公司的广告所吸引——广告给出的最低月工资是 540 美元,2 年的外派工作可以带来 9 万元至 11 万元人民币的收入。每名工人需要向 J 公司支付 2 万元人民币作为履约保证金,并向 H 公司支付另外的 3 000 元人民币作为一次性中介费和管理费。劳动合同采用计件工资制,具体的薪酬标准将由项目管理层根据当地的情况来确定,每月月底结算实际工钱。

在实践中,J 公司在工资结算方面未能遵守合同约定,未能按月公布工资表,工人们对此深感不安。2007 年 10 月,工人们在工作了 5 个月之后,才从 J 公司得知了他们前 5 个月的工资信息,每月收入为 600—700 美元不等,对此工人们还是比较满意的,虽然 J 公司扣留了他们剩余未发的工资,明显违约。

2008 年 2 月,J 公司第二次公布了工资信息,工资水平和上一次基本持平。美元对人民币的汇率在一年内下降了 8.85%[③],引起了工人们的极大担忧,因为他们的工资是以美元结算的,美元的贬值导致了他们实际

① 中国商务部对外投资和经济合作司,《2021 年我国对外劳务合作业务简明统计》,2022 年 1 月 24 日,http://hzs.mofcom.gov.cn/article/date/202201/20220103238999.shtml(最后访问日期 2022 年 9 月 1 日)。

② 中国外交部:《我劳务人员在赤几罢工引发冲突事件》,2008 年 3 月 28 日,www.fmprc.gov.cn/chn//gxh/cgb/zcgmzysx/fz/1206_7/xgxw/t419058.htm(最后访问日期 2022 年 9 月 1 日)。

③ 美元兑人民币汇率从 2007 年 5 月的 7.68 跌到了 2008 年 2 月的 7.16,2008 年 4 月还跌到了 7。

收入的减少。在J公司扣留了他们一半以上工资的情况下，美元的贬值尤其令他们感到焦虑。

早在2008年3月初，部分工人就开始联系项目经理，要求J公司按月公布工资。在遭到J公司拒绝后，来自江苏省某县的大约60名工人开始罢工，另外一些来自山东省某市的工人也加入了这次罢工行动。随后，工人们要求J公司按月公布工资，赔偿汇率下降给他们造成的损失；如果J公司不愿意赔偿由汇率造成的损失，则应当每月足额支付工资。这两项请求都遭到了J公司冷漠且粗暴的回应。工人们只得继续罢工，此时罢工的方式仍然是和平的。

在当地警方应公司管理层的邀请介入后，情况变得极具对抗性。3月20日，当地警察来到工人宿舍，警告工人罢工是违反当地法律的，赤道几内亚法律禁止未经批准的罢工。在工人对罢工的事实背景做出解释之后，警察就离开了。然而，工人愤怒于公司管理层勾结当地警察镇压他们的正当诉求。3月24日，公司经理带着当地的武装警察来到了工人宿舍，并试图带走13名工人。工人们在抵抗过程中和警方发生了肢体冲突。

第二天，再次有40名当地警察登门。警察宣布：根据赤道几内亚的法律，罢工是违法的，工人们应当尽快复工。工人们坚持将J公司履行合同义务作为复工的前提条件。在短暂的交流之后，警察开始逮捕工人，并试图强行将工人带走。工人们再一次发起抵抗，手拉手站成一排，试图将警察驱赶出宿舍大院。根据一名工人的事后回忆，当时有工人向警察扔了一块石头，警察用步枪向人群射击。最终，2名中国工人在事件中丧生，另外4名工人受伤，剩余的工人被带走拘留。

中国政府和中国驻赤道几内亚大使馆迅速对这一悲剧作出了回应，中国政府敦促赤道几内亚政府彻查事件，中国驻赤道几内亚的商务领事看望了被拘留的中国工人。3月底，中国政府为了处理此事向赤道几内亚派出了一个联合工作组。这个工作组共有28人，由来自外交部、商务部的人员和工人所在地省政府的代表组成。经过9天的拘留，被逮捕的工人全部都被直接送到机场并被驱逐出境。4月初，第一批约180名工人和2具遗体抵达上海。2天后，第二批171名工人也回到了中国。

三、事件涉及的劳工权利

本案涉及一系列重要的劳工权利。但是,本案中的劳工权利应建立在何种法律的基础上?应根据何种法律衡量和评估本案中的劳工权利?本案应当适用哪个国家的法律?如何确定准据法?赤道几内亚是雇佣合同的履行地,也是罢工行为的发生地,因此,赤道几内亚的劳动法有理由成为本案的准据法。然而,中国的劳动法也可能因当事方的法律选择而得到适用。在本案劳工权利的确定和执行方面,准据法可能是碎片化的、模糊的,取决于相关权利属于何种类别、如何分类,以及案件在何处法院审理。除此之外,国际劳工公约在衡量劳工权利的遵守和保护方面也与本案相关。赤道几内亚批准了所有 8 项基本劳工公约①,而中国批准了 6 项基本劳工公约。此处所讨论的劳工权利主要依据的是一般法律原则和各国普遍实践,而不是特定的准据法。

第一,本案涉及充分和及时地获得劳动报酬的权利。本案中的雇佣合同采用了计件工资制,因此,工人的劳动报酬取决于他实际完成的工作量。劳动报酬通常在每月月底结算,结算后雇主应当向工人告知具体的工资数额。

第二,雇主违法向工人收取履约保证金。在签订合同的时候,J 公司向每名工人收取了 2 万元人民币作为履约保证金。保证金将在 2 年工作期满后返还给工人。如果工人违反合同或者对雇主造成了损害,保证金将不予退还。② 对本案中的工人来说,2 万元是一笔大钱,几乎相当于他们 4 个月的收入。他们中的许多人不得不举债以支付保证金。正如之后的采访所揭露的那样,不少工人因为害怕拿不回保证金而不敢辞职。在劳资纠纷中,保证金制度扮演了重要的惩戒和威慑角色。工人们常常为

---

① International Labour Organization, "Ratifications for Equatorial Guinea", www.ilo.org/dyn/normlex/en/f?p=1000:11200:0::NO:11200:P11200_COUNTRY_ID:103117 (last visited on 1 September 2022).

② 2003 年,中国禁止了向外派劳工收取履约保证金的做法。在此之前的 1997 年,当时的中国对外贸易经济合作部允许企业向外派劳工收取不高于总工资 20%的履约保证金。参见中国商务部:《财政部、商务部关于取消对外经济合作企业向外派劳务人员收取履约保证金的通知》(财企[2003]278 号,2003 年 10 月 29 日发布,2004 年 1 月 1 日生效)。

了避免经济损失而被迫在不利的工作环境中工作。

第三，本案还涉及工时和休假问题。案件中的工人被派遣到赤道几内亚工作，为期 2 年。他们在这 2 年间没有放过年假。有报道称，工人们工作时间超长，平均每天工作十个小时，而公司没有向工人支付加班费。[①]

第四，工人们的健康和安全岌岌可危。赤道几内亚是疟疾传播的高风险国家。[②] 工人们经常罹患疟疾，而雇主和劳务中介都没有向工人完整披露疟疾的风险。工地上没有采取预防疟疾传播的有效措施。工人们对疟疾知之甚少，感染疟疾的风险很高。[③] 一些工人因蚊虫叮咬而感染疟疾，出现了高烧、呕吐和头疼的症状。公司在工地配备了医务人员。一旦工人感染疟疾，公司就会强制要求工人停工休息。因为感染疟疾，很少有工人能够每个月干满 30 天。

第五，工人们的集体劳工权利没有得到尊重。工人没有在工作场所进行民主参与和治理的权利。J 公司没有建立工会、职工代表大会或者代表工人的其他机构。公司管理层以专横的方式回应工人的诉求。当工人通过代表表达诉求时，管理层没有真诚地和工人进行过任何交流、协商或者调解。此外，工人们的罢工权也遭到了暴力剥夺。

---

① 1994 年《中华人民共和国劳动法》规定，对实行计件工作的劳动者，用人单位应当根据法律规定的工时制度合理确定其劳动定额和计件报酬标准，禁止以计件工资制损害劳动者的休息权。参见《中华人民共和国劳动法》(1994 年 7 月 5 日发布，1995 年 1 月 1 日生效。该法于 2009 年、2018 年进行了两次修正)第 37 条。

② “2015 年，在 43 个存在疟疾传播的撒哈拉以南非洲国家中，7 个国家(布基纳法索、喀麦隆、赤道几内亚、几内亚、马里、塞拉利昂、汤加)25%的人口将感染疟疾寄生虫。参见 World Health Organization, “World Malaria Report 2016” (2016), p. 45, https://apps. who. int/iris/bitstream/handle/10665/252038/9789241511711-eng. pdf (last visited on 1 September 2022)。

③ 来自江苏省某县的 100 多名工人回国之后，该县疾病控制与预防中心立即对他们开展了体检。10 名工人被查出感染了恶性疟疾。该县所在的江苏省一项针对疟疾感染的研究显示，2001 年至 2011 年间江苏省共计出现了 918 例疟疾输入病例，其中大部分来自非洲国家，来自赤道几内亚的病例就有 146 例。该研究认为疟疾病例的增多主要是因为中国公民，尤其是建筑工人，到非洲的差旅增加了。参见 Yaobao Liu et al., “Malaria in Overseas Laborers Returning to China: An Analysis of Imported Malaria in Jiangsu Province 2001—2011”, 13 *Malaria Journal* 1 (2014), p. 1。

四、作为法律真空的域外飞地

如果把中国外派劳工生活和工作的场所理解为一块域外飞地,就能更好地理解本案。工人居住在雇主提供的宿舍里,并由雇主免费供应一日三餐。外围的高墙使得建筑工地、工人宿舍同外界相互隔绝。由于语言障碍、当地物价高昂以及缺少休假时间等原因,工人极少离开他们的工作场地。这堵高墙将中国工人和当地社会的交流降到最少。作为一片域外飞地,中国工人的工作场所无论是在物理空间层面,还是在社会层面,都和当地社会相互隔绝。①

飞地处于主权与主权之间的罅隙中。根据一般国际法规则,外派劳工的国籍国及其驻外使领馆不能对其海外公司或者外派劳工行使行政权力,否则会构成对东道国内政的不法干涉。② 但另一方面,由于外派劳工只是临时居住,只要不干扰当地的和平与安宁,赤道几内亚政府也没有兴趣对飞地进行实际管理。

外派劳工是跨国工程项目的建设者,在东道国从事短期的临时性工作,在东道国看来,他们不是享有完整权利的法律主体。③ 这种非主体的地位与现实相互契合——在东道国的日常生活中,外派劳工总体上是不被看见、无人知晓的。东道国的法律通常不会渗入飞地内部的日常运作。因此,飞地在很大程度上是一个自我构建的、半自治的社会,它有自己的等级结构、权力运行方式、治理结构、语言和社会生活。在这种情况下,雇主管理层在飞地的内部秩序中有很强的影响力,甚至成为事实上的统治

---

① 有观察指出,欧盟外派劳工也面临着类似的问题,例如语言障碍、与当地工作和生活环境的区隔以及雇主对工会施加的压力。参见 Nathan Lillie, "The Right Not to Have Rights: Posted Worker Acquiescence and the European Union Labour Rights Framework", 17 *Theoretical Inquiries in Law* 39 (2016); Erka Caro et al., "Posted Migration and Segregation in the European Construction Sector", 41 *Journal of Ethnic and Migration Studies* 1600 (2015)。

② 根据 1961 年《维也纳外交关系公约》以及 1963 年《维也纳领事关系公约》,一国的大使馆和领事馆工作人员可以为身处外国的本国公民提供领事服务,但是提供领事保护的过程中不能损害东道国的主权,也不能干涉东道国内政。

③ Ulla Liukkunen, "Collision between the Economic and the Social—What Has Private International Law Got to Do with It?", in Pia Letto-Vanamo & Jan Smits (eds.), *Coherence and Fragmentation in European Private Law*, Munich: Sellier, 2012, pp. 125-150.

者。他们对工人的实际权力并不局限于雇佣合同中与工作相关的事宜，而是一种源于飞地管理权的无所不在的权力。此外，工人进入飞地还依赖于雇主的同意和配合，因为赤道几内亚当局只有在雇佣合同存在的情况下，才会向外籍劳工颁发签证。

工人对雇主管理层的服从是飞地运行的一个结构性因素。如果劳动法的实质是通过国家干预矫正雇主相对于工人的优势地位，那么飞地在劳动保护方面几乎是法律真空。正如本案所呈现的，即使是在形式法律的层面上，外派劳工的权利都是不确定的、模糊的。在国际私法制度下，涉及不同法域的案件决策往往是非常复杂的。哪个国家享有对本案的管辖权？哪国法律支配着本案中工人的权利，是中国法律、赤道几内亚法律，还是两者的混合？中国和赤道几内亚都批准了的国际劳工公约又在案件中发挥着什么作用？在现实中，雇主管理层可以轻易地将中国法踢到一边，因为它没有域外效力。但如果适用东道国的法律，那么无论是雇主还是外派劳工都对赤道几内亚的劳动法一无所知。如果外派劳工想正式提出权利诉求，立即就会面临这样一个问题：他们的权利以何种法律为依据？

保护劳工权利的文化无法在这样的飞地上生根发芽。相反，在飞地中流行的是自上而下管理式的治理风格。雇佣合同使雇主获得了监管的地位——在飞地中，这种地位可以变异和扩大，成为一种包含管理和执行权能的主权权力。除非雇主自愿遵守，否则雇佣合同中的约定无法对雇主强制执行。

跨境背景使得外派劳工所处的地位比在国内环境中要弱势得多。通常情况下，国际私法试图通过对管辖权和法律选择的特别规定来纠正这种不对称性，以加强对劳工的保护。[①] 工人的工作地点在法律选择的过程中常常被认为是更优先的客观连结点。[②] 然而，这种措施并不能在外

---

① See Symeon C. Symeonides, "Result-Selectivism in Private International Law", 46 *Willamette Law Review* 1 (2009), p. 1.

② Jürgen Basedow, "The Law of Open Societies—Private Ordering and Public Regulation of International Relations", in The Hague Academy of International Law, *Collected Courses of The Hague Academy of International Law—Recueil des cours Volume 360*, Leiden: Brill Nijhoff, 2013, p. 392.

派劳动的情形下为劳工提供足够的保护。在不少情况下，飞地是一个法外之地，东道国的法律无法轻易地影响飞地内部的规范实践。

五、通过中国法进行单方面监管的尝试

契合中国的"走出去"战略，中国对外派劳工的监管框架从21世纪初开始成型。随着跨境外派劳工数量的增加，海外劳工事件的数量也随之增加，比如工人在中国使领馆门前静坐，在街头游行抗议，乃至于与当地警方发生冲突。"上述事件不仅影响了对外承包项目的实施，而且损害了中国企业的整体形象，有些甚至对外交关系和双边经济交往产生了不利影响。"①中国政府承受了较大的监管压力，不得不建立监管框架以预防和解决劳动纠纷，从而确保国际经济合作的顺利进行。

中国政府针对劳务派遣公司和外派劳工之间的劳动纠纷出台了一系列的监管措施。2006年，中国商务部颁布了《对外承包工程项下外派劳务管理暂行办法》(以下简称《暂行办法》)，内容十分详尽。② 为了强化对外派劳工的保护，中国商务部采取了四项具体措施。第一，《暂行办法》禁止对劳务进行层层分包。总承包商可以将项目总体分包给分包商，但是工人是项目的一部分，他们直接与总承包商或者分包商签订雇佣合同。分包商不能进一步将项目或者劳务分包给第三方。总承包商承担监管劳工保护事宜的总体责任。第二，《暂行办法》扩大了国际劳务合作的储备金以覆盖外派劳工。总承包商和分包商应当存缴储备金，如果总承包商或分包商无力支付工人的报酬、医疗或救援费用以及其他经济损失，储备金将用于支付这些费用。第三，《暂行办法》对雇主和工人之间的雇佣合同采取了更强烈的干预主义。按照规定，雇佣合同必须对工作任务分配、工作地点、合同期限、报酬、工作时间、国际航班费用、当地交通、休假、加班工资、劳动条件、劳动保护、食宿、医疗社会保险等事项做出规定。③ 与

---

① 中国商务部《关于印发〈对外承包工程项下外派劳务管理暂行办法〉的通知》(商合发[2005]726号，2006年1月10日发布，2006年2月9日生效)。

② 同上。

③ 中国对外贸易经济合作部《关于印发〈劳务输出合同主要条款内容〉的通知》([1996]外经贸合发第105号，1996年2月13日发布，1996年2月13日生效)。

对国内雇佣合同的要求相比，该规定的要求要广泛得多。[①]《暂行办法》在一定程度上承认了东道国的劳动法以及它对外派劳工劳动合同的影响力。承包商应当按照东道国和中国相关法律法规的规定和外派劳工签订劳动合同。[②] 东道国的劳动法在指导劳动合同的订立和实施方面发挥了非正式的作用。第四，对于劳务纠纷和劳工事件，《暂行办法》要求中国驻当地使领馆及时、适当地采取行动，以维护劳工的合法利益和权利，避免其升级为外交问题。《暂行办法》特别禁止中国公司妨碍外派劳工向使领馆表达他们的不满和关切，寻求使领馆的帮助。[③]

2008 年 3 月，赤道几内亚的事件使得中国进一步加强了对外派劳工的监管。中国商务部就该事件发布了《关于切实做好对外承包工程项下外派劳务管理工作的紧急通知》（以下简称《通知》）。[④] 在《通知》中，商务部再次呼吁承包商履行其义务。第一，《通知》重申绝对禁止以任何形式收取履约保证金。第二，《通知》要求工资制度充分考虑汇率的波动，建议采取固定汇率或其他措施，确保工人以人民币计算的实际收入不会减少。第三，《通知》强调要在外派之前对外派劳工进行培训。应当将当地的工作和生活条件告知工人，并对他们进行教育，让他们注意遵守当地法律。第四，《通知》要求立即建立四方对话机制，四方代表包括外派劳工代表、工程所在地的管理人员、中国企业在国内总部的人员和在海外分支机构的人员。这旨在为潜在纠纷的预防和实际纠纷的解决建立一个更直接的渠道，还有可能在一定程度上创造空间，让外派劳工也能参与管理。2008 年 7 月，国务院通过的《对外承包工程管理条例》进一步确认了以上措施中的大部分。[⑤]

---

① 参见 1994 年《中华人民共和国劳动法》，第 19 条；以及 2007 年《中华人民共和国劳动合同法》（中华人民共和国主席令第 65 号，2007 年 6 月 29 日发布，2008 年 1 月 1 日生效，2012 年修订）第 17 条。

② 中国商务部《关于切实做好对外承包工程项下外派劳务管理工作的紧急通知》（商合函[2008]11 号，2008 年 4 月 25 日发布，2008 年 5 月 25 日生效）。

③ 中国商务部《关于印发〈对外承包工程项下外派劳务管理暂行办法〉的通知》（商合发[2005]726 号，2006 年 1 月 10 日发布，2006 年 2 月 9 日生效）第 16 条。

④ 中国商务部《关于切实做好对外承包工程项下外派劳务管理工作的紧急通知》（商合函[2008]11 号，2008 年 4 月 25 日发布，2008 年 5 月 25 日生效）。

⑤ 《对外承包工程管理条例》（中华人民共和国国务院令第 527 号，2008 年 7 月 21 日发布，2008 年 9 月 1 日生效，2017 年 3 月 1 日修订）。

中国政府正在逐步推动中国劳动法对中国公司的域外适用，但是这种努力在性质上是碎片化的、单方面的，因而它的局限性也很明显。一方面，这种单方面的监管必须非常谨慎，以免损害当地法律的主权。[①] 另一方面，中国的这些监管措施主要是通过自愿遵守、教育或者调解的方法实施的。尽管中国政府在监管方面作出了很大努力，海外劳工事件在2008年之后仍然继续发生，但是规模要小得多。单方面监管的方法存在明显的局限性，在跨境情境下，外派劳工的权利如何以及在多大程度上能够得到承认和执行仍然是一个关键问题。

六、冲突法的方法?

通过诉诸冲突法的方法来解决外派劳工法律权利保护的问题也存在较大的局限性。通过冲突法规则的运用可以确定中国工人和雇主之间的劳动合同所适用的法律。由于作者并不知晓合同的具体条款，因此，后文将对适用于劳动合同的一般法律原则进行详细说明。这些一般性原则包括合同约定、劳动者惯常工作地法律和雇主主营业地法律。[②] 第一，当事双方如果能够在劳动合同中达成合意，则很可能会约定将中国法律作为准据法，因为这会为双方提供最大的法律确定性。当事双方的法律选择通常使法院不再需要审议此问题，除非在某些情况下，法院直接适用东道国的强制性规则，以调整当事方选择的法律。第二，如果当事双方在劳动合同中未约定准据法，可以适用惯常工作地原则。2011年，中国制定了新的国际私法规则《中华人民共和国涉外民事关系法律适用法》。[③] 该法第43条规定了劳动合同中的法律选择规则：劳动合同原则上适用劳动者惯常工作地的法律，但在涉及劳务派遣的时候，可以适用劳务派出地的法

---

① Katherine Van Wezel Stone, "Labor and the Global Economy: Four Approaches to Transnational Labor Regulation", 16 *Michigan Journal of International Law* 987 (1995), p. 1026.

② Regulation (EC) No 593/2008 of the European Parliament and of the Council of 17 June 2008 on the Law Applicable to Contractual Obligations (Rome I) (2008) *Official Journal* L177/6, Art. 8;《中华人民共和国涉外民事关系法律适用法》(中华人民共和国主席令第36号，2010年10月28日发布，2011年4月1日生效)第41、43条。

③ 《中华人民共和国涉外民事关系法律适用法》(中华人民共和国主席令第36号，2010年10月28日发布，2011年4月1日生效)。

律。然而，目前尚不清楚该条是否以及如何适用于外派劳工。如果东道国将外派工人理解为临时工，就不能将东道国视为惯常工作地，至少欧盟法是这么规定的。[①] 案例中的工人是专门为了外派招聘的，他们从来没有在中国境内为J公司工作过。他们雇佣合同的期限是2年，合同期满后，他们将以无业状态回到中国。[②] 将中国作为这些工人的惯常工作地也非常不合情理。第三，最后只剩下雇主注册地或者业务所在地法一个选项。本案中J公司的注册地是中国山东省某市。综上所述，除非出现某些令人信服的理由，受理此案的赤道几内亚法院很有可能将中国法适用于本案的劳动合同。

然而，冲突法方法无法有效解决所有问题，会产生很多新问题。只有东道国的国内法院能够有效地处理案件时，才会诉诸冲突法。如果争议是中国公司和中国工人之间纯粹的合同纠纷，东道国法院可能以其为不方便法院为由，拒绝行使管辖权。[③]

更为麻烦的是，冲突法方法将劳动合同从集体劳动法中分离出来。劳动合同的法律选择规则是单独的，与适用于集体劳动法问题(如结社自由、雇员参与和罢工权)的规则不同。[④] 在判定罢工权的行使是否在程序

---

① Karl Riesenhuber, *European Employment Law: A Systemic Exposition*, Cambridge: Intersentia, 2012, pp. 177-178.

② 有些观点认为《外派劳工指令》不应适用于这类外派劳工，参见 Florian Schierle, "96/71/EC: Posting of Workers", in Monika Schlachter (ed.), *EU Labour Law: A Commentary*, Alphen aan den Rijn: Wolters Kluwer, 2015, pp. 163-194。也有人指出欧洲不同国家对"外派劳工"的具体范围定义不同，参见 Aukje van Hoek & Mijke Houwerzijl, "'Posting' and 'Posting Workers': The Need for Clear Definitions of Two Key Concepts of the Posting of Workers Directive", in Catherine Barnard & Markus Gehring (eds.), *Cambridge Yearbook of European Legal Studies (Volume 14)*, Oxford: Hart Publishing, pp. 419-451。

③ 例如，在国际运输工人联盟(International Transport Workers Federation)于伦敦对维京客轮总公司(Viking Line ABP)提起的诉讼中，英格兰法院考量了自身是不是方便法院的问题，参见 Keith D. Ewing, "British Labour Law and Private International Law Report", in Filip Dorssemont et al. (eds.), *Cross-Border Collective Actions in Europe: A Legal Challenge, a Study of the Legal Aspects of Transnational Collective Actions from a Labour Law and Private International Law Perspective*, Antwerpen: Intersentia, 2007, pp. 217-243。

④ 欧盟的法律实践，即调整合同关系的《罗马条例 I》和调整非合同关系的《罗马条例 II》，体现了这种分离。

和实体上符合法律时,通常适用东道国法律。[①]

这种冲突法方法也低估了由飞地治理带来的法律纠纷的复杂性。在本章所研究的案例中,一旦工人开始罢工,工地内部的冲突就溢出到高墙之外,并导致中国劳动法和赤道几内亚劳动法的直接冲突。如果认为中国工人的流动只会带来何种准据法适用于他们雇佣关系的问题,那就太局限了。

中国工人在赤道几内亚的出现使得中国劳动法几乎每天都与赤道几内亚劳动法互动、冲突。本案中的罢工权问题就是明证。自 1979 年以来,赤道几内亚就一直处于奥比昂·恩圭马·姆巴索戈(Teodoro Obiang Nguema Mbasogo)总统的威权统治之下,该国政府对罢工采取镇压的政策。赤道几内亚 1991 年《宪法》第 10 条承认了工人的罢工权,前提是必须依法行使。[②] 然而,赤道几内亚从未制定过宪法的实施法。本案发生的 2008 年适用 1990 年《劳动法典》,但该法典也对罢工问题只字未提。

在中国,罢工问题处于无规制(deregulated)状态。[③] 法律既没有准许罢工权,也没有禁止罢工权。罢工权以习惯法和自然正义的形式在中国法律秩序中获得承认。[④]

在本案中,被外派到赤道几内亚的中国工人试图自发地采取罢工策

---

① See Preamble para. 27 & Art. 9, Regulation (EC) No 864/2007 of the European Parliament and of the Council of 11 July 2007 on the Law Applicable to Non-contractual Obligations (Rome II) (2007) Official Journal LJ199/40, https://eur-lex.europa.eu/legal-content/en/ALL/?uri=CELEX%3A32007R0864 (last visited on 1 September 2022).

② 赤道几内亚是国际劳工组织的成员国,并已批准了国际劳工组织的所有八项核心公约。但它没有为工作中的有关基本权利提供保护,也没有遵守国际劳工组织的报告制度。

③ 作为 1919 年国际劳工组织创始国之一的中国尚未批准国际劳工组织第 87 号《结社自由与保护组织权利公约》。《结社自由与保护组织权利公约》没有明确规定罢工权,但是国际劳工组织监督机构认为罢工权是《公约》所保护组织权利的内在必然推论,参见 International Labour Organization, *Freedom of Association—Digest of Decisions and Principles of the Freedom of Association Committee of the Governing Body of the ILO*, Geneva: International Labour Office, 5th Revised Edition, 2006, para. 523, https://www.ilo.org/wcmsp5/groups/public/—ed_norm/—normes/documents/publication/wcms_090632.pdf (last visited on 1 September 2022)。

④ 中国的学者和政策制定者已经越来越多地对罢工权问题展开讨论,参见 Alan C. Neal, "Implementing ILO Fundamental Labour Rights in China: A Sensitive Meeting of Form and Substance?", in Ulla Liukkunen & Yifeng Chen (eds.), *Fundamental Labour Rights in China-Legal Implementation and Cultural Logic*, *Jus Gentium*: *Comparative Perspectives on Law and Justice*, Cham: Springer, 2016, pp. 19-65。

略，来迫使雇主履行合同义务。这正是飞地中的中国工人对自然权利的理解。通过让当地警方介入，雇主管理层试图有选择地将当地法律引入到飞地之中，以镇压工人的罢工行动。赤道几内亚法律禁止未经批准的罢工，如果适用赤道几内亚的法律，那么工人们将不得不复工。这就导致了中国法和赤道几内亚法在罢工权的概念和体系方面发生直接对抗。在这一点上，尽管中国劳动法无法在赤道几内亚适用，但它仍然在域外与赤道几内亚的法律发生了联系。

在工人眼里，雇主管理层通过选择性地引入当地法律来挑战工人的罢工行动，是一种镇压手段，是对其自然权利（natural rights）的剥夺。警方受邀介入事件，强制执行当地法律，引发了警察和工人之间、实体规则和自然正义之间的直接对抗。

因此，冲突法方法是个案主义（individualism）和形式主义的，同时也是以司法为中心的。在飞地的情境下，冲突法方法无法为劳资关系的监管提供充分指引。冲突法方法几乎无法为东道国的行政机关就如何处理私人性质的争议提供指引。冲突法方法也不可能对飞地的组织和管理产生任何实际影响。

七、反思跨国劳工的权利保护问题

外派劳工的案例凸显了经济全球化对劳动法带来的挑战。劳工保护一直是一项深深嵌入主权框架的议题，是从国家对劳资关系进行干预的主权经验中产生的。在很多国家，劳工保护也是国家建构进程的一个重要组成部分。围绕国际劳工组织发展而来的国际劳动法，再现并强化了劳工保护的主权范式。全球化的直接结果是去领土化，这对传统主权监管带来了直接挑战。① 换句话说，在跨国情境下，存在对劳工保护的迫切需求，但是主权缺位，现有保护机制乏力。

跨境劳务派遣的实践说明国内导向的劳动法是有局限性的，外派劳工难以获得它的保护。飞地治理的概念是对跨国劳动法现有文献的重要

---

① 关于国内导向的劳动法去领土化的讨论，参见 Guy Mundlak, “De-Territorializing Labor Law”, 3 *Law & Ethics of Human Rights* 188 (2009), p. 188。

补充。本书讨论了劳动法的去领土化和国内劳动法的域外层面[①]、贸易安排或金融机构对劳工保护的影响[②]、国际框架协议的私人执行[③]和跨国企业在供应链中对劳动标准的应用[④]。这种从国家/领土到行动者/权威的转变有很大的价值。本章的研究揭示了主权领土内跨国劳工保护的可能性和重要性,次国家地点可以作为跨国劳动法研究的重要场所。

从跨国劳动法的角度来看,飞地治理的例子提供了更多的见解:跨国法律情境要求建立一个更广阔的规范框架,这一框架关注劳动法、国际公法和国际私法之间的交集。[⑤] 跨国劳动法的理念要求在主权缺位、被削弱或者被抑制时,在设置和实施劳工标准方面把关注点从形式上的监管职权转向实质上的监管权力。随着全球化的深入,越来越多的行为者,如跨国企业、国际和国内的雇主协会及劳工协会、区域和双边投资安排的制定者以及国际金融机构,有能力进行跨国流动并采取对劳工领域具有重大影响的行动。必须更好地了解在跨国情境下如何以基于权利的方式(rights-based manner)制定和执行劳工标准,以正视跨国行为者的多元性。

跨国劳动法应以重振劳工在国际经济合作中的主体性为宗旨。[⑥] 劳

---

① Steve Charnovitz, "The U. S. International Labor Relations Act", 26 *ABA Journal of Labor & Employment Law* 311 (2011); Patrick Macklem, "Labour Law beyond Borders", 5 *Journal of International Economic Law* 605 (2002), pp. 621-631.

② Christine Kaufmann, *Globalisation and Labour Rights: The Conflict between Core Labour Rights and International Economic Law*, Oxford: Hart Publishing, 2007; Franz C. Ebert, "International Financial Institutions' Approaches to Labour Law: The Case of the International Monetary Fund", in Adelle Blackett & Anne Trebilcock (eds.), *Research Handbook on Transnational Labour Law*, Cheltenham: Edward Elgar, 2015, pp. 124-137.

③ Renée-Claude Drouin, "Promoting Fundamental Labor Rights through International Framework Agreements: Practical Outcomes and Present Challenges", 31 *Comparative Labour Law & Policy Journal* 591 (2010).

④ 例如 Harry Arthurs, "Reinventing Labor Law for the Global Economy: The Benjamin Aaron Lecture", 22 *Berkeley Journal of Employment and Labor Law* 271 (2001); Richard M. Locke, *The Promise and Limits of Private Power: Promoting Labour Standards in a Global Economy*, Cambridge: Cambridge University Press, 2013。

⑤ Ulla Liukkunen, "Transnational Labour Law and Fundamental Labour Rights: Making Chinese Workers Matter?", in Ulla Liukkunen and Yifeng Chen (eds.), *China and ILO Fundamental Principles and Rights in Work*, Alphen aan den Rijn: Kluwer Law International, 2014, pp. 163-180.

⑥ Christine Kaufmann, *Globalisation and Labour Rights: The Conflict between Core Labour Rights and International Economic Law*, Oxford: Hart Publishing, 2007.

工保护问题往往被裹挟在跨境服务的提供、自由贸易的扩大和投资的自由化进程中并且时常被掩盖。[①] 跨国劳动法的规范议程旨在强调劳工在国际经济合作和全球治理中的核心作用,并为劳工的主体性提供可靠的规范表达。[②] 对外派劳工的全球保护应当成为跨国劳动法议程的重要组成部分。

---

① David M. Trubek, "The Emergence of Transnational Labor Law", 100 *The American Journal of International Law* 725 (2006); Harry Arthurs, "Reinventing Labor Law for the Global Economy: The Benjamin Aaron Lecture", 22 *Berkeley Journal of Employment and Labor Law* 271 (2001), pp. 271, 292.

② International Labour Organization, "Fair Migration: Setting an ILO Agenda" (2014), p. 7, https://www.ilo.org/wcmsp5/groups/public/—ed_norm/—relconf/documents/meetingdocument/wcms_242879.pdf (last visited on 1 September 2022).

第七章　跨国劳动法的未来

一、跨国法律进程下的劳工保护

跨国法律进程(transnational legal process)的概念,最早是由美国耶鲁大学法学院前院长、国际法教授高洪株(Harold Koh)在1994年提出的。跨国法律进程是国家、国际组织、非政府组织、私人等跨国行为者,在国际与国内、公共与私人场合,制定、解释、实施和内化国际法规则的过程。① 因此,跨国法律进程反对国际与国内、公共与私人的区分,反对把国家视为一个单一的行动者,反对把国际法的实施视为从国际到国内的自上而下的过程。在此基础上,高洪株提出,国家遵守国际法并不完全是出于抽象的国家利益或者简单的国家身份之考量,而是一个不同主体多元互动并内化国际法的过程。②

借用跨国法律进程的概念,跨国劳动法的运行机制可以被理解为跨国劳动法律进程。第一,在跨国劳动法律进程中,主权国家、国际劳工组织、世界银行、国际货币基金组织、区域性的国际组织、跨国企业、跨国工会、国际非政府组织都积极参与对劳工话语权的竞争。从20世纪80年代开始,国际劳工组织就不再是国际社会唯一的国际劳工标准制定与监管机构。随着全球化的深入以及劳工保护在全球治理中重要性的上升,劳工治理成为重要的国际政治话语,因此,国际劳工保护也成为不同主体竞争权力和影响力的重要场域。第二,跨国劳工标准面临着扩散、多元、

---

① Harold Hongju Koh, "The 1994 Roscoe Pound Lecture: Transnational Legal Process", 75 *Nebraska Law Review* 181 (1996), pp. 183-184.

② Ibid., pp. 203-205.

竞争和冲突的情况。进入 21 世纪以后，国际劳工治理已经变成了一个拥挤的领域。主权国家、国际劳工组织、国际金融机构等都试图积极制定、解释、实施各自的劳工标准，而其制定的劳工标准又仅仅在各自的管辖和能力范围内有效，因此，劳工标准出现碎片化、多元性和跨国性的特性。国际劳工组织制定的国际劳工标准虽然继续保有广泛的影响力，但是对其他国际组织和非国家行为体并无直接约束力。各个不同国际机构制定标准的过程，是包括主权国家、企业和工会等不同行为者政治角力和斗争的过程。同时，各个不同标准之间也呈现出相互对话、相互借用、相互强化，又相互竞争、相互排斥、各自为政的规范互动过程。在这些劳工标准的竞争背后，折射出的是国际机构监管能力的竞争以及机构意识形态的斗争。第三，跨国劳工标准的实施机制也是碎片化的，往往依赖于标准制定机构所提供的程序和资源。在国际金融机构，跨国劳工标准的实施所依赖的是国际金融机构在贷款项目方面的管辖权和影响力。在自由贸易安排中，劳工标准的实施一定程度上借用了国际贸易争端解决机制。在国际劳工组织内部，国际劳工标准的实施更多还是借助国际组织内部的申诉（representation）、控诉（complaints）[①]、专家小组（committee of experts）等传统制度。因此，不同劳工标准的实施往往是并行不悖的。

通过跨国法律进程理解全球化条件下的劳工保护，有其特有的优点。第一，这极大拓展了劳动法的研究领域，为劳动法与国际法、国际贸易、国际政治等学科的交叉研究提供了有效的研究视野、对象和方法。在新的历史条件下，劳动法学者可以突破民族国家的框架来研究劳动法，关注劳工标准对国际经济社会秩序的影响，关注劳工保护对全球治理话语、权力和结构的规范性影响。因此，在跨国劳动法律进程之下，劳动法学者不仅是劳工标准的建议者和倡导者，还被赋予了全球社会治理设计师的身份。第二，相比传统的规范、机制和程序研究，跨国劳动法律进程关注的是动态的法律过程，关注不同行为者对劳工规范的使用、解释和实施，因此，更贴近劳工标准运行的实际过程，有利于在微观层面上理解劳工标准的实施过程。这样一个视角的切换，使得一些新的劳动法研究领域成为可能，

---

① See Ebere Osieke, *Constitutional Law and Practice in the International Labour Organisation*, Dordrecht: Martinus Nijhoff Publishers, 1985, pp. 310-336.

例如对跨国企业与劳工标准实施问题的研究等。跨国劳动法律进程允许引入社会学、人类学、管理学等学科方法来研究劳工标准的实施过程。第三,跨国劳动法律进程凸显了劳工标准的丰富性、多样性和复杂性。在传统国际劳动法和国内劳动法之外,跨国劳动法律进程引入了多种不同劳工标准,也在一定程度上接纳了软法在国际劳工治理中的重要地位,这还原了国际劳工治理的复杂性和多元性,也避免了传统劳动法和国际劳动法在法律实证主义方面的偏见和狭隘。

二、跨国劳动法律进程的限度

跨国劳动法律进程之下法律的概念是开放、多元和动态的,呈现出去中心化的样态和结构。在价值导向上,跨国法律进程将私主体与国家和国际组织等公共机构放在同等重要的地位。在学术方法上,跨国劳动法律进程偏好研究劳工标准的产生,而对于劳工保护的实效则关注不够。在政治上,跨国劳动法律进程呈现出中性的政治色彩,更多是描述性的,而非规范性的。因此,在充分肯定跨国劳动法律进程这一研究方法所具备的优点的同时,也有必要揭示该方法所可能蕴含的风险。

第一,跨国劳动法律进程的规范性不足。跨国劳动法律进程接受了法律多元主义,国际劳动法、国内劳动法、国际贸易法规范、国内贸易法规范、国际组织文件、跨国公司行为指南等等都被纳入其研究范围。其好处是包罗万象,带来的风险则是模糊了法律和其他社会规范之间的区分,可能会降低跨国劳动法中规范的约束性。

劳工标准的扩张本身并不必然导向实践中更高水平的劳工保护。跨国劳工标准的扩散,有可能带来"核心劳工权利经济化"的风险[①],使得劳工保护和劳工标准成为包装和推销不受欢迎的经济社会制度的卖点。例如,引入劳工条款在实际上往往并不能抵销贸易自由化对经济社会的冲击。有学者认为,自由贸易协定纳入劳工条款更多旨在平息可能的批评,

---

① See Christine Breining-Kaufmann, *Globalisation and Labour Rights*: *The Conflict between Core Labour Rights and International Economic Law*, Oxford: Hart Publishing, 2007.

使自由贸易协定正当化[①]，但纸面上的承诺往往无法实现。还有学者提出更激进的批评，认为自由贸易协定中的劳工条款是缔约方"相互保证不遵守"的工具。[②] 世界银行纳入劳工标准虽然受到肯定，但因其适用范围有限，实际效果也令人怀疑。[③] 有些跨国公司关注劳工权利，更多是出于社会形象和公共关系的考虑，劳工保护因此沦为市场营销的标签，实际上对劳工保护本身的促进意义有限。

第二，跨国劳动法律进程中的实体劳工权利有限，呈现出一定的机构偏见。国内劳动法对劳动者在工作时间和休假、劳动条件、职业安全和卫生、参加工会和集体谈判等方面都有全面的保障。但是，能够进入跨国劳动法视野并被加以保护的实体劳工权利，往往是不全面的。例如，跨国劳工标准往往以国际劳工组织确认的四项核心劳工权利为主要内容，即结社自由和有效承认集体谈判权利、消除一切形式的强迫或强制劳动、有效废除童工以及消除就业与职业歧视。在内容上，这些核心劳工权利主要还是劳工的政治权利和参与权利，缺少对经济权利的关注，隐含着西方自由主义的意识形态。[④] 不同领域的跨国劳动法对实体劳工权利的保护范围不尽相同，深刻地受限于具体的机构和语境，有其局限性，不能取消或者替代国际劳动法和国内劳动法的保护。

第三，跨国劳动法律进程背后存在着南北政治经济学的问题，需要保持足够的学术敏锐度和批判精神。发达国家在经济发展水平、生产模式和劳动保护水平方面的优势，可能转化为其在劳工保护领域的强势话语，以发展中国家相对滞后的劳工保护水平为借口，将其他国家视为国际社会的二等公民，动辄以贸易、最惠国待遇、普惠制等为要挟或制裁发展中

---

① See Alvaro Santos, "The Lessons of TPP and the Future of Labor Chapters in Trade Agreements", in Benedict Kingsbury et al. (eds.), *Megaregulation Contested: Global Economic Ordering after TPP*, Oxford: Oxford University Press, 2019, pp. 140-174.

② See Joo-Cheong Tham & Keith D. Ewing, "Labour Provisions in Trade Agreements: Neoliberal Regulation at Work?", 17 *International Organizations Law Review* 153 (2020).

③ See, for example, Franz Christian Ebert, "Labour Standards and the World Bank. Analysing the Potential of Safeguard Policies for Protecting Workers", in Henner Gött (ed.), *Labour Standards in International Economic Law*, Cham: Springer, 2018.

④ See Ulla Liukkunen & Yifeng Chen, "Fundamental Labour Rights in China - A New Approach to Implementation", in Ulla Liukkunen & Chen Yifeng (eds.), *Implementation of Fundamental Labour Rights in China: Legal Architecture and Cultural Logic*, Cham: Springer, 2016, pp. 1-17.

国家。从 2010 年开始,美国奥巴马政府开始积极利用贸易安排来对其贸易伙伴方施压,要求后者提高劳工保护标准。美国对巴林、约旦和哥伦比亚都提起了劳工保护磋商,迫使上述各国都大幅改革其劳工标准。美国的策略很明确,就是要“通过贸易推进劳工权利”。[①] 这些做法是否真的有利于劳工保护,是值得深入研究的。

在研究和推广跨国劳动法的过程中,还可能存在这样的风险:以强化劳动保护为名,助长新的国际贸易和投资壁垒。跨国劳动法将投资和贸易等国际经济规范纳入其考察范围,从积极的方面来看,这拓展了劳动法的研究领域和影响力。但这也有可能导致如下情况:劳工保护被贸易和投资体制所绑架和消费,沦为西方国家在国际投资和贸易中对发展中国家施加歧视性待遇和壁垒的借口。因此,在对跨国劳动法开展研究的过程中,有必要坚持劳动法的主体性,研究贸易和投资体制应当平衡地、逐步地加强和实现劳工保护,而不是以贸易和投资体制取代劳动法保护。

第四,跨国劳动法律进程可能陷入新自由主义的陷阱,过分地夸大国际组织的治理能力和私主体的影响力,不恰当地削弱或者淡化国家在劳工保护方面的首要责任。冷战以后,新自由主义对国际制度层面的影响,表现为以私有产权、效率观念和市场机制重塑公共机构,同时以非国家中心主义的方式建构全球经济和社会秩序。[②] 跨国劳动法的生成,也离不开经济全球化、民族国家被不断解构和新自由主义盛行的背景。跨国劳动法,倡导的是一种后民族国家结构下的劳工权利保护机制,建构的是一种非中央化的劳工权利实施方式,赋予并强化了包括国际金融机构、国际贸易体制、跨国公司等主体认定劳工权利并加以实施的权力和正当性。承认和执行劳工标准的权力和正当性,从国家转向了非国家实体。这样的做法有可能使得国家在劳工保护方面的能力和自主性都被进一步弱化,发展中国家的角色也更加边缘化。

---

① 美国贸易代表办公室和劳工部在 2015 年 2 月联合发布了一份特别报告,标题就是“为劳工发声:通过贸易促进劳工权利”,Office of the U. S. Trade Representative & the U. S. Department of Labor, “Standing Up for Workers: Promoting Labor Rights through Trade” (February 2015), https://ustr. gov/sites/default/files/USTR%20DOL%20Trade%20-%20Labor%20Report%20-%20Final. pdf(最后访问日期 2022 年 9 月 1 日)。

② 参见〔美〕诺姆·乔姆斯基:《新自由主义与全球秩序》,徐海铭、季海宏译,江苏人民出版社 2000 年版。

跨国劳动法律进程在拓展研究领域、丰富研究视角、开拓劳动法学想象力方面有重要意义，但是其方法也存在上述风险。在开展跨国劳动法研究方面，有必要注重加强跨国劳动法的公共性，避免劳工标准成为扩张国际金融机构和跨国企业政治影响力的修辞；注重在跨国劳动法进程中纳入发展中国家的视角，避免劳工标准成为发达国家制裁和治理发展中国家的手段；注重通过劳工保护推动实现更加平等、公平的国际政治经济秩序，避免劳工保护议题成为维护不平等经济秩序的商业促销标签。

三、加强公共性：国际劳工组织与跨国劳动法

在全球化时代，依赖传统的国际劳工组织的国际劳工标准已经不足以充分实现劳工保护，有必要承认其他多元国际行为者在制定、解释和实施跨国劳工标准方面的必要性和积极意义。但是，国际劳工组织的独特性质，使得国际劳工组织作为跨国劳动进程的参与者对于加强跨国劳动法律进程的公共性具有重要意义。第一，国际劳工组织作为联合国专门机构，得到了国际社会的普遍参加，目前共有 187 个成员国，是在国际劳工标准问题上最具权威性和专业性的机构。第二，国际劳工组织的构成采取三方主义，有着鲜明的民主性和包容性特征。国际劳工大会由每个成员国派 2 名政府代表、1 名工会代表和 1 名雇主代表组成，在制定国际劳工公约和建议书的过程中会广泛听取多方不同意见，尽可能平衡多方利益，因此，最终制定的国际劳工标准往往较好地平衡了各方利益，有较高的可操作性。第三，对比国际金融机构和其他国际组织，国际劳工组织的劳工标准制定过程是最能体现国家平等性和公共性的。国际金融机构的理事会和执行董事会决策是加权投票表决制度，世界银行行长和国际货币基金组织总干事分别由美国人和欧洲人把持，因此，主要出资国往往可以主导国际金融机构的劳工标准政策。而国际劳工大会采取每个代表一票的制度，各成员国享有平等的投票权，因此，劳工标准的制定也更多地体现政策的公开性、透明性和公共性。基于上述考虑，国际劳工组织在跨国劳动法律进程中对于扩大其公共性、加强民主参与和透明度方面，具有不可替代的重要作用。面对跨国劳工标准的扩散和碎片化趋势，国际劳工组织应当致力于恢复其在劳工标准制定和劳动经济学理论中的中心

地位。

在技术层面上，国际劳工组织承担着在全球范围内促进劳工标准普遍实施的特殊责任。[①] 追求劳工标准普遍实施并不必然要求所有机构的劳工标准都是一模一样的，不同的机构可以根据自身的特性规定有所差异的劳工标准、保护水平和实施机制。但是这种差异不应当削弱国际劳工标准，更不应当将劳工标准商品化为商业促销的标签。因此，国际劳工组织在实施跨国劳工标准方面应发挥更为积极的领导作用。[②] 首先，国际劳工组织可以进一步加强其对基本劳工权利的规范性控制。国际劳工组织在1998年《宣言》中强调了基本劳工权利的普遍性，并将它们与成员国资格联系起来。然而，《宣言》采取的这种普遍主义路径存在着软弱和模糊的缺点；此外，《宣言》强调了原则而不是权利，在内容上与国际劳工公约相割裂。[③] 例如，1998年《宣言》在澄清自贸协定劳工条款中规定的权利方面的作用极为有限。[④] 因此，国际劳工组织有必要检讨其采取的软法路径，并重新考虑制定一项全面的基本劳工权利公约，该公约可以同时向国家和国际组织开放参加。

其次，国际劳工组织也可以更加积极有为地参与跨国劳工标准的执行。不少协议规定了国际劳工组织的作用。例如，《欧盟—加拿大全面经济贸易协定》规定，当诉诸争端解决程序来解决与基本劳工权利有关的问题时，“专家小组应从国际劳工组织寻求信息，包括任何相关的现有解释指南、调查结果或国际劳工组织通过的决定”[⑤]。2018年的《美国—墨西

---

① Francis Maupain, *The Future of the International Labour Organization in the Global Economy*, Oxford: Hart Publishing, 2013, pp. 104-134.

② See Thomas Payne, “Retooling the ILO: How a New Enforcement Wing Can Help the ILO Reach its Goal Through Regional Free Trade Agreements”, 24 *Indiana Journal of Global Legal Studies* 695 (2017).

③ See Phillip Alston, “Core Labour Standards and the Transformation of the International Labour Rights Regime”, 15 *European Journal of International Law* 457 (2004).

④ See, for example, Ushakova Tatsiana, “The Trans-Pacific Partnership Labour Chapter: A New Paradigm of the Social Clause?” in José Luis Gil y Gil (ed.), *Trade and Labour Standards: New Trends and Challenges*, Newcastle upon Tyne: Cambridge Scholars Publishing, 2018, pp. 1-42; also Joo-Cheong Tham & Keith D. Ewing, “Labour Provisions in Trade Agreements: Neoliberal Regulation at Work?”, 17 *International Organizations Law Review* 153 (2020).

⑤ EU-Canada Comprehensive Economic and Trade Agreement, 30 October 2016, Art. 23.10, para. 9.

哥—加拿大协定》也承认，在对话程序中，各方可以要求国际劳工组织对遵守情况进行独立核查。[①] 这两个例子都表明，缔约方都有一种自觉的努力，试图诉诸国际劳工组织的规范权威和专业权威，增强相关劳工标准实施的确定性。因此，跨国劳工标准的扩散并不必然会导致规范之间的冲突和机构之间的对立[②]，通过国际劳工组织的工作可以有效推动劳工标准的普遍接受和落实。

再次，国际劳工组织现有的监督机制可以对成员国履行国际劳工公约的表现进行评估，从而为各国在其他国际条约和机制下遵守国际劳工组织标准的情况提供有益的参考。当涉及对劳工条款的解释时，国际劳工组织专家委员会的专业意见被视为是重要的指导意见。[③] 不少自由贸易协定也强调，缔约方"可以与国际劳工组织和其他主管国际或区域组织建立合作安排，以利用其专业知识和资源"。[④]

在规范性工作之外，国际劳工组织的知识能力同样重要。国际劳工组织面临的根本性挑战不是规范的碎片化，而是关于劳动的哲学和经济学的理论分歧。在劳工保护问题上，国际金融机构的新自由主义理论和国际劳工组织基于权利保护的路径之间，其差异是结构性的。在国际货币基金组织 2017 年的社会政策评估报告中，国际货币基金组织的工作人员认为，国际货币基金组织和国际劳工组织的工作人员"说的不是同一种语言"。[⑤] 一个很能说明问题的例子是国际金融机构对工会的态度。在世界银行看来，工会是搭便车者[⑥]，工会的存在虽然有可能提高工会会员的收入，但是会损害非会员的工人的收入，降低社会整体福利。而国际货

---

① United States-Mexico-Canada Agreement, 30 November 2018, Art. 23. 13, para. 6(b).

② 例如，在美国—危地马拉劳动仲裁案中，仲裁小组明显引用了国际劳工组织 1998 年《宣言》来确定罢工权的含义，参见 Arbitral Panel established pursuant to Chapter 20 of the CAFTA-DR (2017)。

③ Agustí-Panareda, Ebert, LeClercq, *Labour Provisions in Free Trade Agreements: Fostering their Consistency with the ILO Standards System*, Geneva: International Labour Office, 2014.

④ See, for example, EU-Canada Comprehensive Economic and Trade Agreement, 30 October 2016, Art. 27. 3, para. 3.

⑤ IMF, "The IMF and Social Protection: 2017 Evaluation Report" (2017), p. 30.

⑥ See Hannah Murphy, "The World Bank and Core Labour Standards: Between Flexibility and Regulation", 21 *Review of International Political Economy*, 399 (2014), pp. 405 & 417.

币基金组织也持有同样的观点。[①] 本质上讲,从个别效率等纯经济角度很难分析工会的作用。

将劳工保护充分纳入国际经济活动需要改变经济思维的范式,需要将劳工保护重新定义为经济活动的内在价值。劳工不是纯粹的生产要素,而是经济活动赖以存在的基础价值之一。国际金融机构有必要将劳工保护纳入其经济工作,即对于什么是健全的经济要素、经济活动的边界在哪里这些核心理念,需要有效纳入劳工保护作为其重要组成部分。[②]这实际上意味着要从根本上改写主流经济理论,因此将是一项极为艰难的任务。同时这也意味着国际劳工组织不仅要积极地参与劳工标准的制定与实施,还要在知识上有能力提出与目前主流经济理论相抗衡的、以劳工保护为中心的经济社会理论。

在跨国劳动进程中,国际劳工组织的知识能力和规范性任务同等重要。国际劳工组织必须发挥法律—外交的作用,促成不同国际机构对劳动、经济和社会构建的共同愿景。唯有如此,才能确立国际劳工组织在跨国法律进程中的核心地位,也能使广大工人在世界政治和经济生活中恢复活力。[③]

四、回应南北问题:中国与跨国劳动法

对于发展中国家而言,跨国劳动法律进程的核心关切是南北问题。在制定跨国劳工标准时,是否仅仅采取了西方发达国家的劳工保护标准、听取了西方国家工会组织和非政府组织的声音,还是充分听取和吸收了

---

① See Franz Christian Ebert, "International Financial Institutions' Approaches to Labour Law: The Case of the International Monetary Fund", in Adelle Blackett & Anne Trebilcock (eds.), *Research Handbook on Transnational Labour Law*, Cheltenham: Edward Elgar, 2015, pp. 124-137.

② 例如,将环境保护纳入世界银行的政策很大程度上受到 1992 年出版的《发展与环境》的推动,它将环境议题用一种世界银行内外的经济学家能够理解的方式表达出来。See Robert Wade, "Greening the Bank: The Struggle over the Environment, 1970—1995", in Devish Kapur et al. (eds.), *The World Bank: Its First Half Century (Vol 2): Perspectives*, Washington D. C.: Brookings Institution Press, 1997, pp. 712-713.

③ 国际劳工组织的宗旨和职权也始终是动态演进的,参见 Victor Yves Ghébali, *International Labour Organization: A Case Study on the Evolution of U. N. Specialised Agencies*, Boston: Martinus Nijhoff Publishers, 1989.

发展中国家的声音、充分考虑了发展中国家的经济社会条件？通过劳工标准的制定，是否真的有利于改善发展中国家劳工保护水平，是否促使西方国家和企业在全球产业链和价值链中向发展中国家让渡利益？还是通过制定劳工标准，进一步扩大了国际组织在全球治理中的权力，使得发展中国家沦为被行政和被治理的对象？在跨国劳动法律进程中，西方国家和发展中国家是更加平等、公平了，还是进一步扩大了西方国家在劳工保护方面的道德权威、加剧了南北不平等问题？因此，评判跨国劳动法律进程，不能仅仅关注形式上的话语、规范和机制，还要关注它所带来的在政治、经济、法律权力方面的分配效果。

中国是跨国劳动法律进程的重要参与者，在国际劳工治理问题上发挥着举足轻重的作用，作为最大的发展中国家有可能为处理好跨国劳动法的南北问题做出积极贡献。第一，中国是国际劳工组织的创始会员国，长期以来为国际劳工组织的劳工标准制定工作做出了积极贡献。改革开放以后，从 20 世纪 80 年代中期开始，我国开始恢复在国际劳工组织的工作，在国际劳工组织内部始终保持着较高的影响力。我国已经批准了 6 项基本劳工公约。第二，我国在诸多国际经济组织的决策方面也有着较高的政策影响力，在跨国劳工标准制定方面也积极发声。第三，改革开放以来，我国深度参与世界经济体系，中国的劳动立法和劳工保护对世界范围内的劳工保护有着现实的经济和政治影响。中国通过对跨国劳动法律进程的积极参与，探索发展中国家在劳工保护方面的可行道路，对第三世界劳工保护理论的提出具有建设性意义。

随着中国经济的崛起，中国更有必要高举劳工保护的旗帜，这事关中国发展道路的道德影响力和国际感召力。中国的崛起对未来世界政治经济秩序会发生何种影响正在成为全世界的关注焦点，而强调劳工保护可以部分地回应此种关切。近年来，我国对海外投资急剧增长，一些西方政客宣传中国在搞新殖民主义、新帝国主义，而强调当地劳工保护同样可以有力回击此类政治抹黑。重视劳工保护是我国改革开放以来经济社会协调发展的重要经验，在新的历史时期继续强调劳工保护，积极参与跨国劳动法律进程，对于中国继续推进国内劳动法治、构建和谐稳定的外部环境以及深度参与全球治理有积极意义。

当下中国正在积极推进“一带一路”建设，积极参与国际劳工治理更有战略意义。劳工保护是“一带一路”建设中不可或缺的重要方面。随着“一带一路”建设的不断深入,除了基础设施互联互通、经贸合作、文化交流等具体领域的合作,必然要回答“一带一路”倡议的意识形态和价值观的问题。而劳工保护应当被纳入“一带一路”倡议的核心价值观。当前,“一带一路”国家确认要在“开放、绿色、廉洁”“高标准、惠民生、可持续”的基础上建设“一带一路”。[①] “一带一路”建设关注创造就业机会,关注促进包容性和高质量的经济增长,从而改善民生。强调劳工保护,是要从关注就业到关注劳工权利,是实现包容性经济增长和改善民生的有效步骤。长期以来,西方国家和媒体经常批评中国在与非洲国家合作中无视劳工权利,抹黑中非合作,在部分外国政要和民众心中形成了我国片面开发非洲资源、罔顾当地经济社会发展的刻板印象。因此,在“一带一路”建设中,我国有必要高举劳工保护的旗帜,增强“一带一路”的吸引力、感召力,提升我国在“一带一路”建设中的软实力,改善我国在国际社会中的形象。

具体说来,中国可以在以下几个方面积极参与国际劳工治理,改善跨国劳动法律进程中的南北问题,切实提高发展中国家的劳工保护水平。第一,要积极参与国际劳工组织的劳工标准制定和修改工作。长期以来,国际劳工标准的制定都是西方工业化国家主导,基本劳工权利的确认过程也是如此。从发展中国家的视角来看,有必要进一步关注发展中国家的劳工保护问题,尤其是非正式经济中工人的权利保护问题。同时,也有必要进一步扩大基本劳工权利的范围,纳入工人的经济社会权利,避免基本劳工权利成为西方国家指控发展中国家侵犯劳工权利的话语体系。

第二,要积极参与跨国劳工标准的制定工作。如何使得劳工保护合理、适度、有效嵌入国际经济治理体系,是一个需要在实践中不断检验和反思的问题,要避免劳工保护成为贸易保护和单边制裁的借口。在世界银行《环境和社会框架》的劳工标准问题上,我国提出的意见不仅贴合中国实际情况,也符合广大发展中国家利益。在亚洲基础设施投资银行的劳工标准制定问题上,我国也采取了积极的姿态。跨国劳动法律进程要避免成为发达国家以劳工保护为名对发展中国家进行经济制裁或政治惩

---

① 《第二届“一带一路”国际合作高峰论坛圆桌峰会联合公报》,2019 年 4 月 27 日,https://www.yidaiyilu.gov.cn/zchj/qwfb/88222.htm,最后访问日期 2022 年 9 月 1 日。

罚的机制。

第三，要努力探索发展中国家劳工保护的一般性路径和实现机制。我国在经济社会发展中逐步探索和发展了有中国特色的劳工保护模式，可以为发展中国家所借鉴。一段时间以来，随着中国在经济领域的迅速发展，西方学界就是否存在经济社会发展的中国模式开展了热烈的讨论。[①] 中国的发展经验是否可以概括为中国模式仍然存疑，但是中国的经济发展道路显然与美国倡导的华盛顿共识[②]是大相径庭的。在发展过程中，我国坚持政府主导、推行产业政策、发展出口导向型经济、重视国有企业在关键领域的重要作用、维护社会稳定，并逐步推进法治建设、改善民生、加强生态文明建设。在经济发展取得显著成绩的同时，我国稳步推进与加强劳工保护，在 2000 年以后制定了《劳动合同法》《就业促进法》等法律，确保劳动者有效分享经济发展成就。我国劳工保护模式虽然还有诸多不足之处，但其发展路径对于不少发展中国家有一定的借鉴意义。

五、为跨国劳动法注入政治议程：关注全球价值链

在西方学界，跨国劳动法作为一个研究领域更多的是描述性的、分析性的，而非规范性或者政治性的。跨国劳动法以一种形式中立、价值无涉的方式扩张领地，劳动法学界和国际法学界也是以一种欢欣鼓舞的语调庆祝着劳工规范的跨国滋长。将跨国劳动法视为发展进程的一个根本缺陷在于认为劳动规范的“自然”生长必然会促进劳工保护和社会正义。迄今为止的跨国劳动法学说都没有对跨国劳动法的目标和宗旨进行过阐释，跨国劳动法被认为是对各个分散的部门、领域促进和实施劳工标准这一现象的概括性描述。在缺乏明确的政治议程背后，跨国劳动法有意无意地与新自由主义的意识形态耦合，成为鼓励碎片化、个别化、私人化全球治理的场域。

---

① See Joshua Cooper Ramo, *The Beijing Consensus*, London: Foreign Policy Centre, 2004.

② See John Williamson, “A Short History of the Washington Consensus”, in Narcis Serra & Joseph E. Stiglitz (eds.), *The Washington Consensus Reconsidered: Towards a New Global Governance*, Oxford: Oxford University Press, 2008, pp. 14-30.

从发展中国家的视角来看，跨国劳动法应当被赋予鲜明的政治议程，即应当通过劳工保护推动实现更加公正、民主和平等的国际政治经济秩序。在全球化条件下，劳工保护并非一个孤立的国内问题，而是深刻地涉及国际经济的产业分工、价值链分配、产品市场准入等一系列问题。因此，发展中国家劳工条件的改善，不仅是国际、跨国或者国内劳工标准的实施问题，还涉及国际贸易安排、投资机制、知识产权保护等诸多经济法律制度，其核心是经济利益的全球分配机制问题。要促进劳工权利的实现，不仅要关注劳工标准问题，也要同时关注世界范围内的财富、资源、权力和价值的分配机制。

沃勒斯坦（Immanuel Wallerstein）在 20 世纪 70 年代提出了世界体系的概念，他在研究欧洲资本主义历史进程中发现，从 16 世纪起，资本主义世界经济秩序开始形成中心—边缘结构。中心国家（core states）在世界体系中占据主导地位，依赖工业化和商业贸易发展经济，并通过资本和工业技术支配其他边缘的国家；而边缘国家则主要从事农业，出口矿产和初级产品，并受制于中心国家；半边缘国家则介于两者之间。[①] 中心国家更多是技术工人和自由劳工，而边缘国家则更多采取强迫劳动的形式。[②] 沃勒斯坦的世界体系理论源于对近代欧洲资本主义经济史的分析，却对理解当代全球经济体系有很强的现实意义。

当代全球经济体系的中心—边缘结构，是通过复杂的贸易和投资安排、市场准入、技术垄断、品牌宣传、知识产权保护、期货交易安排、大宗商品定价机制等制度实现的。[③] 西欧和北美等中心国家通过生产和出口具有技术垄断性的产品在全球范围内收割超额剩余价值，因此，其技术工人、工程师等可以获得较好的工资和工作条件。非洲和拉丁美洲多国等边缘国家，则出口初级产品、工业原料和少量工业产品，在全球定价机制下被维持在低收入水平。而中国、印度等半边缘国家，通过开放投资、工

---

① See Immanuel Wallerstein, *The Modern World-System: Capitalist Agriculture and the Origins of the European World-Economy in the Sixteenth Century*, New York: Academic Press, 1974.

② Ibid., pp. 100-103.

③ 据评估，美国股市标准普尔 500 的企业其 90%的价值都是通过知识产权获取的。Asian Development Bank et al., "Global Value Chain Development Report 2021 beyond Production" (November 2021), p. 54.

业化、国际贸易、技术创新等进入世界经济体系，工人工资收入和工作条件有一定程度的改善。对于发展中国家而言，最大的困境在于全球价值链下的“低端锁定”问题。[①] 发展中国家的工人虽然付出大量的劳动，但是其在全球价值链中的收益被长期维持在劳动力的必要再生产水平。[②]要在发展中国家改善劳工条件、提高劳工待遇，除了发展中国家要积极推进国内法治，更根本的是要在全球价值链的分配中扩大发展中国家工人利益分享份额，为提高发展中国家工人的经济社会地位创造客观条件。

因此，跨国劳动法的研究有必要坚持总体论的学术视角，系统地观察跨国劳工标准与发展中国家劳工保护水平的实现问题，关注劳工标准的设定与实施对全球价值链再分配的实际影响，需要关注劳工标准的设定是否有利于构建更为公正、合理的国际经济秩序，是否有利于构建民主、平等的国家间关系。上述议程也为跨国劳动法的未来发展明确了方向。在跨国条件下研究劳工保护不能满足于劳工标准和规范研究，需要运用社会学和经济学知识系统观察全球价值分配及其对发展中国家劳工保护的影响，需要开展全球知识产权保护、供应链架构等经济法律安排与劳工保护的专题研究，需要关注劳工保护与国际贸易、国际投资、国际金融领域的交叉研究。唯有通过改革经济秩序、构建更有说服力的学说和理论，才有可能构建一个公正、有效的跨国劳动法制度。[③]

---

① 有关中国的讨论，参见吕越、陈帅、盛斌：《嵌入全球价值链会导致中国制造的“低端锁定”吗？》，载《管理世界》2018 年第 8 期。

② See ILO, *Decent Work in Global Supply Chains—Report IV to the 105th ILC*, ILC. 105/IV, Geneva: ILO, 2016, pp. 20-25.

③ Harry Arthurs, “Labour Law and Transnational Law: The Fate of Legal Fields & the Trajectory of Legal Scholarship”, 3 *University of Bologna Law Review* 232 (2018).

参 考 文 献

一、书籍

（一）英文书籍

1. M. Rodwan Abouharb & David Cingranelli, *Human Rights and Structural Adjustment*, Cambridge: Cambridge University Press, 2007

2. Jordi Agustí-Panareda et al., *Labour Provisions in Free Trade Agreements: Fostering Their Consistency with the ILO Standards System*, Geneva: International Labour Office, 2014

3. Philip Alston (ed.), *Labour Rights as Human Rights*, Oxford: Oxford University Press, 2005

4. Cormac Mac Amhlaigh et al. (eds.), *After Public Law*, Oxford: Oxford University Press, 2013

5. James Atleson et al., *International Labor Law: Cases and Materials on Workers' Rights in the Global Economy*, St. Paul: Tomson West, 2008

6. Catherine Barnard & Markus Gehring (eds.), *Cambridge Yearbook of European Legal Studies (Volume 14)*, Oxford: Hart Publishing, 2014

7. Jürgen Basedow, *The Law of Open Societies—Private Ordering and Public Regulation of International Relations*, Leiden: Brill Nijhoff, 2015

8. Brian Bercusson, *European Labour Law*, 2nd Edition, Cambridge: Cambridge University Press, 2009

9. Adelle Blackett & Anne Trebilcock (eds.), *Research Handbook on Transnational Labour Law*, Cheltenham: Edward Elgar, 2015

10. Roger Blanpain, *European Labour Law*, 14th Edition, Alphen aan den Rijn: Wolters Kluwer, 2014

11. Roger Blanpain (ed.), *Multinational Enterprises and the Social Challenges of the XXIst Century: The ILO Declaration on Fundamental Principles at Work, Public and Private Corporate Codes of Conduct*, The Hague: Kluwer Law International, 2000

12. Roger Blanpain & Claire Grant (eds.), *Fixed-term Employment Contracts: A Comparative Study*, Alphen aan den Rijn: Wolters Kluwer, 2009

13. Armin von Bogdandy et al. (eds.), *The Exercise of Public Authority by International Institutions*, Berlin: Springer-Verlag, 2010

14. Arturo Bronstein, *International and Comparative Labour Law: Current Challenges*, Geneva: Palgrave Macmillan, 2009

15. John D. R. Craig & S. Michael Lynk (eds.), *Globalization and the Future of Labour Law*, Cambridge: Cambridge University Press, 2006

16. Guy Davidov & Brian Langille (eds.), *The Idea of Labour Law*, Oxford: Oxford University Press, 2011

17. Filip Dorssemont et al. (eds.), *Cross-Border Collective Actions in Europe: A Legal Challenge: A Study of the Legal Aspects of Transnational Collective Actions from a Labour Law and Private International Law Perspective*, Antwerpen: Intersentia, 2007

18. Zdenek Drabek (ed.), *Globalization Under Threat: The Stability of Trade Policy and Multilateral Agreements*, Cheltenham: Edward Elgar, 2001

19. Reinhold Fahlbeck & Bernard Johann Mulder, *Labour and Employment Law in Sweden*, Lund: Juristförlaget i Lund, 2009

20. Mark Freedland & Jeremias Prassl (eds.), *Viking, Laval and Beyond*, Oxford: Hart Publishing, 2014

21. David Freestone, *The World Bank and Sustainable Development: Legal Essays*, Leiden: Martinus Nijhoff Publishers, 2013

22. Victor Yves Ghébali, *International Labour Organization: A Case Study on the Evolution of U. N. Specialised Agencies*, Boston: Martinus Nijhoff Publishers, 1989

23. José Luis Gil y Gil (ed.), *Trade and Labour Standards: New Trends and Challenges*, Cambridge: Cambridge Scholars Publishing, 2018

24. Michael Goldman, *Imperial Nature: The World Bank and Struggles for Social Justice in the Age of Globalization*, New Haven: Yale University Press, 2005

25. Henner Gött (ed.), *Labour Standards in International Economic Law*,

Cham: Springer, 2018

26. Bob Hepple, *Labour Laws and Global Trade*, Oxford: Hart Publishing, 2005

27. ILO, *The International Labour Organisation: The First Decade*, Geneva: ILO, 1931

28. ILO, *Freedom of Association—Digest of Decisions and Principles of the Freedom of Association Committee of the Governing Body of the ILO*, 5th Revised Edition, Geneva: International Labour Office, 2006

29. Christine Breining-Kaufmann, *Globalisation and Labour Rights: The Conflict between Core Labour Rights and International Economic Law*, Oxford: Hart Publishing, 2007

30. Devesh Kapur et al. (eds.), *The World Bank: Its First Half Century, Volume 2: Perspectives*, Washington D. C.: Brookings Institution Press, 1997

31. William L. Keller & Timothy J. Darby (eds.), *International Labor and Employment Laws*, Volume 1A, 3rd Edition, Arlington: BNA Books, 2008

32. Benedict Kingsbury et al. (eds.), *Megaregulation Contested: Global Economic Ordering after TPP*, Oxford: Oxford University Press, 2019

33. Martin Kuijer & Wouter Werner (eds.), *Netherlands Yearbook of International Law 2016: The Changing Nature of Territoriality in International Law*, The Hague: T. M. C. Asser Press, 2017

34. Virginia Leary, *International Labour Conventions and National Law: The Effectiveness of the Automatic Incorporation of Treaties in National Legal System*, The Hague: Martinus Nijhoff Publishers, 1982

35. Pia Letto-Vanamo & Jan Smits (eds.), *Coherence and Fragmentation in European Private Law*, Munich: Sellier, 2012

36. Jan Lin, *Reconstructing Chinatown: Ethnic Enclave and Global Change*, Minneapolis: University of Minnesota Press, 1998

37. Ulla Liukkunen, *The Role of Mandatory Rules in International Labour Law—A Comparative Study in the Conflict of Laws*, Helsinki: Talentum, 2004

38. Ulla Liukkunen & Yifeng Chen (eds.), *China and ILO Fundamental Principles and Rights at Work*, Alphen aan den Rijn: Kluwer Law International, 2014

39. Ulla Liukkunen & Yifeng Chen (eds.), *Fundamental Labour Rights in China—Legal Implementation and Cultural Logic*, *Jus Gentium: Comparative*

Perspectives on Law and Justice, Cham: Springer, 2016

40. Ulla Liukkunen & Yifeng Chen (eds.), *Implementation of Fundamental Labour Rights in China: Legal Architecture and Cultural Logic*, Cham: Springer, 2016

41. Richard M. Locke, *The Promise and Limits of Private Power: Promoting Labour Standards in a Global Economy*, New York: Cambridge University Press, 2013

42. Edward C. Lorenz, *Defining Global Justice: The History of U. S. International Labour Standards Policy*, Indiana: University of Notre Dame Press, 2001

43. Martin Loughlin, *Foundations of Public Law*, Oxford: Oxford University Press, 2010

44. Francis Maupain, *The Future of the International Labour Organization in the Global Economy*, Oxford: Hart Publishing, 2013

45. Axel Marx et al. (eds.), *Global Governance of Labour Rights: Assessing the Effectiveness of Transnational Public and Private Policy Initiatives*, Cheltenham: Edward Elgar, 2015

46. Jill Murray, *Transnational Labour Regulation: The ILO and EC Compared*, The Hague: Kluwer Law International, 2001

47. Antonio Ojeda-Aviles, *Transnational Labour Law*, Alphen aan den Rijn: Wolters Kluwer, 2015

48. Ebere Osieke, *Constitutional Law and Practice in the International Labour Organisation*, Dordrecht: Martinus Nijhoff Publishers, 1985

49. Wolfgang Plasa, *Reconciling International Trade and Labor Protection: Why We Need to Bridge the Gap between ILO Standards and WTO Rules*, Lanham: Lexington Books, 2015

50. Joshua Cooper Ramo, *The Beijing Consensus*, London: Foreign Policy Centre, 2004

51. Henry R. Richardson & Melissa S. Williams (eds.), *NOMOS XLIX: Moral Universalism and Pluralism*, New York: New York University Press, 2009

52. Karl Riesenhuber, *European Employment Law: A Systemic Exposition*, Cambridge: Intersentia, 2012

53. Narcis Serra & Joseph E. Stiglitz (eds.), *The Washington Consensus Reconsidered: Towards a New Global Governance*, Oxford: Oxford University

Press, 2008

54. Jean-Michel Servis, *International Labour Law*, 3rd Revised Edition, Alphen aan den Rijn: Wolters Kluwer, 2011

55. Monika Schlachter (ed.), *EU Labour Law: A Commentary*, Alphen aan den Rijn: Wolters Kluwer, 2015

56. Diane L. Stone & Christopher Wright (eds.), *The World Bank and Governance: A Decade of Reform and Reaction*, London: Routledge, 2007

57. Kari Tapiloa, *The Teeth of the ILO—The Impact of the 1998 ILO Declaration on Fundamentals Principles and Rights at Work*, Geneva: ILO, 2018

58. Tarja Halonen & Ulla Liukkunen (eds.), *International Labour Organization and Global Social Governance*, Cham: Springer, 2020

59. N. Valticos & G. Von Potobsky, *International Labour Law*, 2nd Revised Edition, Deventer: Kluwer Law and Taxation Publishers, 1995

60. Immanuel Wallerstein, *The Modern World-System: Capitalist Agriculture and the Origins of the European World-Economy in the Sixteenth Century*, New York: Academic Press, 1974

61. James Wolfensohn, *Voices for the World's Poor: Selected Speeches of the World Bank President James D. Wolfensohn, 1995—2005*, Washington D. C.: World Bank, 2005

62. James Michael Zimmerman, *Extraterritorial Employment Standards of the United States: The Regulation of the Overseas Workplace*, New York: Quorum Books, 1992

(二) 中文书籍

1. 杜晓郁:《全球化背景下的国际劳工标准分析》,中国社会科学出版社2007年版

2. 黎建飞:《劳动法的理论与实践》,中国人民公安大学出版社2004年版

3. 李西霞:《自由贸易协定中的劳工标准》,中国社会科学文献出版社2017年版

4. 刘文华主编:《WTO与中国劳动法律制度的冲突与规避》,中国城市出版社2001年版

5. 刘旭:《国际劳工标准概述》,中国劳动社会保障出版社2003年版

6. 李雪平:《多边贸易自由化与国际劳工权益保护——法律与政策分析》,武汉大学出版社2007年版

7. 林燕玲:《国际劳工标准与中国劳动法比较研究》,中国工人出版社2015年版

8. 林燕玲主编:《国际劳工标准》,中国劳动社会保障出版社2007年版

9. 〔美〕诺姆·乔姆斯基:《新自由主义与全球秩序》,徐海铭、季海宏译,江苏人民出版社 2000 年版

10. 石美遐:《全球化背景下的国际劳工标准与劳动法研究》,中国劳动社会保障出版社 2005 年版

11. 佘云霞:《国际劳工标准》,社会科学文献出版社 2006 年版

12. 王铁崖等编:《联合国基本文件集》,中国政法大学出版社 1991 年版

13. 杨松才:《国际贸易中的劳工权利保障研究》,法律出版社 2013 年版

14. 杨帅、宣海林:《国际劳工标准及其在中国的适用》,法律出版社 2013 年版

15. 〔英〕约翰·奥斯丁:《法理学的范围》,刘星译,中国法制出版社 2002 年版

16. 郑丽珍:《跨国劳动监管制度的重构》,社会科学文献出版社 2014 年版

二、论文

(一) 英文论文

1. Philip Alston, "Labor Rights Provisions in US Trade Law: 'Aggressive Unilateralism'?", 15 *Human Rights Quarterly* 1 (1993)

2. Philip Alston, "'Core Labour Standards' and the Transformation of the International Labour Rights Regime", 15 *European Journal of International Law* 457 (2004)

3. Billy Melo Araujo, "Labour Provisions in EU and US Mega-Regional Trade Agreements: Rhetoric and Reality", 67 *International and Comparative Law Quarterly* 233 (2018)

4. Mark Anner & Teri Caraway, "International Institutions and Workers' Rights: Between Labor Standards and Market Flexibility", 45 *Studies in Comparative International Development* 151 (2010)

5. Harry Arthurs, "Reinventing Labor Law for the Global Economy: The Benjamin Aaron Lecture", 22 *Berkeley Journal of Employment and Labor Law* 271 (2001)

6. Harry Arthurs, "Labour Law and Transnational Law: The Fate of Legal Fields & the Trajectory of Legal Scholarship", 3 *University of Bologna Law Review* 232 (2018)

7. Adelle Blackett, "On Social Regionalism in Transnational Labour Law", 159 *International Labour Review* 591 (2020)

8. Armin von Bogdandy et al., "Developing the Publicness of Public International Law: Towards a Legal Framework for Global Governance Activities" 9

German Law Journal 1375 (2008)

9. Armin von Bogdandy, "General Principles of International Public Authority: Sketching a Research Field", 9 *German Law Journal* 1909 (2008)

10. Daniel D. Bradlow, "International Law and the Operations of International Financial Institutions", in Daniel D. Bradlow & David B. Hunter (eds.), *International Financial Institutions and International Law*, Alphen aan den Rijn: Wolters Kluwer, 2010, pp. 1-30

11. Ronald C. Brown, "A New Leader in Asian Free Trade Agreements? Chinese Style Global Trade: New Rules, No Labor Protections", 35 *UCLA Pacific Basin Law Journal* 1 (2017)

12. Ronald C. Brown, "China Moving the Belt and Road Initiative into Latin American Countries: Chinese Free Trade Agreements and Labor Implications", 42 *Houston Journal of International Law* 85 (2019)

13. Brian Burkett, "The International Labour Dimension: An Introduction", in John D. R. Craig & S. Michael Lynk (eds.), *Globalization and the Future of Labour Law*, Cambridge: Cambridge University Press, 2006, pp. 15-50

14. Erka Caro et al., "Posted Migration and Segregation in the European Construction Sector", 41 *Journal of Ethnic and Migration Studies* 1600 (2015)

15. Steve Charnovitz, "The U. S. International Labor Relations Act", 26 *ABA Journal of Labor & Employment Law* 311 (2011)

16. Si Chen, "The Emerging Role of Chinese Transnational Corporations as Non-State Actors in Transnational Labour Law: A Case Study of Huayou Cobalt in the Global Cobalt Supply Chain", 50 *Journal of Asian Sociology* 143 (2021)

17. Yifeng Chen, "International Labour Organisation and Labour Governance in China 1919—1949", in Ulla Liukkunen & Chen Yifeng (eds.), *China and ILO Fundamental Principles and Rights at Work*, Alphen aan den Rijn: Kluwer Law International, 2014, pp. 19-54

18. Yifeng Chen, "The Making of Global Public Authorities: the Role of IFIs in Setting International Labour Standards", 1 *AIIB Yearbook of International Law* 109 (2018)

19. Yifeng Chen, "Proliferation of Transnational Labour Standards: The Role of the ILO", in Tarja Halonen & Ulla Liukkunen (eds.), *International Labour Organization and Global Social Governance*, Cham: Springer, 2020, pp. 97-121

20. Yifeng Chen & Ulla Liukkunen; "Enclave Governance and Transnational

Labour Law—A Case Study of Chinese Workers on Strike in Africa", 88 *Nordic Journal of International Law* 558 (2019)

21. Steve Charnovitz, "The U. S. International Labor Relations Act", 26 *ABA Journal of Labor & Employment Law* 311 (2011)

22. William (Bud) Clatanoff, "Labor Standards in Recent U. S. Trade Agreements", 5 *Richmond Journal of Global Law & Business* 109 (2005)

23. Lance Compa, "Core Labour Rights: Promise and Peril", 9 *International Union Rights* 20 (2002)

24. Lance Compa, "Going Multilateral: The Evolution of U. S. Hemispheric Labor Rights Policy under GSP and NAFTA", 10 *Connecticut Journal of International Law* 337 (1995)

25. Robert W. Cox, "Labor and Hegemony", 31 *International Organization* 385 (1977)

26. Kevin E. Davis et al. , "Indicators as a Technology of Global Governance", 46 *Law and Society Review* 71 (2012)

27. Simon Deakin, "Regulatory Competition after Laval", 10 *Cambridge Yearbook of European Legal Studies* 581 (2008)

28. Diane A. Desierto, "The Complexities of Democracy, Development, and Human Rights in China's Belt and Road Initiative", 35 *Connecticut Journal of International Law* 299 (2020)

29. Janelle M. Diller, "The Role of the State in the Exercise of Transnational Public and Private Authority over Labour Standards", 17 *International Organizations Law Review* 41 (2020)

30. Cleopatra Doumbia-Henry & Eric Gravel, "Free Trade Agreements and Labour Rights: Recent Developments", 145 *International Labour Review* 185 (2006)

31. Renée-Claude Drouin, "Promoting Fundamental Labor Rights through International Framework Agreements: Practical Outcomes and Present Challenges", 31 *Comparative Labour Law & Policy Journal* 591 (2010)

32. Franz Christian Ebert, "International Financial Institutions' Approaches to Labour Law: The Case of the International Monetary Fund", in Adelle Blackett & Anne Trebilcock (eds.), *Research Handbook on Transnational Labour Law*, Cheltenham: Edward Elgar, 2015, pp. 124-137

33. Franz Christian Ebert, "Labour Standards and the World Bank. Analysing the Potential of Safeguard Policies for Protecting Workers", in Henner Gött (ed.),

Labour Standards in International Economic Law, Cham: Springer, 2018, pp. 273-304

34. Horacio J. Etchichury, "A Shiny Fragmentary Skeleton: The World Bank and Workers' Human Rights in the 2013 World Development Report", 16 *Journal of Economic and Social Policy* 1 (2014)

35. Keith D. Ewing, "British Labour Law and Private International Law Report", in Filip Dorssemont et al. (eds.), *Cross-Border Collective Actions in Europe: A Legal Challenge: A Study of the Legal Aspects of Transnational Collective Actions from a Labour Law and Private International Law Perspective*, Antwerpen: Intersentia, 2007, pp. 217-243

36. John D. French, "From the Suites to the Streets: The Unexpected Re-emergence of the 'Labor Question,' 1994—1999", 43 *Labor History* 285 (2002)

37. Giovanni Gruni, "Labor Standards in the EU-South Korea Free Trade Agreement", 5 *Korean Journal of International and Comparative Law* 100 (2017)

38. Anke Hassel, "The Evolution of a Global Labor Governance Regime", 21 *Governance: An International Journal of Policy, Administration, and Institutions* 231 (2008)

39. James Harrison, "The Labour Rights Agenda in Free Trade Agreements", 20 *Journal of World Investment & Trade* 705 (2019)

40. James Harrison et al., "Governing Labour Standards through Free Trade Agreements: Limits of the European Union's Trade and Sustainable Development Chapters", 57 *Journal of Common Market Studies* 260 (2019)

41. Jonathan P. Hiatt & Deborah Greenfield, "The Importance of Core Labor Rights in World Development", 26 *Michigan Journal of International Law* 39 (2004)

42. Aukje Van Hoek & Mijke Houwerzijl, "'Posting' and 'Posting Workers': The Need for Clear Definitions of Two Key Concepts of the Posting of Workers Directive", in Catherine Barnard & Markus Gehring (eds.), *Cambridge Yearbook of European Legal Studies (Volume 14)*, Oxford: Hart Publishing, 2012, pp. 419-451

43. Harold Hongju Koh, "The 1994 Roscoe Pound Lecture: Transnational Legal Process", 75 *Nebraska Law Review* 181 (1996)

44. Christer Jönsson, "Capturing the Transnational: A Conceptual History", in Jonas Tallberg & Christer Jönsson (eds.), *Democracy beyond the Nation State? Transnational Actors and Global Governance*, London: Palgrave Macmillan, 2010,

pp. 22-44

45. Benedict Kingsbury et al. , "The Emergence of Global Administrative Law", 68 *Law and Contemporary Problems* 15 (2005)

46. Benedict Kingsbury, "International Law as Inter-Public Law", in Henry R. Richardson & Melissa S. Williams (eds.), *NOMOS XLIX: Moral Universalism and Pluralism*, New York: New York University Press, 2009, pp. 167-204

47. Jan Klabbers, "Marginalized International Organizations: Three Hypotheses Concerning the ILO", in Ulla Liukkunen & Chen Yifeng (eds.), *China and ILO Fundamental Principles and Rights at Work*, Alphen aan den Rijn: Kluwer Law International, 2014, pp. 181-196

48. Eli J. Kirschner, "Fast Track Authority and Its Implication for Labor Protection in Free Trade Agreements", 44 *Cornell International Law Journal* 385 (2011)

49. Yaraslau Kryvoi, "The World Bank and the ILO: Two Visions of Employment Regulation", in Roger Blanpain & Claire Grant (eds.), *Fixed-term Employment Contracts: A Comparative Study*, Alphen aan den Rijn: Wolters Kluwer, 2009, pp. 47-59

50. Stephane Lalanne, "Posting of Workers, EU Enlargement and the Globalization of Trade in Services", 150 *International Labour Review* 211 (2011)

51. Brian A. Langille, "Core Labour Rights—The True Story (Reply to Alston)", 16 *European Journal of International Law* 409 (2005)

52. Ching Kwan Lee, "Raw Encounters: Chinese Managers, African Workers and the Politics of Casualization in Africa's Chinese Enclaves", 199 *The China Quarterly* 647 (2009)

53. Zack Lenox & Andrew Arsht, "Towards Enforceable Labor Rights in U. S. Free Trade Agreements", 31 *Harvard Human Rights Journal* 171 (2018)

54. Nathan Lillie, "The Right Not to Have Rights: Posted Worker Acquiescence and the European Union Labour Rights Framework", 17 *Theoretical Inquiries in Law* 39 (2016)

55. Yaobao Liu et al. , "Malaria in Overseas Laborers Returning to China: An Analysis of Imported Malaria in Jiangsu Province 2001—2011", 13 *Malaria Journal* 1 (2014)

56. Ulla Liukkunen, "Transnational Labour Law and Fundamental Labour Rights: Making Chinese Workers Matter?", in Ulla Liukkunen & Yifeng Chen

(eds.), *China and ILO Fundamental Principles and Rights at Work*, Alphen aan den Rijn: Kluwer Law International, 2014, pp. 163-180

57. Ulla Liukkunen & Yifeng Chen, "Fundamental Labour Rights in China—A New Approach to Implementation", in Ulla Liukkunen & Chen Yifeng (eds.), *Implementation of Fundamental Labour Rights in China: Legal Architecture and Cultural Logic*, Cham: Springer, 2016, pp. 1-17

58. Patrick Macklem, "Labour Law beyond Borders", 5 *Journal of International Economic Law* 605 (2002)

59. Jonas Malmberg & Tore Sigeman, "Industrial Actions and EU Economic Freedoms: The Autonomous Collective Bargaining Model Curtailed by the European Court of Justice", 45 *Common Market Law Review* 1115 (2008)

60. Francis Maupain, "Revitalization Not Retreat: The Real Potential of the 1998 ILO Declaration for the Universal Protection of Workers' Rights", 16 *European Journal of International Law* 439 (2005)

61. Yasmin Moorman, "Integration of ILO Core Rights Labor Standards into the WTO", 39 *Columbia Journal of Transnational Law* 555 (2000)

62. Guy Mundlak, "De-Territorializing Labor Law", 3 *Law & Ethics of Human Rights* 188 (2009)

63. Hannah Murphy, "The World Bank and Core Labour Standards: Between Flexibility and Regulation", 21 *Review of International Political Economy* 399 (2014)

64. Alan C. Neal, "Implementing ILO Fundamental Labour Rights in China: A Sensitive Meeting of Form and Substance?", in Ulla Liukkunen & Yifeng Chen (eds.), *Fundamental Labour Rights in China-Legal Implementation and Cultural Logic*, *Jus Gentium: Comparative Perspectives on Law and Justice*, Cham: Springer, 2016, pp. 19-65

65. Tonia Novitz, "Evolutionary Trajectories for Transnational Labour Law: Trade in Goods to Trade in Services?", 67 *Current Legal Problems* 239 (2014)

66. Tonia Novitz, "Labour Standards and Trade: Need We Choose between 'Human Rights' and 'Sustainable Development'?", in Henner Gött (ed.), *Labour Standards in International Economic Law*, Cham: Springer, 2018, pp. 113-134

67. Abdul-Gafar Oshodi, "Between the Dragon's Gift and its Claws: China in Africa and the (Un)Civil Fostering of ILO's Decent Work Agenda", in Axel Marx et al. (eds.), *Global Governance of Labour Rights: Assessing the Effectiveness of*

Transnational Public and Private Policy Initiatives, Cheltenham: Edward Elgar, 2015, pp. 190-208

68. Arvind Panagariya, "Trade-Labour Link: A Post-Seattle Analysis", in Zdenek Drabek (ed.), *Globalization Under Threat: The Stability of Trade Policy and Multilateral Agreements*, Cheltenham: Edward Elgar, 2001, pp. 5-27

69. Thomas Payne, "Retooling the ILO: How a New Enforcement Wing Can Help the ILO Reach its Goal through Regional Free Trade Agreements", 24 *Indiana Journal of Global Legal Studies* 695 (2017)

70. Alvaro Santos, "The Lessons of TPP and the Future of Labor Chapters in Trade Agreements", in Benedict Kingsbury et al. (eds.), *Megaregulation Contested: Global Economic Ordering after TPP*, Oxford: Oxford University Press, 2019, pp. 140-174

71. Florian Schierle, "96/71/EC: Posting of Workers", in Monika Schlachter (ed.), *EU Labour Law: A Commentary*, Alphen aan den Rijn: Wolters Kluwer, 2015, pp. 163-194

72. Silvana Sciarra, "Collective Exit Strategies: New Ideas in Transnational Labour Law", in Guy Davidov & Brian Langille (eds.), *The Idea of Labour Law*, Oxford: Oxford University Press, 2011, pp. 405-419

73. Carson Sprott, "Competitive and Fair: The Case for Exporting Stronger Extraterritorial Labor and Employment Protection", 33 *Hastings International and Comparative Law Review* 487 (2010)

74. Guy Standing, "The ILO: An Agency for Globalization?", 39 *Development and Change* 355 (2008)

75. Nicholas A. Stigliani, "Labor Diplomacy: A Revitalized Aspect of U.S. Foreign Policy in the Era of Globalization", 1 *International Studies Perspectives* 177 (2000)

76. Katherine Van Wezel Stone, "Labor and the Global Economy: Four Approaches to Transnational Labour Regulation", 16 *Michigan Journal of International Law* 987 (1995)

77. Katherine Van Wezel Stone, "A New Labor Law for a New World of Work: The Case for a Comparative-Transnational Approach", 28 *Comparative Law and Policy Journal* 566 (2007)

78. Lee Swepston, "The Future of ILO Standards", 117 *Monthly Labour Review* 16 (1994)

79. Symeon C. Symeonides, "Result-Selectivism in Private International Law", 46 *Willamette Law Review* 1 (2009)

80. Ushakova Tatsiana, "The Trans-Pacific Partnership Labour Chapter: A New Paradigm of the Social Clause?" in José Luis Gil y Gil (ed.), *Trade and Labour Standards: New Trends and Challenges*, Cambridge: Cambridge Scholars Publishing, 2018, pp. 1-42

81. Joo-Cheong Tham & Keith D. Ewing, "Labour Provisions in Trade Agreements: Neoliberal Regulation at Work?", 17 *International Organizations Law Review* 153 (2020)

82. Chris Thornhill, "Public Law and the Emergence of the Political", in Cormac Mac Amhlaigh et al. (eds.), *After Public Law*, Oxford: Oxford University Press, 2013, pp. 25-55

83. Anne Trebilcock, "Why the Shift from International to Transnational Law is Important for Labour Standards", in Henner Gött (ed.), *Labour Standards in International Economic Law*, Cham: Springer, 2018, pp. 57-65

84. David M. Trubek, Jim Mosher & Jeffrey S. Rothstein, "Transnationalism in the Regulation of Labor Relations: International Regimes and Transnational Advocacy Networks", 25 *Law and Social Inquiry* 1187 (2000)

85. David M. Trubek, "The Emergence of Transnational Labor Law, 100 *American Journal of International Law* 729 (2005)

86. Robert Wade, "Greening the Bank: The Struggle over the Environment, 1970—1995", in Devesh Kapur et al. (eds.), *The World Bank: Its First Half Century, Volume 2: Perspectives*, Washington D. C.: Brookings Institution Press, 1997, pp. 611-736

87. Erika de Wet, "Governance through Promotion and Persuasion: The 1998 ILO Declaration on Fundamental Principles and Rights at Work", in Armin von Bogdandy et al. (eds.), *The Exercise of Public Authority by International Institutions*, Berlin: Springer, 2010, pp. 377-403

88. John Williamson, "A Short History of the Washington Consensus", in Narcis Serra & Joseph E. Stiglitz (eds.), *The Washington Consensus Reconsidered: Towards a New Global Governance*, Oxford: Oxford University Press, 2008, pp. 14-30

89. James Wolfensohn, "New Directions and New Partnerships, Address to the Board of Governors at the Annual Meetings of the World Bank and the International

Monetary Fund", in James Wolfensohn, *Voices for the World's Poor: Selected Speeches of the World Bank President James D. Wolfensohn, 1995—2005*, Washington D. C.: World Bank, 2005, pp. 28-40

90. Christopher Wright, "From 'Safeguards' to 'Sustainability': The Evolution of Environmental Discourse inside the International Financial Corporation", in Diane L. Stone & Christopher Wright (eds.), *The World Bank and Governance: A Decade of Reform and Reaction*, London: Routledge, 2007, pp. 67-87

91. Mimi Zou, "China and the Belt and Road Initiative: Transnational Labor Law under State Capitalism 4.0", 113 *AJIL Unbound* 418 (2019)

（二）中文论文

1. 班小辉:《"一带一路"沿线民主化转型国家中企业的劳工风险问题——以缅甸为例》,载《中国劳动关系学院学报》2019 年第 1 期

2. 常凯:《论海外派遣劳动者保护立法》,载《中国劳动关系学院学报》2011 年第 1 期

3. 陈校、张寒:《海外中国劳工群体利益表达的困境、冲突与解决——以罗马尼亚中国工人劳务纠纷为例》,载《东南亚研究》2014 年第 8 期

4. 陈一峰:《跨国劳动法的兴起:概念、方法与展望》,载《中外法学》2016 年第 5 期

5. 陈一峰:《世界银行与全球管理主义的兴起》,载《北京大学学报》2016 年第 6 期

6. 陈一峰:《劳工、贸易与霸权——国际劳工组织基本劳工权利的缘起与争议》,载《北大法律评论》2020 年第 19 卷

7. 李西霞:《自由贸易协定中劳工标准的发展态势》,载《环球法律评论》2015 年第 1 期

8. 吕越、陈帅、盛斌:《嵌入全球价值链会导致中国制造的"低端锁定"吗?》,载《管理世界》2018 年第 8 期

9. 孙国平:《论劳动法的域外效力》,载《清华法学》2014 年第 4 期

10. 余博闻:《国际组织变革理论的演进与启示》,载《国际政治研究》2021 年第 3 期

11. 戴德生:《国际贸易体制中的劳工标准问题研究》,华东政法大学 2007 年博士学位论文

12. 胡政武:《贸易自由化与劳工权益的国际法律协调制度研究》,西南政法大学 2007 年博士学位论文

13. 梁洪杰:《论国际贸易中的劳工标准》,对外经济贸易大学 2009 年博士学位

论文

14. 周畅:《自由贸易协定中劳工条款的比较研究:基于产业关系的视角》,中国人民大学2021年博士学位论文

三、国际条约

1.《欧洲复兴开发银行成立协定》(Agreement Establishing the European Bank for Reconstruction and Development):1991年3月28日生效

2.《美利坚合众国与约旦哈希姆王国关于建立自由贸易区的协定》(Agreement between the United States of America and the Hashemite Kingdom of Jordan on the Establishment of a Free Trade Area):2001年12月17日生效

3.《国际复兴开发银行协定》(Articles of Agreement of the International Bank for Reconstruction and Development):1945年12月27日生效

4.《国际金融公司协定》(Articles of Agreement of the International Financial Corporation):1965年12月17日生效

5.《建立亚洲开发银行协定》(Articles of Agreement Establishing the Asian Development Bank):1966年8月22日生效

6.《亚洲基础设施投资银行协定》(Articles of Agreement of the Asian Infrastructure Investment Bank):2015年12月25日生效

7.《加拿大—韩国自由贸易协定》(Canada-Korea Free Trade Agreement):2015年1月1日生效

8.《欧盟—韩国自由贸易协定》(EU-South Korea Free Trade Agreement):2011年7月1日生效

9.《欧盟—加拿大综合经济与贸易协定》(EU-Canada Comprehensive Economic and Trade Agreement):2017年9月21日生效

10.《欧盟—越南自由贸易协定》(EU-Vietnam Free Trade Agreement):2020年8月1日生效

11.《结社自由和保护组织权利公约》(Freedom of Association and Protection of the Right to Organise Convention):1950年7月4日生效

12.《北美劳工合作协定》(North American Agreement on Labor Cooperation):1994年1月1日生效

13.《组织权利和集体谈判权利原则的实施公约》(Right to Organise and Collective Bargaining Convention):1951年7月18日生效

14.《美国—墨西哥—加拿大协定》(The United States-Mexico-Canada Agreement):2020年7月1日生效

15.《国际劳工组织章程》(ILO Constitution):1919 年 6 月 28 日生效

16.《移民就业公约(修订本)》(Migration for Employment Convention (Revised)):1952 年 1 月 22 日生效

17.《关于恶劣情况下的移徙和促进移徙工人机会和待遇平等的公约》(Convention concerning Migrations in Abusive Conditions and the Promotion of Equality of Opportunity and Treatment of Migrant Workers):1978 年 12 月 9 日生效

18.《消除对妇女一切形式歧视公约》(The Convention on the Elimination of All Forms of Discrimination against Women):1981 年 9 月 3 日生效

19.《儿童权利公约》(Convention on the Rights of the Child):1990 年 9 月 2 日生效

20.《保护所有移徙工人及其家庭成员权利国际公约》(International Convention on the Protection of the Rights of All Migrant Workers and Members of Their Families):2003 年 7 月 1 日生效

21.《残疾人权利公约》(Convention on the Rights of Persons with Disabilities):2008 年 5 月 3 日生效

四、国际组织文件

1. UN, "Report of the World Summit for Social Development (Copenhagen, 6-12 March 1995)", Doc. A/CONF. 166/9 (1996)

2. UN, "Draft Articles on the Responsibility of International Organizations, with Commentary", Doc. A/66/10 (2011)

3. ILO, "Report of the Director-General, Defending Values, Promoting Change: Social Justice in a Globalized Economy: An ILO Agenda" (1994)

4. ILO, "Follow-up on the Discussion of the Report of the Director-General to the 85th Session (1997) of the International Labour Conference: (a) Inclusion on the Agenda of the 86th Session (1998) of the International Labour Conference of an Item Concerning a Declaration on Workers' Fundamental Rights", Doc. GB. 270/3/1 (1997)

5. ILO, "Record of Proceedings of the International Labour Conference, Eighty-fifth Session" (1997)

6. ILO, "The ILO, Standard Setting and Globalization: Report of the Director-General to the 85th Session of the International Labour Conference" (1997)

7. ILO, "Consideration of a Possible Declaration of Principles of the International Labour Organization Concerning Fundamental Rights and its

Appropriate Follow-up Mechanism" (1998)

8. ILO, "Declaration on Fundamental Principles and Rights at Work and its Follow-up" (1998)

9. ILO, "Minutes of the 271st Session", Doc. GB. 271/PV(Rev.) (1998)

10. ILO, "Record of Proceedings of the International Labour Conference, Eighty-sixth Session" (1998)

11. ILO, "Address by Mr. Bill Clinton, President of the United States" (1999)

12. ILO, "The ILO's Technical Cooperation Programme 1999—2000", Doc. GB. 279/TC/1 (2000)

13. ILO, "Protecting Labour Rights as Human Rights: Present and Future of International Supervision" (2007)

14. ILO, "The United Nations and Reform: Developments in the Multilateral System, World Bank Doing Business Report: The Employing Workers Indicator", Doc. GB. 300/4/1 (2007)

15. ILO, "Freedom of Association in Practice: Lessons Learned. Global Report under the Follow-up to the ILO Declaration on Fundamental Principles and Rights at Work" (2008)

16. ILC, "Decent Work in Global Supply Chains—Report IV to the 105th ILC", Doc. ILC. 105/IV (2016)

17. ILO, "ILO Statement to the Washington D. C. Consultation of the Review and Update of the World Bank's Environmental and Social Safeguard Policies" (2016)

18. ILO, "Statement on the World Bank Environmental and Social Policy" (2016)

19. ILO, "Third Item on the Agenda: Labour-Related Provisions in Trade Agreements: Recent Trends and Relevance to the ILO", Doc. GB. 328/POL/3 (2016)

20. World Bank, "Social Protection Strategy: From Safety Net to Springboard" (2001)

21. World Bank, "Transcript of Town Hall Meeting with NGOs" (2002)

22. World Bank, "International Finance Corporation's Guidance Notes: Performance Standards on Social & Environmental Sustainability" (2007)

23. World Bank, "Doing Business 2010: Reforming through Difficult Times" (2009)

24. World Bank, "Doing Business 2011: Making a Difference for Entrepreneurs"

(2010)

25. World Bank, “Safeguards and Sustainability Policies in a Changing World: An Independent Evaluation of World Bank Group Experience” (2010)

26. World Bank, “German Comments on the World Bank Safeguards Review” (2012)

27. World Bank, “Social Protection and Labor Strategy 2012—2022” (2012)

28. World Bank, “The World Bank's Safeguard Policies, Proposed Review and Update: Approach Paper” (2012)

29. World Bank, “Review and Update of the World Bank's Safeguard Policies: A Status Report, Following Phase One Consultations Technical Briefing to the Board” (2013)

30. World Bank, “Environmental and Social Framework: Setting Standards for Sustainable Development, First Draft for Consultation” (2014)

31. World Bank, “Review and Update of the World Bank's Safeguard Policies: The Proposed Environmental and Social Framework, Background Paper” (2014)

32. World Bank, “Review and Update of the World Bank's Environmental and Social Safeguard Policies, Phase 2, Feedback Summary: Consultative Meeting with Consultation with Government Officials from Belgium and the Netherlands” (2014)

33. World Bank, “World Bank Safeguard Policies Review and Update, Proposed Environmental and Social Framework: Background Paper” (2014)

34. World Bank, “Comments and Recommendations from the Chinese Side on the Bank's Proposed New Safeguard Policies” (2015)

35. World Bank, “French Non-paper on the Bank's Safeguards Review” (2015)

36. World Bank, “Meeting of Labour Experts on the Second Draft of the World Bank's Environmental and Social Standard 2: Labour and Working Conditions (ESS 2)” (2015)

37. World Bank, “Review and Update of the World Bank's Safeguard Policies: Environmental and Social Framework (Proposed Second Draft), Consultation Paper” (2015)

38. World Bank, “Review and Update of the World Bank's Environmental and Social Safeguard Policies, Phase 3, Feedback Summary: Consultative Meeting with Provincial Governments” (2015)

39. World Bank, “Review and Update of the World Bank's Environmental and Social Safeguard Policies, Phase 3, Feedback Summary: Consultative Meeting with

Chinese Governmental Officials" (2015)

40. World Bank, "Review and Update of the World Bank's Environmental and Social Safeguard Policies, Phase 3, Feedback Summary: Consultative Meeting with Indian Governmental Officials" (2015)

41. World Bank, "Safeguard Policies' Review Consultations: Nordic Baltic Position as of February 23, 2015" (2015)

42. World Bank, "United States Comments on World Bank Safeguards Review-Phase 2" (2015)

43. World Bank, "World Bank's Safeguard Policies Review and Update" (2015)

44. World Bank, "World Bank Safeguard Policies Review and Update: Summary of Phase 2 Consultations and Bank Management Responses" (2015)

45. World Bank, "Environmental and Social Framework: Setting Environmental and Social Standards for Investment Project Financing" (2016)

46. World Bank, "Comments/Observations of the Government of Bangladesh on the World Bank's Environmental and Social Safeguard Framework and Other Related Documents" (2016)

47. World Bank, "Summary of Phase 3 Consultations and Bank Management Responses" (2016)

48. World Bank, "Standard Bidding Document: Procurement of Works" (2020)

49. World Bank, "Annual Report 2022" (2022)

50. World Health Organization, "World Malaria Report 2016" (2016)

51. GATT, "Note on the Seventh Meeting of the Consultative Group of Eighteen: 8-9 June 1978", Doc. CG. 18/7 (1978)

52. GATT, "Minimum International Labour Standards", Doc. CG. 18/W/34 (1979)

53. GATT, "Record of Discussions: Discussions of 23-26 June", Doc. PREP. COM (86) SR/8 (1986)

54. GATT, "Worker Rights", Doc. PREP. COM (86) W/43 (1986)

55. GATT, "Relationship of Internationally-Recognized Labour Rights to International Trade: Communication from the United States", Doc. L/6196 (1987)

56. GATT, "Relationship of Internationally-Recognized Labour Rights to International Trade: Request for the Establishment of a Working Party, Communication from the United States", Doc. L/6243 (1987)

57. GATT Council, "Minutes of Meeting Held in the Centre William Rappard on

4 May 1988", Doc. C/M/220 (1988)

58. GATT, "Minutes of Meeting Held in the Centre William Rappard on 8-9 February 1989", Doc. C/M/228 (1989)

59. GATT, "Minutes of Meeting Held in the Centre William Rappard on 21-22 June 1989", Doc. C/M/234 (1989)

60. GATT, "Minutes of Meeting Held in the Centre William Rappard on 3 October 1990", Doc. C/M/245 (1990)

61. GATT, "Summary Record of the First Meeting: Held at the Centre William Rappard, Geneva on Thursday, 13 December 1990, at 10. 15 a. m. ", Doc. SR. 46/2 (1991)

62. GATT, "Summary Record of the Second Meeting: Held at the International Conference Centre, Geneva on Wednesday, 4 December 1991 at 11. 15 a. m. ", Doc. SR. 47/2 (1992)

63. WTO, "Singapore Ministerial Declaration" (1996)

64. EU, "Directive 96/71/EC of the European Parliament and of the Council of 16 December 1996", Doc. L18/1 (1996)

65. EU, "Regulation (EU) No. 978/2012 of the European Parliament and of the Council of 25 October 2012" (2012)

66. EU, "Directive 2014/67/EU of the European Parliament and of the Council", Doc. L159/11 (2014)

67. EU, "EU Textural Proposal: Trade and Sustainable Development" (2015)

68. EU, "EU Position Paper: Trade and Sustainable Development Chapter/Labour and Environment" (2015)

69. EC, "Regulation (EC) No 593/2008 of the European Parliament and of the Council of 17 June 2008 on the Law Applicable to Contractual Obligations (Rome I)" (2008)

70. EC, "Trade, Growth, and World Affairs: Trade Policy as a Core Component of the EU's 2020 Strategy", Doc. COM (2010) 612 final (2010)

71. EC, "Trade, Growth, and Development: Tailoring Trade and Investment Policy for Those Countries Most in Need", Doc. COM (2012) 22 final (2012)

72. EC, "Panel of Experts Proceeding Constituted under Article 13. 15 of the Eu-Korea Free Trade Agreement: Report of the Panel of Experts" (2021)

73. IMF, "The IMF and Social Protection: 2017 Evaluation Report" (2017)

74. IFC, "Policy on Social & Environmental Sustainability" (2006)

75. IFC，"Performance Standards on Social & Environmental Sustainability" (2006)

76. IFC，"Guidance Notes to Performance Standards on Social and Environmental Sustainability" (2007)

77. IFC，"Policy on Environmental and Social Sustainability-2012 Edition" (2012)

78. IFC，"Performance Standards on Environmental and Social Sustainability" (2012)

79. ADB，"Social Protection Strategy" (2001)

80. ADB & ILO，"Memorandum of Understanding between the Asian Development Bank and the International Labour Organization" (2002)

81. ADB & ILO，"Core Labour Standards Handbook" (2006)

82. ADB et al.，"Global Value Chain Development Report 2021：Beyond Production" (2021)

83. AIIB，"Environmental and Social Framework" (2016)

84. AfDB，"African Development Bank Group's Integrated Safeguards System：Policy Statement and Operational Safeguards" (2013)

85. EBRD，"Environmental Policy" (2003)

86. EBRD，"Sustainability Report 2005：Working Towards a Sustainable Future" (2005)

87. EBRD，"Sustainability Report 2006：Promoting Sound and Sustaintable Development" (2006)

88. EBRD，"Sustainability Report 2007" (2007)

89. EBRD，"Sustainability Report 2008" (2008)

90. EBRD，"Environmental and Social Policy" (2008)

91. EBRD，"Environmental and Social Policy" (2018)

92. EIB，"Environmental and Social Policy" (2009)

93. EIB，"Environmental and Social Handbook" (2013)

94. Multilateral Investment Guarantee Agency，"Performance Standards on Environmental and Social (E&S) Sustainability-2013 Edition" (2013)

95. Nordic Investment Bank，"Sustainability Policies and Guidelines" (2012)

96. New Development Bank，"Environmental and Social Framework" (2016)

97. G20："Leaders' Statement：The Global Plan for Recovery and Reform" (2009)

五、其他组织文件

1. Global Unions, "A Robust World Bank Labour Safeguard and IFI Support for a Wage- and Public Investment-led Recovery, Statement by Global Unions to the 2014 Annual Meetings of the IMF and World Bank Washington" (2014)

2. ITUC & Global Unions, "The IFIs' Use of Doing Business to Eliminate Workers' Protection: Analysis of Doing Business 2008 and New Country Evidence" (2007)

3. ITUC & Global Unions, "Major Weaknesses in World Bank's Draft Labour Standards Safeguards" (2014)

4. ITUC & Global Unions, "United States Comments on World Bank Safeguards Review-Phase 2" (2015)

5. ITUC & Global Unions, "French Non-paper on the Bank's Safeguards Review" (2015)

6. ITUC & Global Unions, "German Comments on the World Bank Safeguards Review" (2015)

六、网络资料

1. Toke Aidt & Zafiris Tzannatos, "Unions and Collective Bargaining - Economic Effects in a Global Environment", http://documents. worldbank. org/curated/en/831241468740150591/Unions-and-collective-bargaining-economic-effects-in-a-global-environment (last visited 1 September 2022)

2. Peter Bakvis & Molly McCoy, "Core Labour Standards and International Organizations: What Inroads Has Labour Made?", https://library. fes. de/pdf-files/iez/05431. pdf (last visited 1 September 2022)

3. Mary Jane Bolle, "Overview of Labor Enforcement Issues in Free Trade Agreements", (February 22, 2016), https://fas. org/sgp/crs/misc/RS22823. pdf (last visited 1 September 2022)

4. Céline Carrère et al., "Labor Clauses in Trade Agreements: Worker Protection or Protectionism?", https://www. wto. org/english/res_e/reser_e/gtdw_e/wkshop17_e/rass_e. pdf (last visited 1 September 2022)

5. Tobias H. Irmscher, "Enclaves", in *Max Planck Encyclopedias of International Law*, https://opil. ouplaw. com/view/10. 1093/law: epil/9780199231690/law-9780199231690-e1037? rskey=n9nOhE&result=1&prd=EPIL

(last visited 1 September 2022)

6. Thomas W. Lippman, Helms Targets U. N. Programs for Cuts, Washington Post (May 6, 1995), https://www.washingtonpost.com/archive/politics/1995/05/06/helms-targets-un-programs-for-cuts/778e8d94-8182-4241-8383-5a8d2a9f230d/?from=singlemessage&isappinstalled=0 (last visited 1 September 2022)

7. AFL-CIO, "Executive Council Statement on Asian Financial Crisis", https://aflcio.org/about/leadership/statements/asian-financial-crisis (last visited 1 September 2022)

8. AFL-CIO, "Executive Council Statement on Equitable, Democratic, Sustainable Development", (18 February 2000), https://aflcio.org/about/leadership/statements/equitable-democratic-sustainable-development (last visited 1 September 2022)

9. EU, "Negotiations and Agreements", https://policy.trade.ec.europa.eu/eu-trade-relationships-country-and-region/negotiations-and-agreements_en (last visited 1 September 2022)

10. Government of Canada, "Trade and Investment Agreements", https://www.international.gc.ca/trade-commerce/trade-agreements-accords-commerciaux/agr-acc/index.aspx?lang=eng#dataset-filter (last visited 1 September 2022)

11. ILO, "Ractifications for Republic of Korea", https://www.ilo.org/dyn/normlex/en/f?p = NORMLEXPUB:11200:0::NO::P11200_COUNTRY_ID:103123 (last visited 1 September 2022)

12. ILO, "Ractifications for Viet Nam", https://www.ilo.org/dyn/normlex/en/f?p=1000:11200:0::NO:11200:P11200_COUNTRY_ID:103004 (last visited 1 September 2022)

13. ILO, "Ratifications for Equatorial Guinea", www.ilo.org/dyn/normlex/en/f?p=1000:11200:0::NO:11200:P11200_COUNTRY_ID:103117 (last visited 1 September 2022)

14. ILO, "Fair Migration: Setting an ILO Agenda", 2014, https://www.ilo.org/wcmsp5/groups/public/—ed_norm/—relconf/documents/meetingdocument/wcms_242879.pdf (last visited 1 September 2022)

15. ILO, "United States Government ILO Cooperation", (October 2019), https://www.ilo.org/wcmsp5/groups/public/@dgreports/@exrel/documents/publication/wcms_237562.pdf (last visited 1 September 2022)

16. World Bank, "World Bank's Safeguard Policies Review and Update, Expert

Focus Group on the Emerging Area, Labor and Occupational Health and Safety", https://consultations. worldbank. org/sites/default/files/meetings/Safeguards_Focus_Group_Labor_Indonesia_Summary_Final. pdf (last visited 1 September 2022)

17. Office of the United States Representative, "Free Trade Agreements", https://ustr. gov/trade-agreements/free-trade-agreements (last visited 1 September 2022)

18. Office of the U. S. Trade Representative & the U. S. Department of Labor, "Standing Up for Workers: Promoting Labor Rights through Trade", (February 2015), https://ustr. gov/sites/default/files/USTR%20DOL%20Trade%20-%20Labor%20Report%20-%20Final. pdf (last visited 1 September 2022)

19. OECD, "Trade, Employment and Labour Standards: A Study of Core Workers' Rights and International Trade" (1996), https://doi. org/10. 1787/9789264104884-en (last visited on 1 September 2022).

20. OECD, "International Trade and Core Labour Standards" (2000), https://doi. org/10. 1787/9789264188006-en (last visited on 1 September 2022)

21. World Bank, "Brief of Statement made by Mr. Subhash Chandra Garg, Executive Director for Bangladesh, Bhutan, India and Sri Lanka, at the Committee on Development Effectiveness on 24 June and 1 July, 2015 on ESF", https://www. brettonwoodsproject. org/resources/brief-of-statement-made-by-mr-subhash-chandra-garg-executive-director-for-bangladesh-bhutan-india-and-sri-lanka-at-the-committee-on-development-effectiveness-on-24-june-and-1-july-2015-on-esf (last visited 1 September 2022)

22. WTO, "Singapore Ministerial Declaration" (13 December 1996), https://www. wto. org/english/thewto_e/minist_e/min96_e/wtodec_e. htm (last visited 1 September 2022)

23.《第二届"一带一路"国际合作高峰论坛圆桌峰会联合公报》,2019 年 4 月 27 日,中国一带一路网,https://www. yidaiyilu. gov. cn/zchj/qwfb/88222. htm,2022 年 9 月 1 日访问

24.《2008 年 4 月 1 日外交部发言人姜瑜举行例行记者会》,2008 年 4 月 1 日,搜狐新闻网,http://news. sohu. com/20080401/n256046167. shtml,2022 年 9 月 1 日访问

25.《中国对外劳务合作发展报告:2017—2018》,2018 年,中国商务部,中国对外承包工程商会,http://fec. mofcom. gov. cn/article/tzhzcj/tzhz/upload/dwlwhz2017-2018. pdf,2022 年 9 月 1 日访问

26.《2017 年我国对外劳务合作业务简明统计》,2018 年 1 月 16 日,中国商务部对外投资和经济合作司,http://hzs.mofcom.gov.cn/article/date/201801/20180102699457.shtml,2022 年 9 月 1 日访问

27.《2021 年我国对外劳务合作业务简明统计》,2022 年 1 月 24 日,中国商务部对外投资和经济合作司,http://hzs.mofcom.gov.cn/article/date/202201/20220103238999.shtml,2022 年 9 月 1 日访问

28.《2021 年我国对外承包工程业务简明统计》,2022 年 1 月 25 日,中国对外承包工程商会,https://www.chinca.org/cica/info/22021116425311,2022 年 9 月 1 日访问

附录1 国际劳工组织关于工作中基本原则和权利宣言

（1998年6月18日通过，2022年6月6日修正）

鉴于国际劳工组织之建立，系确信社会正义是保障世界持久和平之必需；

鉴于经济发展对确保公平、社会进步和消除贫困是必要的但并非充分的条件，确认，国际劳工组织有必要促进强有力的社会政策、正义和民主体制；

鉴于国际劳工组织现在比以往任何时候都更需要在其所有权限领域，特别是在就业、职业培训和工作条件领域中利用标准制定、技术合作和研究所有这些手段，以保证在全球经济和社会发展战略中，经济政策和社会政策是互相加强对方的组成部分，从而创造有广泛基础的可持续发展；

鉴于国际劳工组织应特别重视有着特殊社会需要的人员的问题，特别是失业者和移民工人的问题，动员和鼓励国际、地区和国家各级为解决他们的问题所作的努力，并促进旨在创造就业的有效政策；

鉴于为寻求保持社会进步和经济增长之间的这种联系，保证工作中基本原则和权利具有特殊重要意义，因为它能使有关人员在机会平等基础之上自由要求公平分享其为之作出贡献的财富，以及全面实现人的潜力；

鉴于国际劳工组织是根据章程授权制定和处理国际劳工标准的国际组织和主管机构，并在促进作为其章程原则之体现的工作中基本权利方面享有普遍的支持和认同；

鉴于在经济上相互依存不断增强的形势之下，重申本组织《章程》中体现的基本原则和权利之永久性并促进其普遍实施刻不容缓；

国际劳工大会，

1．忆及：

(a) 在自愿加入国际劳工组织时，所有成员国都已接受其《章程》和《费城宣言》陈述的原则与权利，以及保证为实现本组织的总体目标而尽力并充分根据自身具体情况从事工作；

(b) 这些原则和权利在被国际劳工组织内部和外部承认是基本公约的公约中以具体权利与义务之形式得到体现和发展。

2．声明，即使尚未批准有关公约，仅从作为国际劳工组织成员国这一事实出发，所有成员国都有义务真诚地并根据《章程》要求，尊重、促进和实现关于作为这些公约之主题的基本权利的各项原则，它们是：

(a) 结社自由和有效承认集体谈判权利；

(b) 消除一切形式的强迫或强制劳动；

(c) 有效废除童工；

(d) 消除就业与职业歧视；以及

(e) 安全和卫生的工作环境。

3．承认，为实现这些目标，国际劳工组织有义务根据成员国所确定并表达的需要，向其提供支援，可通过充分利用其章程手段、行动手段及预算手段，包括动员外部资源及支助，以及根据《章程》第 12 条的规定，通过鼓励国际劳工组织与之已建立关系的其他国际组织支持这些努力：

(a) 通过提供技术合作与咨询服务，以便促进批准并实施基本公约；

(b) 通过支援尚未能够批准这些公约中的某些公约或全部这些公约的成员国为尊重、促进和实现关于作为这些公约之主题的基本权利的各项原则所作努力；以及

(c) 通过帮助成员国为创造有利于经济与社会发展之气候所作的努力。

4．兹决定，为全面落实本《宣言》，将根据应被看作是《宣言》之不可分的组成部分的附件具体说明的办法，实施有意义的和有效的促进性后续措施。

5．强调，不得将劳工标准用于贸易保护主义之目的，并且本《宣言》及其后续措施中的任何内容不得被援引或被以其他方式用于此种目的；

此外,无论如何不得因本《宣言》及其后续措施而对任何国家的比较利益提出异议。

附件(修订本)《宣言》的后续措施

I. 总体目的

1. 下面叙述的后续措施的目的,是鼓励本组织的成员国作出努力,以促进《国际劳工组织章程》和《费城宣言》所包含并在本《宣言》中得到重申的基本原则和权利。

2. 按照严格属于促进性质的这一目标,本后续措施将可以确定一些领域,本组织在这些领域中通过技术合作活动提供的支援,可能会证明有益于帮助其成员国实施这些基本原则和权利。该后续措施即不是既定监督机制的替代,也不会妨碍其运转;因此,将不会在本后续措施的框架范围内对那些机制范围内的特定情况进行审查或复审。

3. 下面叙述的本后续措施的两个方面是以现行程序为基础的:有关未批准的基本公约的年度后续措施,仅会对实施《章程》第 19 条第 5(e)款的目前形式进行某些修改;而关于落实促进工作中基本原则和权利的综合报告,将有益于在大会上向周期性讨论通报有关成员国的需求、国际劳工组织采取的行动,以及促进工作中基本原则和权利方面所取得的成果。

II. 有关未批准的基本公约的年度后续措施

A. 目的和范围

1. 目的是以简化的程序为每年审查尚未批准所有基本公约的成员国根据《宣言》所作的努力提供机会。

2. 后续措施涉及《宣言》中规定的基本原则和权利的五个领域。

B. 方式

1. 后续措施将以要求成员国根据《章程》第 19 条第 5(e)款提交的报告为基础。将制定报告的格式,以便在适当考虑《章程》第 23 条和既定惯例的情况下,从尚未批准一项或多项基本公约的政府那里获得关于其法律和惯例或许已发生的任何变化的资料。

2. 由理事会审议经劳工局编辑的这些报告。

3. 应研究对理事会的现有程序进行调整,以允许在理事会中没有代表的成员国在理事会讨论期间,能以最适宜的方式,提供可能证明是必要或有益的澄清,补充其报告中所包含的资料。

III. 关于工作中基本原则和权利的综合报告

A. 目的和范围

1. 综合报告的目的是为了就前一个时期注意到的五类基本原则和权利的情况提供一幅总的动态画面,也是为了作为评估本组织所提供援助效力的基础,并作为确定下一个时期优先重点的基础,包括采取特别是旨在动员落实优先重点所需的内部和外部资源的技术合作行动计划的形式。

B. 方式

1. 本报告将在总干事负责之下、在正式资料或根据既定程序收集和评估的资料的基础上加以汇编。对尚未批准基本公约的国家,报告应特别以前面提到的年度后续措施的调查结果为依据。对已批准相应公约的成员国,该报告应特别以根据《章程》第 22 条提交的报告为基础。该报告亦将涉及从国际劳工组织技术合作以及其他相关活动中汲取的经验。

2. 本报告将作为总干事报告提交给大会,根据理事会同意的模式,就工作中基本原则和权利的战略目标进行周期性讨论。然后,应由大会从对有关包括实施的技术合作优先重点和行动计划在内的国际劳工组织所拥有的所有行动手段所进行的这一讨论中得出结论,并指导理事会和劳工局行使其职责。

IV. 当然

1. 大会应在适当时候根据所取得的经验对本后续措施的运作情况进行审议,以评估其是否充分实现了第一部分中表达的总体目的。

附录2　国际劳工组织关于争取公平全球化的社会正义宣言

（2008 年 6 月 10 日通过，2022 年 6 月 6 日修正）

值此国际劳工大会第九十七届会议于日内瓦举行之际，

考虑到目前以新技术的扩散、思想的传播、货物和服务的交流、资本和金融流动的增加、商业和商业进程与对话的国际化以及人员、尤其是工作妇女和男子的流动为特点的全球化框架正在以深远的方式改造着劳动世界：

— 一方面，经济合作和一体化进程曾帮助一些国家从高速经济增长和就业创造中获益，将许多农村贫困者纳入现代城镇经济、推动其发展目标以及促进在产品开发和观念交流方面的创新；

— 另一方面，全球经济一体化也造成许多国家和部门面临收入不平等的重大挑战、失业和贫困的持续高水平、经济对外来冲击的脆弱性以及影响到雇佣关系和它所能够提供保护的未受保护的工作和非正规经济的增长；

承认，在上述情况下，为满足对社会正义的普遍渴望、实现充分就业、确保开放型社会和全球经济的可持续性、实现社会凝聚力以及与贫困和日益增长的不平等作斗争，实现一种对所有人来说皆为得到改善和公平的结果已变得比以往更加必要；

确信国际劳工组织在不断变化的环境中对帮助促进并实现进步和社会正义可以发挥重要作用：

— 基于包括《1944 年费城宣言》在内的《国际劳工组织章程》中包含的权责，该权责在二十一世纪继续具有充分的相关性并应激励其成员

国的政策,该政策除其他宗旨、目标和原则外:

- 确认劳动不是商品和任何地方的贫困对所有地方的繁荣构成危害;
- 承认连同在《费城宣言》中提出的所有其他目标,国际劳工组织负有在世界各国促进将会实现充分就业和提高生活标准、最低生存工资以及为提供一种基本收入而将社会保障措施扩展到所有需要此种保护的人的目标计划的庄严义务;
- 规定国际劳工组织对照社会正义基本目标的实现情况检查和审议所有国际经济和财务政策的权责;和

— 依靠并重申经 2022 年修正的《1998 年国际劳工组织关于工作中基本原则和权利宣言》,成员国在该《宣言》中承认诸如结社自由和有效地承认集体谈判权利、消除强迫或强制劳动、有效地废除童工劳动、消除有关就业和职业歧视以及安全和卫生的工作环境这些基本权利在行使本组织的权责方面的特殊重要性;

国际社会承认体面劳动是对全球化挑战的一个有效反应,受此激励并考虑到:

— 哥本哈根社会发展世界峰会的成果(1995 年);

— 在全球和区域层面对由国际劳工组织发展的体面劳动概念一再表达的广泛支持;和

— 国家元首和政府首脑在联合国 2005 年世界峰会的成果文件中对公平的全球化以及面向所有人的充分和生产性就业和体面劳动目标的普遍赞同,将之作为其相关国家和国际政策的一个中心目标;

相信在日益相互依存和复杂以及生产的国际化的世界中:

— 有关自由、人类尊严、社会正义、安全和非歧视的基本价值观对于可持续的经济和社会发展以及效率来说是必不可少的;

— 政府与具有代表性的国内和国际工人组织和雇主组织之间的社会对话和三方性作法对于取得解决办法以及建立社会凝聚力和法治来说,除其他手段外,特别是通过国际劳工标准,比以往任何时候更为相关;

— 雇佣关系作为向工人提供法律保护手段的重要性应得到承认;

— 生产性、盈利和可持续性企业,连同一个强大的社会经济和一个有活

力的公共部门，是可持续的经济发展和就业机会的关键；和

— 《关于多国企业和社会政策的三方原则宣言》(1977年)修订本论述了此类行动方在实现本组织的目标方面日益增加的作用，该《宣言》具有特殊相关性；并

承认当前的挑战要求本组织强化其努力并动员所有行动手段以促进其章程目标，以及使这些努力行之有效并加强国际劳工组织协助其成员国为在全球化背景下达到其目标所作努力的能力，本组织必须：

— 与体面劳动议程和国际劳工组织的四项战略目标相一致，利用这些目标之间的协同作用，在其促进开发一种全球和综合处理方法的手段中确保一致与合作；

— 在充分尊重现有章程规定框架和程序的同时为改善其效力和效率修订其机构惯例和治理；

— 协助三方成员满足它们在三方充分讨论的基础上在国家层面表达的需求，办法是通过提供帮助它们在国际劳工组织的章程目标范围内满足这些需求的优质信息、建议和技术计划；和

— 通过加强国际劳工组织的标准制订政策对劳动世界的相关性，将之作为国际劳工组织活动的基石加以促进，并确保标准作为实现本组织章程目标的一个有益手段的作用；

于二〇〇八年六月十日通过目前的《宣言》。

I. 范围和原则

大会承认并宣布：

A. 在当前变革加速的背景下，成员国和本组织实施国际劳工组织章程权责的承诺和努力，包括通过国际劳工标准和将充分和生产性就业以及体面劳动置于经济和社会政策的中心，应以国际劳工组织的具有同等重要性的四项战略目标为基础，体面劳动议程正是通过这些目标体现的，并可归纳如下：

(i) 通过创造一种可持续的制度和经济环境促进就业，在这一环境中：

— 个人能够开发并更新使他们能够为其个人的实现感和共同的福祉从事生产性职业所需的必要的能力和技能；

— 所有企业,无论公营或私营,应是能够创造增长以及为所有人创造更多的就业和收入机会及前景的可持续性企业;和
— 社会能够实现其经济发展、良好的生活标准和社会进步的目标;

(ii) 发展并加强可持续和适合国情的社会保护措施(社会保障和劳动保护),包括:
— 将包括为需要此类保护的所有人提供基本收入措施在内的社会保障扩展到所有人,修订其范围和覆盖面,以满足和应对由于技术、社会、人口统计和经济变革引起的新的需求和不确定性;
— 健康和安全的工作条件;和
— 旨在确保所有人公正地分享进步成果以及所有在业人员和需要此类保护的人员享有一种最低生存工资的有关工资和收入、工时和其他工作条件的政策;

(iii) 将社会对话和三方性作为开展下列工作最适宜的方法加以促进:
— 根据各国的需求和情况调整战略目标的实施;
— 将经济发展转变成社会进步,反之亦然;
— 促进有关影响就业和体面劳动战略和计划的相关国家和国际政策的共识建设;和
— 使劳动法和机构富有成效,包括有关承认雇佣关系、促进良好的产业关系以及建立有效的劳动监察制度;和

(iv) 尊重、促进并实现工作中的基本原则和权利,无论是作为根本的权利还是作为充分实现所有战略目标所需的必要条件,它们都是特别重要的,注意到:
— 结社自由和有效地承认集体谈判权利对能够使四项战略目标得以实现尤为重要;和
— 工作中的基本原则和权利的违反不得被援引或甚至被用以作为一种合法的比较优势,而且劳工标准不应被用以作为保护主义的贸易目的。

B. 这四项战略目标是不可分割、相互关联和相互支持的。促进其中任何

一个所遇到的挫折将会妨碍朝着其他目标取得进展。为最大限度地发挥其影响，为促进它们所作的努力应成为国际劳工组织有关体面劳动的全球和综合战略的组成部分。在上述战略目标中，必须将性别平等和非歧视视为涵盖所有相关活动的事项。

C. 成员国如何实现这些战略目标必须是由各成员国决定的一个问题，取决于其现有的国际义务和工作中的基本原则和权利，而且除其他内容外适当考虑到：

(i) 国情、环境和需要，以及由具有代表性的雇主组织和工人组织表达的优先考虑；

(ii) 国际劳工组织所有成员国之间的相互依赖、声援和合作在全球经济的背景下比以往任何时候更为相关；和

(iii) 国际劳工标准的原则和条款。

II. 实施方法

大会进一步承认，在全球化经济中：

A. 为实施本《宣言》第一节的内容则要求国际劳工组织切实有效地协助成员国的努力。为此，本组织应检查并修订其制度性惯例和加强治理及能力建设，以便能够最佳地利用其人力和财力资源以及其三方性结构和标准体系的独特优势，从而：

(i) 更好地理解其成员国在每一战略目标方面的需求以及国际劳工组织为在大会议程上一再出现的项目框架范围内满足这些需求而采取的以往行动，以便：

— 确定国际劳工组织如何才能通过协调利用它的所有行动手段更有效地处理这些需求；

— 为处理这些需求确定必要的资源，并视情况吸引额外的资源；和

— 在责任方面指导理事会和劳工局；

(ii) 加强并精简其技术合作和专家咨询意见以便：

— 支持并帮助各成员国，凡适宜时，通过体面劳动国别计划，并在联合国系统范围内，在三方性的基础上朝着所有这些战略目标取得进展所作的努力；和

— 为促进有意义和连贯的社会政策和可持续发展，凡必要时，帮助成员国以及具有代表性的雇主组织和工人组织的机构能力；

(iii) 通过以经验为依据的分析和对具体经验的三方性讨论，在有关国家之间的自愿合作下，并以使成员国在作出涉及全球化机遇和挑战的决策时享有充分信息为目的，促进知识共享和对各战略目标之间协同作用的理解；

(iv) 如有要求，向希望在双边或多边协议框架内共同促进战略目标的成员国提供援助，该援助将视其与国际劳工组织义务的相容性而定；及

(v) 发展与非国家实体和其他经济主体的新型伙伴关系，例如多国企业以及在全球部门层面运作的工会，以便加强国际劳工组织实施计划和活动的效果，以任何适宜的方式争取这些组织的支持，并进而促进国际劳工组织的战略目标。这个过程应通过与工人和雇主各自在国家和国际上的代表性组织进行磋商来完成。

B. 同时，成员国负有这样的重要责任，即通过它们的社会经济政策，为实施本《宣言》第一节所概括的体面劳动议程之各项战略目标所采取的全球性和综合性战略作出贡献。在国家层面实施体面劳动议程将取决于各国的需要和优先考虑，并且应由成员国在与工人和雇主的代表性组织磋商的情况下，来决定它们如何履行该责任。为此目的，它们可以考虑采取许多措施，特别是：

(i) 通过一项国家性或区域性的体面劳动战略，或者同时通过这两项战略，其针对的对象是为综合落实各项战略目标而设定的一套优先事项；

(ii) 如有必要，可在国际劳工组织帮助下，建立适当的指标或统计资料来监督和评估所取得的进展；

(iii) 审议成员国在批准或实施国际劳工组织文书方面的情况，以期实现对每项战略目标有逐步增加的覆盖面，审议应特别强调那些被归类为核心劳工标准的文书以及那些从治理的角度来看是最为重要的、涉及三方性、就业政策和劳动监察的文书；

(iv) 采取适宜的步骤，确保在相关国际论坛上代表成员国所采取的有

关立场与它们根据目前的《宣言》可能采取的步骤之间的适当协调；

(v) 促进可持续性企业；

(vi) 凡适宜的情况下，分享由成功实施包含体面劳动要素的国家性或区域性举措而获得的国家性和区域性良好实践；及

(vii) 在双边、区域或多边基础上，只要资源条件允许，向其他成员国提供适宜的支持，使其能够落实本《宣言》中所提及的原则和目标。

C. 在密切相关领域也负有权责的其他国际性和区域性组织可对这种综合处理方法的实施做出重要贡献。国际劳工组织应当邀请它们来促进体面劳动，铭记每一家机构都对其自身的权责拥有完全控制权。由于贸易政策和金融市场政策均影响就业，因而国际劳工组织的作用就在于评估这些就业影响以实现该组织把就业置于经济政策中心地位的目标。

III. 最后条款

A. 国际劳工局总干事将确保将目前的《宣言》送达所有成员国，并且通过它们，送达具有代表性的雇主组织和工人组织、在国际和区域层面的相关领域具有职权的国际组织、以及理事会可能认定的此类其他实体。各国政府，以及国家层面的雇主组织和工人组织，应在它们可能参加或派代表出席的所有相关论坛上使《宣言》广为人知，或是将其散发到任何其他可能相关的实体。

B. 理事会和国际劳工局总干事将负有为本《宣言》第二节的迅速实施确立适宜模式的责任。

C. 在理事会可能认为适宜的时机并根据将要确立的模式，目前这份《宣言》的影响以及尤其是为促进其实施所采取的步骤，将是国际劳工大会审议的主题，以便评估什么行动可能会是适宜的。

附件 《宣言》的后续措施

I. 总体目的和范围

A. 本后续措施的目的旨在论述国际劳工组织用以帮助其成员国为落实对实施本组织的章程授权极为重要的四项战略目标所作承诺而作出的努力的方法。

B. 本后续措施寻求最大可能地利用为履行国际劳工组织的权责而根据其《章程》所提供的行动方法。协助成员国的某些措施可能需要对实施《国际劳工组织章程》第 19 条第 5(e)和第 6(d)款的现行模式进行一些调整,而又不增加成员国的报告义务。

II. 本组织协助其成员国的行动

行政管理、资源和对外关系

A. 总干事将采取所有必要的措施,包括凡适宜时向理事会提出建议,以确保国际劳工组织为了协助成员国依照本《宣言》所做努力将要采用的方法。此类措施应包括审议并对本《宣言》中设定的国际劳工组织的制度惯例和治理作出适应性调整,还应考虑到需要确保:

(i) 为国际劳工局的有效行动,在其内部保持一致、协调与合作;

(ii) 建立并保持政策性及操作性能力;

(iii) 有效率和效力的资源利用、管理程序和制度结构;

(iv) 充分的能力和知识基础,以及有效的治理结构;

(v) 在联合国和多边体制内促进有效的伙伴关系,以加强国际劳工组织实施计划和活动以进而促进国际劳工组织的目标;和

(vi) 确定、更新和推广一组从治理的角度来看最为重要的标准清单。

了解成员国的现实并对其需求做出回应

B. 国际劳工组织将根据理事会所同意的模式采用一种由国际劳工

大会定期进行讨论的方案，而并非复制国际劳工组织的监督机制，目的是为了：

(i) 更好地了解其成员国就每一项战略目标而言所具备的各式各样的现实和需求，通过利用其所能支配的所有行动手段，包括与标准相关的行动、技术合作以及劳工局的技术和研究能力，更有效地对这些需求做出回应，并相应地调整其优先事项和行动计划；和

(ii) 评估国际劳工组织活动的结果，以便使计划、预算和其他治理方面的决定在知情情况下作出。

技术援助和咨询服务

C. 如有各国政府、工人和雇主各自的代表性组织提出要求，国际劳工组织将在其权限范围内提供所有适宜的援助，支持成员国在通过综合及一致的国家和区域战略、朝着这些战略目标迈进的过程中所作的努力，援助方式包括：

(i) 在体面劳动国别计划以及联合国系统的框架内加强并精简其技术合作活动；

(ii) 向每一成员国提供它们出于通过一项国家战略的目的而可能会要求的一般性专门知识和援助，并为实施该战略探索创新性伙伴关系；

(iii) 开发能有效评估已取得的进展的适宜工具，并评估其他因素和政策可能会对成员国的努力产生的影响；和

(iv) 致力于解决发展中国家、工人和雇主各自的代表性组织的特殊需求和能力问题，包括通过寻求资源动员来加以解决。

研究、信息收集和共享

D. 国际劳工组织将采取适当的步骤，以加强其研究能力、以经验为基础的知识和对各战略目标之间如何互动的理解，并且为社会进步、可持续性企业、可持续发展和在全球经济中消除贫困作出贡献。这些措施可包括在国际、区域和国家层面的下列框架内对经验和良好实践的三方共享：

(i) 以有关国家的政府、雇主和工人各自代表性组织自愿合作为特定基础所开展的研究;或

(ii) 感兴趣的成员国可能希望在自愿基础上建立或加入的(诸如同业审议)任何共同方案。

III. 大会评估

A.《宣言》的影响,特别是,它通过综合落实国际劳工组织战略目标、为在各成员国中促进该组织的主旨和目标做出了多大程度的贡献,将是一个由大会进行评估的主题,并可在列入其议程的项目框架内不时地重复进行评估。

B. 国际劳工局将为大会编写一份评估《宣言》影响的报告,报告将包含的信息涉及:

(i) 作为目前《宣言》的结果而采取的行动或措施,这方面信息可由三方成员通过国际劳工组织的办事处(特别是在地区的办事处)来提供,也可由任何其他可靠的来源加以提供;

(ii) 由理事会和劳工局为跟进那些与落实战略目标有关的、涉及治理、能力和知识库议题而采取的措施,包括国际劳工组织的计划和活动及其影响;和

(iii)《宣言》对其他感兴趣的国际组织的可能影响。

C. 将为感兴趣的多边组织提供机会参与对有关影响的评估并参与讨论。其他感兴趣的实体可在理事会邀请下出席并参与讨论。

D. 根据其评估,国际劳工大会将就进一步评估的可取性或在采取任何其他形式的适宜行动的机会方面得出结论。

附录3　国际劳工组织关于劳动世界的未来百年宣言

（2019年6月21日通过）

国际劳工大会，值此国际劳工组织成立一百周年之际，在日内瓦召开了其第一百零八届会议，

考虑到过去一个世纪的经验证明，政府、雇主代表和工人代表的持续协调行动对于实现社会正义、民主与促进普遍持久和平至关重要；

承认这种行动带来了经济和社会的历史性进步，从而导致了更加人道的工作条件；

还考虑到世界许多地方持续存在的贫困、不平等与不公正、冲突、灾害和其他人道主义紧急情况对这些进步以及对确保人人享有共同繁荣与体面劳动方面均构成威胁；

回顾和重申《国际劳工组织章程》和《费城宣言》（1944年）所阐述的目标、宗旨、原则和使命；

强调《国际劳工组织关于工作中基本原则和权利宣言》（1998年）和《国际劳工组织关于争取公平全球化的社会正义宣言》（2008年）的重要性；

有感于一百年前催生了国际劳工组织的社会正义诉求，深信世界各国政府、雇主和工人有能力振兴本组织并塑造一个实现其创始愿景的劳动世界的未来；

认识到社会对话有助于社会的整体凝聚力，对于运行良好的生产性经济至关重要；

还认识到可持续企业作为就业创造者及创新与体面劳动推动者角色

的重要性;

重申劳动不是商品;

致力于构建一个没有暴力与骚扰的劳动世界;

还强调推进多边主义特别是对于塑造我们所希望的劳动世界未来和应对劳动世界的挑战的重要意义;

呼吁国际劳工组织所有三方成员重申其坚定不移的承诺,发奋努力实现其在 1919 年和 1944 年一致同意的社会正义与普遍持久和平;

热切期望通过确保所有地区的公平代表性和建立成员国之间的平等原则,实现国际劳工组织治理的民主化,

于 2019 年 6 月 21 日通过了《国际劳工组织关于劳动世界的未来百年宣言》。

I

大会宣告:

A. 在国际劳工组织纪念其成立百年之际,劳动世界面临着由技术创新、人口结构转变、环境与气候变化和全球化所驱动的根本性变革,以及持续存在的不平等现象,这对劳动世界的性质和未来,以及对身在其中的人民的地位和尊严具有深刻影响。

B. 当务之急是立即行动起来,抓住机遇,应对挑战,创造一个公平、包容和安全的劳动世界的未来,使人人享有充分、生产性和自由选择的就业和体面劳动。

C. 这样一个劳动世界的未来对于旨在终结贫穷、不让任何人掉队的可持续发展至关重要。

D. 国际劳工组织在第二个百年间必须进一步采取以人为本构建劳动世界未来的方法,将工人的权利和所有人的需求、向往和权利置于经济、社会和环境政策的核心,坚持不懈地推进其章程赋予的社会正义使命。

E. 本组织在过去一百年中发展壮大,迈向普遍成员制,这意味着社会正义能够在世界各地得以实现,且只有国际劳工组织三方成员充分、平等和民主地参与其三方治理结构,才能保证他们对这项事业的全力投入。

II

大会宣告：

A. 在履行其章程赋予的使命，考虑到劳动世界的深刻变革以及进一步制定以人为本塑造劳动世界未来的方法时，国际劳工组织必须着力于：

(i) 确保公平过渡到这样一个劳动世界的未来，即它助推其在经济、社会和环境层面上的可持续发展；

(ii) 利用技术进步和生产力提高的最大潜力，包括通过社会对话，以实现体面劳动和可持续发展，保证人人享有尊严、自我实现和所有人公正地分享好处；

(iii) 作为政府和社会伙伴的一项共同责任，推动所有工人在其整个职业生涯中获得技能、能力和资质，以便：

— 解决现存和预期的技能差距；
— 特别注意确保教育和培训体系对劳动力市场需求作出回应，同时兼顾劳动世界的变化；及
— 增强工人利用现有体面劳动机会的能力；

(iv) 制定有效政策，目的在于为所有人创造充分、生产性和自由选择的就业与体面劳动机会，特别是为了推进从教育和培训向就业过渡，重点强调让青年人有效融入劳动世界；

(v) 支持有助于年龄较大的工人扩展其选择的措施，优化其在优质、生产性和健康的条件下工作至退休的机会，并使积极老龄化得以实现；

(vi) 促进工人权利，以此作为实现包容性和可持续增长的关键要素，重点是结社自由和有效承认集体谈判权利，以此作为扶持性权利；

(vii) 通过一个变革性议程实现工作中的性别平等，定期评估取得的进展，该议程：

— 确保平等机会、平等参与和平等待遇，包括男女同值工作同等报酬；
— 促使更加平衡地分担家庭责任；
— 通过使工人和雇主得以就考虑到他们各自需求和利益的解决方法(包括就工作时间)达成一致，提供更好地实现工作—生活平衡的机会；并

— 促进对照护经济的投资；

（viii）确保残疾人以及其他处于脆弱状况的人员在劳动世界中的机会均等和待遇平等；

（ix）通过促进对创业和可持续企业有利的环境，特别是对微型、小型和作为经济增长和创造就业主要来源的作用，以创造体面劳动、生产性就业并提高所有人的生活水平；

（x）支持公共部门作为重要雇主和优质公共服务提供者的作用；

（xi）强化劳动行政管理和监察；

（xii）确保多样化的工作安排、生产和工商业模式，包括在国内和全球供应链中的工作安排、生产和工商业模式，能够利用各种机遇来推动社会和经济进步，提供体面劳动，并有助于实现充分、生产性和自由选择的就业；

（xiii）消除强迫劳动和童工劳动，促进人人享有体面劳动并促进跨境合作，包括在高度国际一体化的地区或部门；

（xiv）促进从非正规经济向正规经济转型，同时适当关注农村地区；

（xv）发展和完善适足、可持续并适应劳动世界发展的社会保护体系；

（xvi）深化和扩大其在国际劳务移民方面的工作，回应三方成员的需求，在劳务移民中的体面劳动方面发挥领导作用；以及

（xvii）按照以下认识，强化在多边体系内的参与和合作，以加强政策协调一致：

— 体面劳动是实现可持续发展、应对收入不平等和消除贫困的关键，特别关注受冲突、灾害和其他人道主义紧急情况影响的地区；以及

— 在全球化条件下，任何国家未能提供人道的劳动条件比以往任何时候都更会成为所有其他国家进步的障碍。

B. 社会对话，包括集体谈判和三方合作，为国际劳工组织所有行动提供了一个至关重要的基础，并有助于其成员国的成功政策与决策。

C. 有效的工作场所合作是有助于确保安全和生产性工作场所的工具，所采取的方式应尊重集体谈判及其成果且不损害工会的作用。

D. 安全和健康的工作条件对体面劳动十分重要。

III

大会呼吁所有成员国考虑到各种国情，以三方机制和社会对话为基础，在国际劳工组织的支持下单独和集体开展工作，进一步发展其以人为本构建劳动世界未来的方法，通过：

A. 加强所有人从变化的劳动世界机会中获益的能力，通过：

(i) 有效实现在机会和待遇上的性别平等；

(ii) 面向所有人的有效终身学习及优质教育；

(iii) 普遍获得全面和可持续的社会保护；以及

(iv) 用以支持人们度过其在整个工作生涯中将面临的转型的有效措施。

B. 强化劳动制度，确保充分保护所有工人，并重申雇佣关系的持续相关性，以此作为向工人提供确定性和法律保护的方式，同时认识到非正规性的程度以及有必要确保采取有效行动，实现向正规性转型。所有工人都应根据体面劳动议程享有适当保护，同时考虑到：

(i) 对其基本权利的尊重；

(ii) 适当的法定最低工资或通过谈判达成的最低工资；

(iii) 工时的最长限度；以及

(iv) 工作中的安全与卫生。

C. 通过以下措施促进持久、包容性和可持续的经济增长、充分和生产性就业以及人人享有体面劳动：

(i) 以这些目的作为其核心目标的宏观经济政策；

(ii) 促进体面劳动和提高生产率的行业、产业和部门政策；

(iii) 对基础设施及对战略部门的投资，以应对劳动世界变革的驱动因素；

(iv) 促进可持续和包容性经济增长、可持续企业的创立和发展、创新以及从非正规经济向正规经济转型的政策和激励措施，以及促进商业实践与本《宣言》目标对接的政策和激励措施；及

(v) 确保适当保护隐私和个人数据并应对与工作数字化转型(包括平台工作)相关的劳动世界中的挑战和机遇的政策和措施。

IV

大会宣告：

A. 制定、促进、批准和监督国际劳工标准对国际劳工组织至关重要。这要求本组织拥有并促进一套清晰、强大和最新的国际劳工标准体系，并进一步加强透明度。国际劳工标准还需要顺应劳动世界的变化格局，保护工人并兼顾可持续企业的需求，以及受到具有权威性且行之有效的监督的约束。国际劳工组织将协助其成员国批准和有效实施标准。

B. 所有成员国应致力于批准和落实国际劳工组织的基本公约，并经与雇主组织和工人组织协商，定期考虑批准国际劳工组织的其他标准。

C. 国际劳工组织有责任加强其三方成员的能力，以：

(i) 鼓励发展强有力和有代表性的社会伙伴组织；

(ii) 在境内和跨境参与所有相关进程，包括劳动力市场制度、计划和政策；

(iii) 酌情在各级通过强有力、有影响力和包容性的社会对话机制处理工作中所有基本原则和权利，

深信此种代表性和对话有助于社会整体凝聚力，是关乎公共利益的事项，对于运转良好和生产性的经济非常关键。

D. 国际劳工组织向其成员国和社会伙伴提供的服务，特别是通过包括扩大 的南南合作和三边合作在内的发展合作所提供的服务，必须符合其权责，并基于对成员国和社会伙伴多样化情况、需求、优先事项和发展水平的 深入了解及关注。

E. 国际劳工组织必须在统计、研究、知识管理能力以及专业知识方面保持最高水平，以进一步强化其以证据为依据的政策倡导的质量。

F. 国际劳工组织必须立足于其章程权责，在多边体系中发挥重要作用，通过加强与其他组织的合作并发展与它们之间的制度化安排，在追求用以人为本的方法来实现劳动世界未来的过程中促进政策协调一致，承认社会、贸易、金融、经济和环境政策之间存在的各种强劲、复杂和重要联系。

后　　记

这是一本完全因学术友谊而成就的著作。

结缘劳动法，虽属偶然，却是意趣相投。2010 年 8 月，我前往芬兰赫尔辛基艾瑞克·卡斯特伦国际法与人权研究所，追随国际法大家 Martti Koskenniemi 教授从事博士后研究。因缘际会，与 Ulla Liukkunen 教授的项目合作，使我开启了对国际劳工组织历史的研究。我试图将批判法学、殖民主义研究与国际法史结合起来，论文《国际劳工组织与中国劳工治理(1919—1949)》和《国际劳工组织、治外法权和民国时期上海的劳工保护》均致力于探索劳工议题在中国反殖民主义和国家建设历史进程中的特殊意义。其间参加了许多国际学术会议，使我得以初窥劳动法的门径。

2013 年底，我回北大任教，归属国际法学科。作为劳动法学科的编外人员，某种意义上也是幸运的，它允许我与当下的劳动法问题既亲近，又始终保持某种抽离的心态。这种适度的学术距离允许我将劳工问题置于全球治理的背景下予以思考，将劳工问题与资本主义世界秩序的生产联系起来，反思现有国际劳工治理的底层逻辑和权力结构，以及现有国际劳动法体系以保护之名所构建的壁垒和偏见。与此同时，我不可避免地在时代背景下思考中国劳工问题，关切着劳工如何作为经济、政治和社会议题嵌入当代中国的现代化进程，并不时追问劳工保护能否成为全球治理中国方案的核心议题。本书以法律技术的形式部分地呈现了我对上述问题的阶段性思考。

本书的思考和写作缘起并持续受益于国际学术交流与探讨。感谢芬兰科学院研究项目“国际劳工组织核心劳工标准在中国的实施：法律架构与文化逻辑”的课题组成员——赫尔辛基大学法学院 Ulla Liukkunen 教授、宾夕法尼亚大学法学院 Teemu Ruskola 教授和国际劳工组织官员 Marja Paavilainen 女士,这是一个极具想象力和创造性的团队。感谢赫尔辛基大学法学院时任院长 Kimmo Nuotio 教授的赏识和支持,否则赫尔辛基之旅只是浮光掠影,我对国际劳动法的研究也就无从谈起。感谢国际劳工组织前副总干事 Kari Tapiola 先生、前北京局局长 Claire Courteille-mulder 女士和现任北京局局长 Chang Hee Lee 博士,本书的很多学术思考离不开与他们持续多年的对话。感谢澳大利亚墨尔本大学法学院 Sean Cooney 教授,与他的讨论和交流,大大丰富了我对国际劳工组织的理解。还要感谢哈佛大学法学院 David Kennedy 教授邀请我参与全球法律与政策研究所(Institute of Global Law and Policy)的多项学术活动,并与加拿大多伦多大学 Kerry Rittich 教授、美国德州大学法学院 Karen Engle 教授共同担任“劳工、正义和未来工作”议题召集人;而与 Kerry Rittich 和 Karen Engle 的对话与研讨,赋予了我对劳工问题开展哲学思考的灵感和学术勇气。

本书的部分内容曾经在芬兰赫尔辛基大学法学院、瑞典斯德哥尔摩大学法学院、挪威卑尔根大学法学院、加拿大麦吉尔大学法学院、亚洲基础设施投资银行、北欧投资银行等不同场合报告过,感谢赫尔辛基大学法学院前院长 Pia Letto-Vanamo 教授、斯德哥尔摩大学 Pål Wrange 教授、卑尔根大学法学院 Karl Harald Søvig 教授和 Ragna Aarli 教授、麦吉尔大学 Adelle Blackett 教授、亚投行前总法律顾问 Gerard Sanders 先生、资深顾问 Peter Quayle 先生和高暄博士、北欧投资银行秘书长兼总法律顾问 Heikki Cantell 先生和法律顾问 Stuart Mooney 先生等人的邀请。

国内的劳动法前辈和师友在我研习劳动法的路上始终给予我灵感、热情和快乐,也始终鼓励和包容我开展不太传统的劳动法研究。如果不是因为渴望与有趣的思想进行对话,就不会有我的国家社科基金项目“全球化背景下国际劳工组织及其劳动立法与中国劳动法治的完善研究”。在此我要感谢课题组成员谢增毅教授和魏倩博士。感谢常凯教授、郑尚元教授、林燕玲教授、李文沛教授、闫冬教授、李海明教授、李西霞副研究员和李静博士等各位师友给予的指点和帮助。感谢人力资源和社会保障部吕玉林司长的邀请,使我有机会思考劳动法治对于中国“一带一路”建

设的战略意义;也要感谢于晶晶女士给予的支持。感谢北大法学院的劳动法与社会保障法团队,特别是叶静漪和金锦萍两位老师,一直以来所给予的支持与帮助。

我要特别感谢人民大学法学院黎建飞教授。黎叔睿智幽默,弘毅直行,至情至性,文笔优美。年轻时当过工人、做过木匠,因此黎叔常以木匠自居,对劳动本身有着生命美学的体悟,对劳动人民更是有着发自骨子里的共情。我和黎叔有幸初识于2012年的赫尔辛基。学术是讲究意气相投和审美互鉴的。多年来,黎叔以劳动法为志业和情怀,一直是我在劳动法研习路上的精神向导。

我也感谢北大国际法研究所和李鸣老师对我开展劳动法研究的支持和信任。北大法学院自由、独立、包容的学术环境也是本书得以逐渐长成的重要因素。通过劳动法的学习,使我在一个具体的片段上更深刻地理解了国际法、国际组织和全球治理。

本书的部分章节曾经在发表于《中外法学》《北大法律评论》、*Nordic Journal of International Law*、*AIIB Yearbook of International Law* 等刊物,另有部分章节也曾经收入论文集《未名飞鸿:饶戈平教授从教四十周年纪念文集》和 *International Labour Organization and Global Social Governance*,向各位编辑和主编者表示感谢。

本书写作和完稿过程中,北大国际法专业的很多同学帮助我承担了校对文字、表述、脚注、文件等大量繁琐的工作,特别感谢陈海雯、郭笑多、叶慧敏、席幕天、王世泽、龚正、张琪琪、冯丽羽、周文桐、向梦杰以及其他很多同学出色的助理工作。

最后,我还要致谢本书的责任编辑孙嘉阳女士。她细致、专业的编辑工作,使本书得以在出版前订正了不少错误。

陈一峰

2023年1月

于北京顺义